LE THÉORÈME D'HYPOCRITE

Antoine Houlou-Garcia
Thierry Maugenest

LE THÉORÈME D'HYPOCRITE

Une histoire de la manipulation par les chiffres de Pythagore au Covid-19

Albin Michel

« Le pouvoir des nombres fut d'autant plus respecté parmi nous qu'on n'y comprenait rien. »

Voltaire, *Dictionnaire philosophique*,
article « Nombre »

Introduction

> « Équilibré, ce budget l'est-il vraiment ? On voudrait pouvoir répondre par oui ou par non, car si les menteurs chiffrent, les chiffres, eux, ne mentent pas. »
>
> Jacques Duhamel, *Journal officiel*, Compte rendu des débats parlementaires du 13 octobre 1966.

Le côté obscur de la force

Non, les *fake news* ne sont pas l'apanage de notre époque ! L'ère de post-vérité qui caractérise, dit-on, le XXIe siècle remonte sans doute au paléolithique, dès l'apparition du langage. En termes de mensonge politique, *nihil novi sub sole*, rien de neuf sous le soleil, dirait l'auteur latin Quintus Tullius Cicero (frère cadet du célèbre orateur Cicéron) s'il revenait parmi nous, lui dont les ouvrages incitaient ceux qui briguaient le pouvoir à dissimuler la vérité pour parvenir à leurs fins [1]. Près de deux millénaires plus tard, à la suite du *Prince* de Machiavel qui entendait séparer la politique de la morale, un petit livre attribué à Jonathan Swift paraissait sous le titre *L'Art du mensonge politique* [2]. Il dressait la liste des différents moyens de tromper le peuple, comme le mensonge de calomnie, le mensonge de promesse, suivis de celui d'épouvante ou encore d'encouragement. Cependant, parmi ces outils mis à disposition des gouvernants, l'auteur ne mentionnait pas le plus subtil et le plus pernicieux des mensonges, le plus persuasif aussi : le mensonge mathématique !

À cette époque pourtant, les têtes couronnées manipulaient déjà allègrement les nombres pour abuser le peuple. Dans cette entreprise, le pouvoir a pu compter sur l'appui de grands mathématiciens qui ne s'embarrassaient guère de principes de morale. Jérôme Cardan (1501-1576) fut l'un d'eux. Ce père du calcul des probabilités – passé maître dit-on dans l'art de tricher aux cartes – louait la duperie en politique. La dissimulation, d'après lui, « qui ne fait que déguiser la vérité, par quelques gestes, quelques actions et quelques paroles qui reçoivent plusieurs sens [...], est industrieuse, on la reçoit avec honneur, on la nomme vertu [3] ». Si

1. Cf. son *Commentariolum petitionis*, disponible en français sous le titre *Manuel de campagne électorale*, Arléa, 2001.

2. Publié en 1733, ce livre est très probablement l'œuvre de John Arbuthnot.

3. Jérôme Cardan, *La Science du monde ou la sagesse civile*, livre III,

donc la manipulation est vertueuse, les mathématiciens proches du pouvoir n'ont fait que reprendre à leur compte la vieille notion du droit romain de *bonus dolus*, ou duperie utile, servant les intérêts de l'État.

Il faut attendre l'avènement des Lumières pour découvrir sous la plume de Diderot une critique des liens parfois délétères qui unissent politique et mathématiques. Parodiant tout d'abord un passage de la Bible (« Mais, tu as tout réglé avec mesure, nombre et poids[1] »), l'auteur estime dans l'*Encyclopédie* que « le monde politique [...] peut se régler à beaucoup d'égards par poids, nombre et mesure ». Mais si Diderot appelle de ses vœux une arithmétique qui seconderait les gouvernants dans leur tâche, il n'a rien du Candide de Voltaire. Il prévient que les chiffres sont une aide précieuse dans l'exercice du pouvoir à la seule condition de n'être ni manipulés ni mal interprétés. Un siècle et demi plus tard, une formule cinglante reprise par Mark Twain fera tristement écho à la mise en garde du philosophe des Lumières : « Il y a trois sortes de mensonges : les mensonges, les gros mensonges et les statistiques[2]. » En ce tout début du XXe siècle, voici la figure émergente du statisticien suspectée de manipuler les nombres,

chapitre 8 intitulé « La vie civile a besoin de la feinte, de la dissimulation, de la persuasion et de la menace ».

1. *Sagesse de Salomon*, 11, 20, in *La Bible de Jérusalem*, traduction de l'École biblique de Jérusalem, Éditions du Cerf, 1998, p. 1105.

2. *Chapters from my Autobiography*, XX, *North American Review*, n° DCXVIII, 1907, p. 471 (traduction par nos soins). Mark Twain attribue la phrase à Disraeli, Premier ministre de la reine Victoria.

ou tout du moins de se fourvoyer en réduisant le monde à des modèles incapables de rendre compte de sa complexité.

Mais l'arme arithmétique est à double tranchant. Si de faux calculs trompent les citoyens, de vrais théorèmes les déshumanisent, les réduisent à des suites de chiffres, à des points sur des graphiques. Après l'*Homo habilis*, l'*Homo erectus* et l'*Homo sapiens*, le XIXe siècle voit surgir l'*homme moyen* tel que le décrit Adolphe Quetelet (1796-1874). Ce mathématicien belge qui présida le tout premier congrès de statistique au monde voit dans l'homme moyen le pur produit des équations : un être au comportement formaté et parfaitement prévisible.

La norme étant maintenant définie scientifiquement, gare à qui s'en écarte ! Au début du XXe siècle, deux éminents statisticiens, Francis Galton et Karl Pearson, n'hésitent pas à prôner l'eugénisme, soit l'éradication de celles et ceux dont l'intelligence ou l'équilibre psychique n'entrent pas dans la moyenne. La fin du XXe siècle ne vaut guère mieux. Après avoir traqué et catégorisé les habitudes des citoyens, les algorithmes s'apprêtent à régenter leur vie, réguler leurs revenus et parfois révéler leurs désirs avant même qu'ils ne se manifestent. D'habiles programmateurs œuvrent à secrètement classer les citoyens dans des cases, affirmant qu'Untel, en fonction de son prénom ou de son code postal par exemple, serait ou non capable de rembourser un emprunt, que tel autre ne serait pas un employé digne de confiance. En générant leur propre vérité, ces programmes aux mains du gouvernement ou des géants du Net sont rapidement accusés de creuser les inégalités et d'entériner les discriminations. Suivant la formule de Cathy O'Neil, une ancienne analyste à Wall Street, les algorithmes s'apparentent à des *armes de destruction massive.*

Et que dire encore des grossières erreurs de calcul qui ont entaché une étude brandie par le FMI pour encourager les politiques d'austérité à l'échelle planétaire ? Ces négligences étaient-elles volontaires ? Toujours est-il qu'un modeste étudiant en économie a su pointer chacune des erreurs de l'étude, laquelle, une fois corrigée, ne faisait plus du tout le jeu des chantres de la rigueur budgétaire.

Enfin, il est un dernier domaine où les biais statistiques et la manipulation des chiffres nous concernent plus intimement encore : celui de la santé. Combien d'études cliniques, en apparence au-dessus de tout soupçon, sont en réalité entachées d'erreurs que les plus candides d'entre nous jugeraient parfaitement délibérées ?

Comment en est-on arrivé là ? Comment de simples chiffres ont-ils pu se transformer en menace pour le peuple ? Comment des nombres, des équations, des théorèmes ont-ils pu cautionner des régimes politiques, justifier la nécessité d'un impôt injuste, faire passer des individus bien-portants pour des malades qui s'ignorent ou, en sollicitant le calcul de probabilité, faire condamner des innocents ? Le côté obscur des mathématiques a une longue histoire derrière lui ; elle a débuté il y a plus de deux millénaires sur les côtes de Grande Grèce lorsque, pour la toute première fois, mathématiques et politique ont décidé de s'unir… pour le meilleur et pour le pire.

1.

Liaisons dangereuses

> « La mésentente a cessé et la concorde s'est accrue du jour où l'on a inventé le mode de calcul. »
>
> Archytas de Tarente, *Des mathématiques.*

A beau mentir qui vient de loin

VIe siècle avant notre ère dans le sud de l'Italie.

Tout le monde est accouru en apprenant la nouvelle : il daigne enfin sortir ! Voilà plusieurs semaines qu'il s'était retiré avec de maigres vivres dans un réduit qu'il avait creusé de ses propres mains à même la terre ; s'il survivait à cette épreuve, avait-il prévenu, un miracle se produirait à son retour parmi les hommes. Ce matin-là, un passant avait perçu un bruit provenant de la grotte : la lourde pierre qui en obstruait l'entrée semblait avoir bougé. L'homme à l'intérieur doit être à bout de forces, pensa-t-on, il ne sera pas en mesure de sortir seul. Plusieurs bras sont alors venus en renfort pour déplacer la pierre et pratiquer une ouverture. Et voilà notre homme qui apparaît. Hirsute, hagard, épuisé.

Aussitôt, il parle. Sa voix est surprenante de fermeté, ses mots d'une précision étonnante : pourtant coupé du monde pendant des semaines, il se met à raconter tout ce qui s'est passé dans la cité durant son absence. Il fait le compte des poissons pêchés chaque jour, rapporte les commérages, énumère les moindres faits qu'il n'aurait pu connaître qu'en étant présent dans la cité. Ce discours fait forte impression sur la foule. Tous se demandent s'ils ne sont pas en train de rêver. Comment est-ce possible ? S'agit-il de sorcellerie ? Les citoyens les plus sceptiques inspectent la grotte pour s'assurer qu'elle ne dispose d'aucune sortie secrète. Rien : l'endroit n'est qu'une cavité étroite où nul individu ne pourrait tenir debout ; c'est à peine si l'on peut s'y asseoir ou s'y allonger.

« Si je suis en mesure de vous raconter tout cela, poursuit l'homme en s'adressant à la foule qui fait cercle autour de lui, c'est que je reviens des Enfers ; et depuis les Enfers, j'ai vu, j'ai tout vu ! Et tout entendu aussi ! » Certains ont le souffle coupé, d'autres éclatent en sanglots. Tous scrutent le visage de l'homme, ils considèrent ses traits émaciés, sa barbe désordonnée, son regard perçant : est-ce un prophète ? Non : c'est un dieu !

En réalité, il n'est rien de tout cela. Originaire d'une île voisine de l'actuelle côte turque, celui qui s'exprime ce jour-là devant les habitants de Crotone a voyagé durant de longues années en Égypte et à Babylone pour parfaire sa formation. Mais cela ne fait pas de lui un devin, ni un démiurge. Il s'agit seulement d'un homme fourbe et particulièrement habile, qui, une fois sous terre, a reçu chaque nuit des mains de sa mère des notes relatant tout ce qui se passait en ville ; notes qu'il apprenait par cœur et qu'il fit disparaître juste avant de sortir de la grotte.

Nul cependant n'a percé son secret, et le nom de cet homme est désormais sur toutes les lèvres ; il vole de maison en maison, de quartier en quartier : Pythagore ! Mais s'il est aujourd'hui associé au théorème dont on lui attribue la paternité[1], ou bien encore aux tables pythagoriciennes – ou tables de multiplication –, ce nom est alors celui d'un homme avide de pouvoir.

Des nombres et des notes

Pourquoi une telle mise en scène ? Pour quelles raisons Pythagore a-t-il cherché à se faire passer pour un prophète ? Être un mathématicien reconnu ne lui suffisait-il pas ? Pour répondre à cette question, il convient de se pencher sur ses convictions politiques. En arrivant à Crotone, le penseur a l'intention de créer sa cité idéale. Pour cela, il a besoin de

1. Ce théorème était déjà connu des Babyloniens (on trouve trace de nombreux triplets pythagoriciens sur la tablette Plimpton 322 qui date d'environ – 1800). Pythagore lui-même n'en revendiqua jamais la paternité.

fonder une école qui lui permettra de répandre ses idées et de créer une aristocratie intellectuelle capable de gouverner. Quant à lui, il se réserve le rôle d'éminence grise du pouvoir en place.

Aux yeux de Pythagore, philosophie, mathématiques et politique forment un tout régi par la notion d'harmonie. En d'autres termes, il voit dans les nombres la matrice du monde : l'ordre des nombres et la proportionnalité entre ces derniers doivent se retrouver partout. C'est le cas par exemple en musique : la légende raconte qu'en passant près d'une forge, et en entendant les harmonies que produisaient les différents marteaux frappés sur les enclumes, Pythagore eut l'intuition de la théorie mathématique de la musique, une théorie toujours d'actualité. En rentrant chez lui, il créa un instrument, le monocorde, dont on peut faire varier la longueur de la corde : rétrécie, elle émet un son plus aigu, allongée, elle produit au contraire un son plus grave – une expérience que l'on peut reproduire avec un simple élastique tenu entre deux doigts. Le mathématicien démontra alors que l'octave supérieure s'obtenait en divisant la longueur de la corde par deux, la quinte par trois demies, la quarte par quatre tiers, etc.[1]. Il tenait ainsi la preuve que l'harmonie musicale découle de l'harmonie des nombres.

1. L'octave consiste par exemple à passer du *do* au *do* directement plus aigu ; la quinte, du *do* au *sol* ; la quarte, du *do* au *fa*.

Octave	2/1
Quinte	3/2
Quarte	4/3

Les nombres au service de l'aristocratie

La progression parfaite de l'harmonie musicale devait, selon Pythagore, se retrouver dans l'organisation politique et sociale : de même que, si l'on ne met pas les chiffres dans l'ordre, on obtient une suite de nombres sans queue ni tête, de même que, dans une lyre, si l'on allonge telle corde et raccourcit telle autre, l'instrument sonnera faux, de même dans la société, si untel s'élève plus haut que ce dont il est capable ou que tel autre est moins honoré qu'il ne devrait l'être, cela débouchera sur la cacophonie sociale, autrement dit l'anarchie. La société doit respecter l'ordre rigoureux des nombres, ce qui signifie que chaque individu doit rester à la place qui lui revient.

La cité bien gouvernée se doit par conséquent d'être une aristocratie intellectuelle. Le fameux « tout est nombre », souvent attribué à Pythagore, signifie en effet que la structuration des nombres se répercute dans la structuration de tout ce qui est, un peu comme le monde des Idées imaginé par Platon[1]

1. L'influence de la pensée pythagoricienne sur Platon est immense, et le monde des Idées est une réécriture plus générale de ce que Pythagore aurait pu appeler le monde des Nombres.

est la matrice de la réalité. Théano, l'épouse du mathématicien, nous éclaire justement là-dessus : « Pythagore n'a pas dit que tout est produit à partir du Nombre, mais que tout était formé conformément au Nombre car l'ordre originel est dans le Nombre et que c'est par participation à cet ordre que les choses qui peuvent être nombrées sont placées comme première, deuxième et ainsi de suite[1]. » Les citoyens pouvant être dénombrés, ils peuvent donc être classés : la conséquence du Nombre n'est autre que la hiérarchie sociale.

Mais comment, à partir de ses convictions politiques, Pythagore en est-il venu à s'enfouir sous terre pour tromper les habitants de Crotone ? C'est très simple : si le philosophe a sans doute été l'un des premiers penseurs à tisser un lien entre mathématique et politique[2], il n'a certainement pas été le dernier homme d'État à duper ses concitoyens pour parvenir à ses fins ! Il était conscient en effet que ses métaphores musicales et sa vision d'une société reflétant le Nombre étaient des notions trop complexes pour séduire les foules. Voilà pourquoi il a préféré s'enfermer dans une grotte durant plusieurs semaines avant de refaire surface

---

1. Ce passage, extrait du livre *De la piété* attribué à Théano et dont nous avons perdu l'original, est cité par Stobée (*Églogues physiques et morales*, I, 10, 13, traduction Antoine Houlou-Garcia, *Mathematikos*, Les Belles Lettres, 2018, p. 103).

2. Ce lien ne sera pas près de se rompre si l'on considère qu'une célèbre preuve du théorème de Pythagore sera proposée en 1876 par le mathématicien James Abram Garfield… un futur président des États-Unis !

dans la peau d'un prophète. Il comptait ainsi obtenir la confiance de tout un peuple. Un pari gagnant ! Dès son retour à l'air libre, son influence dans la cité est allée grandissante.

À l'assaut de la démocratie !

Crotone est maintenant gouvernée par les pythagoriciens. Sous l'emprise d'un régime oligarchique, la cité cherche l'harmonie et la justice dans le pouvoir des nombres. Mieux : les disciples du mathématicien ont gagné plusieurs cités du sud de l'Italie pour y prêcher l'enseignement de leur maître. Mais un certain Télys, gouverneur de Sybaris, va se dresser sur leur route. La cité qu'il dirige ayant fait le choix de la démocratie, il n'apprécie guère que des disciples de Pythagore y propagent des idées oligarchiques. Télys s'adresse alors à ses concitoyens ; ses arguments font mouche, la foule se range derrière ses harangues et les pythagoriciens, chassés de la ville, n'ont d'autre choix que de se réfugier chez leur maître, à plusieurs jours de marche vers le sud.

Celui-ci réunit sur-le-champ le gouvernement de Crotone et appelle à venger l'offense faite aux siens. Si Pythagore est le premier penseur à se qualifier d'« ami de la sagesse », soit *philosophe,* il n'en demeure pas moins homme de caractère. Il n'hésite donc pas à ordonner que soit rasée la cité de Sybaris !

Pourquoi une telle décision ? Les pythagoriciens de

Sybaris ont été *reconduits à la frontière*, comme le dirait un diplomate avec une pointe d'hypocrisie, mais ils n'ont pas été maltraités pour autant. Ce n'est donc pas par vengeance que Pythagore décide de prendre les armes, mais bien pour se débarrasser de l'ennemi mathématique qu'est la démocratie. D'après lui, ce régime dans lequel tout est égal à tout, et où n'importe qui peut accéder au pouvoir, constitue une offense à la structure bien ordonnée des nombres. La démocratie, qui ne correspond à aucun système cohérent, ne peut mener qu'à l'anarchie. C'est donc en se référant aux mathématiques que Pythagore demande aux siens d'entrer en guerre.

Sa voix est entendue. Crotone prend les armes. L'assaut est conduit par Milon, l'un des plus grands champions olympiques de l'Antiquité. Une légende vivante. Mêlant habilement force et ruse, des Crotoniates pourtant en infériorité numérique s'emparent de la cité ennemie. Télys est tué, Sybaris est rasée. Mais les pythagoriciens ne dormiront pas longtemps sur leurs lauriers. Dix ans plus tard, un certain Kylon est à la tête d'une bande de Sybarites toujours favorables à la démocratie. Si un désir de revanche l'incite à en découdre avec Crotone, il éprouve aussi un grief personnel à l'encontre de Pythagore : lorsque Kylon était plus jeune, il avait postulé à l'école pythagoricienne avant de se faire recaler. Vers 500 avant notre ère, accompagné de quelques hommes de main, il se rend alors à Crotone pour incendier la maison où se réunissent les pythagoriciens, et qui n'est autre que la demeure de Milon, celui-là même qui avait vaincu Sybaris. À l'exception de deux jeunes élèves et de

Pythagore en personne, absent de la cité ce jour-là, des dizaines de ses disciples périssent dans les flammes.

Après la disparition de Pythagore, les grands mathématiciens vont prendre l'habitude de hanter les sphères du pouvoir. Lorsqu'ils ne se trouveront pas eux-mêmes à la tête d'une colonie, ils deviendront les proches conseillers des gouverneurs et des tyrans. Et, comme tels, ils n'hésiteront pas à solliciter arithmétique et géométrie pour promouvoir leurs idées politiques.

Les calculs de Platon

Syracuse, 360 avant notre ère.

La vie de Platon est en danger. Il est menacé de mort par les autorités de la cité. Voilà plusieurs jours déjà que le philosophe se cache en ville. Il cherche par tous les moyens à échapper à des mercenaires à la solde du tyran. Avant cela, en débarquant à Syracuse, il espérait encore établir un régime politique plus juste ; mais, désormais, il est considéré comme un dangereux opposant, en dépit de ses soixante-huit ans ! Dans sa cachette, le philosophe fait les cent pas en cherchant une solution : comment se sauver ? Et soudain : Archytas ! Son vieil ami pourrait sans doute l'aider ! Il doit lui faire parvenir un message : au départ de Syracuse, un bateau pourrait gagner Tarente en un jour et avertir Archytas du danger que son ami court en restant ici.

Comment Platon n'a-t-il pas pensé plus tôt à Archytas puisque c'est justement en manipulant certaines démonstrations mathématiques de ce lointain disciple de Pythagore qu'il s'est retrouvé dans une situation si délicate ? Brillant mathématicien et homme d'État avisé, Archytas a encouragé un juste partage des richesses, apaisant ainsi les conflits sociaux. Il a été élu sept fois de suite à la tête de Tarente, qu'il dirigea entre 367 et 361 avant notre ère, et son action coïncide avec l'âge d'or de cette puissante cité portuaire du talon italien.

Si Archytas reste aujourd'hui encore un modèle politique, il est également connu des mathématiciens pour avoir établi la théorie des proportions, qui n'est autre que ce que nous appelons aujourd'hui le calcul des moyennes, soit l'opération qu'effectue un élève qui additionne ses notes et divise le tout par le nombre de notes. L'élève fait ainsi, généralement sans le savoir, une moyenne arithmétique. Pourquoi arithmétique ? Parce qu'il existe d'autres types de moyennes, dont par exemple la moyenne géométrique, elle aussi découverte semble-t-il par Archytas[1], qui consiste à multiplier entre elles les notes avant d'en extraire la racine n-ième (n désignant le nombre de notes). Admettons que notre élève, noté sur 20, ait obtenu les notes suivantes lors de cinq épreuves :

7 8 19 8 9

Au cours de la troisième épreuve, il semble que notre élève ait bénéficié d'un coup de chance – à moins qu'il n'ait

1. Qui a également élaboré la moyenne harmonique.

triché... –, ayant soudain obtenu 19 alors qu'il n'a jamais atteint le 10 aux autres épreuves. Ainsi, la moyenne arithmétique de cet élève vaut :

$$\frac{7 + 9 + 19 + 8 + 9}{5} = 10{,}4$$

Quant à la moyenne géométrique, elle se calcule ainsi :

$$\sqrt[5]{7 \times 9 \times 19 \times 8 \times 9} = 9{,}7$$

La moyenne géométrique semble mieux refléter les notes de notre élève car elle est inférieure à 10, note qu'il n'a jamais atteinte à l'exception d'une seule épreuve, tandis que la moyenne arithmétique est supérieure à 10. Ainsi, la moyenne géométrique est moins sensible à une forte variation ponctuelle. Si, par exemple, il nous revenait de calculer le salaire moyen d'un pays, il serait plus judicieux d'utiliser la moyenne géométrique plutôt que la moyenne arithmétique, afin de ne pas gonfler artificiellement le résultat du fait des quelques millionnaires qui fausseront la statistique ; mais il s'agit là d'une autre histoire[1].

Moyenne arithmétique et moyenne géométrique traduisent donc deux manières de répartir un ensemble de données. Platon, contemporain et ami d'Archytas, l'a bien compris et a souhaité appliquer cette idée à la politique...

---

1. Cf. *infra*, p. 226.

mais en la détournant au passage de son objectif initial. Car si Archytas avait à cœur de réduire les inégalités, Platon utilisa en revanche la théorie des proportions pour légitimer leur accroissement ! L'égalité se déclinant chez lui selon deux modes :

– le mode arithmétique, qui consiste à énoncer que tous les citoyens sont égaux, et qui correspond au régime démocratique qu'il rejette de manière catégorique ;

– le mode géométrique, où tous les citoyens sont égaux à vertus égales, et inégaux à vertus différentes, et qui correspond au régime aristocratique qu'il défend.

Ainsi, selon Platon, la « vraie et parfaite égalité » est celle qui

> au plus grand attribue davantage, au plus petit, moins, donnant à chacun en proportion de sa nature et, par exemple, aux mérites plus grands, de plus grands honneurs, tandis qu'à ceux qui sont à l'opposé pour la vertu et l'éducation elle dispense leur dû suivant la même règle. Je crois, en effet, que pour nous la politique est toujours précisément cela, la justice en soi, maintenant encore, c'est en y tendant et en fixant les yeux sur cette égalité-là que nous devons, Clinias, fonder la cité naissante[1].

Une « cité naissante », nous dit ici Platon, qui rêvait en effet de fonder une colonie fidèle à ses principes, et où il aurait été l'éminence grise d'un despote éclairé. Hélas, du rêve à la

1. Platon, *Lois*, VI, 757b-d, traduction Édouard des Places, Les Belles Lettres, 1975.

réalité il y a un abîme, même chez les philosophes. Et si Platon a été attiré par la politique, la politique, comme nous l'avons entrevu, le lui a mal rendu. Elle a déjà failli lui être fatale lorsqu'il s'est rendu pour la première fois à la cour de Denys l'Ancien, tyran de Syracuse, dont on racontait qu'il se délectait des gémissements de ses prisonniers reclus dans la grotte sur laquelle était bâti son palais. Loin de persuader Denys d'instaurer un régime qui corresponde à son idéal, Platon, quelques mois après son arrivée en Sicile, se voit jeté dans un navire avant d'être vendu comme esclave, ne devant son salut qu'à l'intervention d'un ami qui racheta sa liberté. Quelque deux décennies plus tard, le philosophe n'a pas davantage de réussite avec le nouveau tyran de Syracuse, fils du premier. À l'image de son père, Denys le Jeune désire s'entourer de noms prestigieux et fait venir le penseur grec auprès de lui. Mais après l'avoir soupçonné de comploter contre sa sécurité, il le retient prisonnier une année durant dans l'île d'Ortygie. Six ans plus tard, Platon fait une ultime tentative diplomatique en se rendant de nouveau à la cour du tyran de Syracuse qui l'avait rappelé à lui. Mais le philosophe échoue une fois encore à convaincre Denys d'infléchir sa politique et celui-ci le chasse de son palais. Cette fois, Platon ne devra son salut qu'à l'ambassade dépêchée par Archytas de Tarente.

De l'aristocratie à la méritocratie

Voilà de l'histoire bien ancienne, pensez-vous peut-être, et qui n'a pas grand-chose à voir avec notre manière de considérer la politique… Détrompez-vous ! Si les mésaventures de Platon remontent à plus de deux millénaires, sa manière très personnelle de penser les proportions reste d'une brûlante actualité. Pour vous en convaincre, imaginez deux citoyens A et B, A étant plus vertueux que B. Dans la théorie de l'égalité géométrique, le citoyen A mérite davantage d'honneurs que le citoyen B : son crédit politique sera double parce qu'il est plus avisé, son salaire sera double car il fait mieux son travail, il recevra deux fois plus de distinctions en raison de son comportement exemplaire, et ainsi de suite. Dans la théorie de l'égalité arithmétique en revanche, la différence de vertu n'entre pas en jeu : A et B sont deux citoyens, et ils sont donc égaux en tous points. Imaginez maintenant que vous souhai-

Égalité arithmétique	Égalité géométrique
$A=B$	$\frac{A}{a}=\frac{B}{b}$

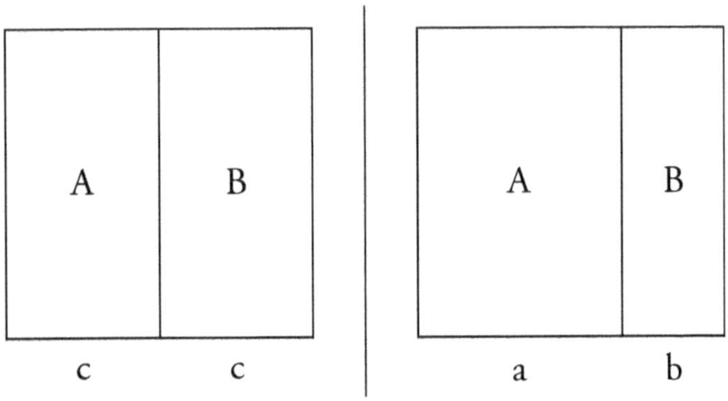

tiez partager entre A et B un gâteau carré de côté égal à $2c$, A ayant une vertu a supérieure à b, vertu de B (on a donc $a+b=2c$). Selon l'égalité géométrique, A obtiendrait une part égale à $\frac{a}{b}$ fois celle de B.

L'égalité géométrique, appelée par la suite justice distributive, sert aujourd'hui de base à la notion de justice sociale. Elle procède du projet d'établir une véritable méritocratie, terme forgé en 1958 par le sociologue Michael Young dans *The Rise of the Meritocracy*, un ouvrage qui dénonce précisément les dérives d'un système où les non-méritants seront peu à peu stigmatisés et mis à l'écart par ceux que la société considère comme étant plus méritants.

Si, a priori, l'égalité géométrique semble plus juste, il reste néanmoins une zone d'ombre à éclaircir : qu'est-ce que la vertu ? Sans entrer dans d'épineux débats philosophiques, il apparaît clairement que la vertu, suivant les cas, peut être synonyme de noblesse aristocratique, de niveau social, de niveau d'études, de QI et de bien d'autres critères encore. Et c'est là précisément qu'intervient la manipulation. Les citoyens les plus « vertueux » sont ceux qui naissent généralement dans les familles les plus aisées et les plus cultivées. Comme le souligne Bourdieu avec son concept de reproduction sociale, les élèves les plus brillants sont le plus souvent issus de la bourgeoisie intellectuelle, de même que les capitaines d'industrie proviennent majoritairement de la bourgeoisie économique. Et si l'on aime à valoriser l'exemple des quelques millionnaires partis de rien, c'est justement pour prouver que le *self made man* n'est pas un mythe mais une réalité dont chacun pourra s'inspirer pour bâtir son avenir. Le corollaire étant que le laissé-pour-compte ne peut s'en prendre qu'à lui-même – et certainement pas aux difficultés sociales et économiques qui caractérisent son quotidien.

En somme, l'égalité géométrique si chère à Pythagore et Platon n'est autre que la base scientifique de la méritocratie contemporaine ! Elle permet d'accroître les inégalités tout en s'abritant derrière la justice mathématique. À l'inverse, l'égalité arithmétique correspondrait à une égalité parfaite : dans un tel régime, chacun serait rémunéré non pas en fonction de la nature de son travail mais, par exemple, en fonction du nombre d'heures travaillées. Cela aurait pour conséquence de mettre sur un pied d'égalité salariale le directeur commercial et la femme[1] de ménage qui prend le premier train de banlieue à cinq heures du matin avant de rentrer chez elle par le dernier. Après tout, le directeur commercial et la femme de ménage se fatiguent tout autant durant leurs longues heures de travail ; pourquoi ne pas considérer l'égalité arithmétique et les rémunérer autant l'un que l'autre ? D'aucuns répondront qu'ils ne créent pas la même richesse et ne contribuent pas à part égale au produit intérieur brut ; mais la vraie raison est sans doute à rechercher du côté de ce que François Dubet appelle « la préférence pour l'inégalité[2] »…

1. Il se trouve malheureusement que les postes de direction sont plus souvent masculins, contrairement aux tâches de nettoyage.

2. François Dubet, *La Préférence pour l'inégalité. Comprendre la crise des solidarités*, Seuil, « La République des idées », 2014.

Si donc Pythagore ou Platon ont invité les mathématiques dans leur raisonnement politique c'est que les calculs tirent leur force de leur apparente impartialité. Souvent invoquée dans les débats contemporains, l'impartialité des chiffres était déjà saluée par Archytas :

> La mésentente a cessé et la concorde s'est accrue du jour où l'on a inventé le mode de calcul. Grâce à lui en effet, au lieu de l'esprit de surenchère, c'est l'égalité qui règne ; c'est encore lui qui nous met d'accord avec ceux avec qui nous traitons d'affaire[1].

Le stratège de Tarente avait raison : en vertu de leur puissante objectivité, les mathématiques permettent de régler toutes sortes de conflits. Mais Archytas n'avait sans doute pas prévu que le calcul pourrait un jour être manipulé pour justifier l'inégalité, contre laquelle il a pourtant lutté lorsqu'il exerçait le pouvoir. Fortes de leur impartialité, les mathématiques sont en effet devenues le parfait alibi pour justifier l'injustifiable. Grâce à leur rigueur, leur équité, les nombres semblent inattaquables, et les responsables politiques en appellent volontiers au calcul comme ils le feraient d'un jugement divin. Et face aux inégalités qui se creusent, l'homme d'État d'hier ou d'aujourd'hui se cache

1. Fragment de l'ouvrage d'Archytas de Tarente, *Des mathématiques*, aujourd'hui perdu mais cité par Stobée : *Florilège*, II, « De la constitution » 135 (traduit par nos soins), éd. A. Meineke, Teubner, 1855, p. 140 (ce passage est souvent cité à tort comme émanant du livre IV).

pareillement derrière l'argument mathématique pour démontrer qu'il ne peut changer de politique : « Ce n'est pas moi qui le dis, ce sont les chiffres », prétend-il pour prouver sa bonne foi. Puis, assénant le coup de grâce, il ajoutera probablement : « Et les chiffres ne mentent pas ! »

2.

Calculs machiavéliques

« Le monde ressemble, de plus en plus, à celui de Machiavel. »

Bertrand Russell [1]

Les jeux de pouvoir et de hasard

« Nous ne pouvons pas résister au penchant de notre nature [2]. » Et la nature de l'homme qui rédige cette maxime au début du XVIe siècle l'a entraîné vers l'exercice du pouvoir. Aussitôt après sa nomination comme secrétaire de

1. Incipit de la dernière phrase du chapitre « Machiavel », in Bertrand Russell, *Histoire de la philosophie occidentale*, Les Belles Lettres, 2017, tome II, p. 589.

2. Nicolas Machiavel, *Discours sur la première décade de Tite-Live*, livre III, chap. 9, in *Œuvres complètes*, traduction Edmond Barincon, Gallimard, « Bibliothèque de la Pléiade », 1952. Les citations suivantes de Machiavel sont tirées de cette édition.

chancellerie, Nicolas Machiavel (1469-1527), puisque c'est de lui qu'il s'agit, devient l'homme fort de la République florentine. C'est à ce titre, dans une époque troublée, qu'il s'acquitte de nombreuses missions sensibles auprès des grands d'Europe. Mais, tout comme Icare s'était mis en danger en se rapprochant du soleil, Machiavel va faire les frais de sa proximité avec le pouvoir. Après plus d'une décennie de succès diplomatiques, le vent tourne.

Au début de l'année 1513, pris dans le jeu hasardeux des alliances qui font et défont princes et papes, le diplomate voit son nom apparaître sur une liste de conjurés soupçonnés d'intriguer contre les Médicis. Arrêté, il est jeté en prison, puis torturé. Déjà, l'un de ses amis est exécuté. Mais la fortune, qui tiendra une grande place dans sa pensée, tourne en sa faveur : Jean de Médicis, qui vient d'être élu pape, décrète une amnistie générale.

Une fois libre, Machiavel prend ses distances avec le pouvoir et rédige ses principaux traités politiques. Il entend s'émanciper d'une philosophie encore dominée par la théologie. Exit Dieu et l'Église, il fonde son système sur le pragmatisme ! Mais qui peut se targuer d'avoir percé à jour la pensée du philosophe florentin ? « Tout le monde voit bien ce que tu sembles, mais bien peu ont le sentiment de ce que tu es[1] » : cette maxime de Machiavel, appliquée à lui-même, révélerait sans doute que ses principes tiennent autant du cynisme que de la démarche scientifique. Cela est si vrai qu'un lecteur attentif peut découvrir dans ses œuvres – avec plusieurs siècles

1. Nicolas Machiavel, *Le Prince*, chap. XVIII, *op. cit.*

d'avance ! – des concepts clés de la théorie mathématique des jeux, telle qu'énoncée dans un ouvrage fondateur des mathématiciens John von Neumann et Oskar Morgenstern, publié en 1944, intitulé *Theory of Games and Economic Behavior.*

L'algorithme comme général en chef

Imaginez, dans l'Italie du XVIe siècle, un prince à la tête d'une cité puissante. Il possède des troupes nombreuses, aguerries, ainsi que des moyens considérables pour s'en aller guerroyer loin de chez lui. Et voilà que cet homme, sûr de sa force, envisage de conquérir une cité voisine, réputée plus faible que la sienne. Il informe ses généraux de ses intentions afin qu'ils soient parés à toute éventualité. Mais leurs préparatifs alertent les espions de son ennemi. Son futur adversaire connaît désormais le danger qui pèse sur lui. Quelle doit être la décision du prince qui se sent menacé ? Doit-il, malgré ses faibles moyens, livrer bataille de sa propre initiative ou bien attendre entre ses murs l'attaque éventuelle de son puissant ennemi ?

C'est à ce moment qu'intervient Machiavel. Si l'auteur du *Prince* est connu pour avoir séparé la politique de la morale, il a aussi écarté du pouvoir les notions de courage, voire de panache, pour imposer une pure gestion reposant sur les probabilités. Sous sa plume, la figure du héros s'efface pour laisser place à un gestionnaire de risques qui confiera ses décisions à des modèles mathématiques – une démarche inédite qui va franchir les siècles pour s'imposer au sommet des États modernes lorsqu'il s'agit d'opter pour la solution la moins coûteuse, financièrement ou en vies humaines.

C'est essentiellement dans le *Discours sur la première décade de Tite-Live* et dans *L'Art de la guerre* que Machiavel aborde la théorie de la décision sous l'angle mathématique. Après avoir examiné de nombreuses situations historiques, il quantifie la dynamique d'affrontement des deux camps, tout en réduisant le degré de liberté de l'ennemi. Concrètement, cela signifie qu'il faut toujours tenter d'avoir au moins un coup d'avance sur son adversaire. Machiavel l'explique ainsi :

> Un prince dont les États sont peuplés d'hommes nombreux et aguerris doit toujours attendre chez lui un ennemi puissant au lieu d'aller à sa rencontre ; mais que celui qui a des sujets désarmés et peu aguerris doit l'éloigner de son territoire le plus qu'il peut. Ainsi l'un et l'autre se défendront mieux, chacun selon ses moyens [1].

Cette manière de systématiser la prise de décision peut se résumer ainsi [2] :

1. *Discours sur la première décade de Tite-Live*, livre II, chap. 12, *op. cit.*

2. Cf. Marc Barbut, « Machiavel et la praxéologie mathématique », in Thierry Martin (éd.), *Mathématiques et action politique. Études d'histoire et de philosophie des mathématiques sociales*, Ined, 2000.

	Fort	**Faible**
Attendre	Probablement vainqueur	Sûrement battu
Attaquer	Peut-être perdant	Peut-être gagnant

Bonnie & Clyde

Ce genre de tableau se trouve au cœur de la théorie des jeux, dont l'exemple le plus célèbre est sans doute le dilemme du prisonnier. Cette expérience de pensée met en jeu deux complices d'un crime, appelons-les Bonnie et Clyde, qui sont arrêtés par la police et retenus dans deux cellules différentes afin d'être empêchés de communiquer. Manquant de preuves, les enquêteurs exploitent le fait que les deux suspects ne peuvent pas s'accorder sur une stratégie. À chacun des deux, il est ainsi proposé :

- si tu dénonces ton camarade, il sera condamné à dix ans de prison tandis que tu seras remis en liberté ;
- si vous vous dénoncez mutuellement, vous serez tous les deux condamnés à cinq ans de prison ;
- si aucun de vous deux ne dénonce l'autre, vous ne ferez que six mois de prison car nous manquons de preuves pour vous accuser.

	Bonnie trahit Clyde	**Bonnie ne trahit pas Clyde**
Clyde trahit Bonnie	Bonnie : 5 ans Clyde : 5 ans	Bonnie : 10 ans Clyde : libre
Clyde ne trahit pas Bonnie	Bonnie : libre Clyde : 10 ans	Bonnie : 6 mois Clyde : 6 mois

Offrant aux accusés une porte de sortie honorable, cette proposition semble correcte. Regardons maintenant de plus près comment chacun des deux prisonniers peut raisonner :

- Si mon complice ne me dénonce pas :
  - soit je me tais et alors je ferai six mois de prison ;
  - soit je le dénonce et je serai libre.
- Si mon complice me dénonce :
  - soit je me tais et alors je ferai dix ans de prison ;
  - soit je le dénonce et je ferai cinq ans de prison.

En somme, si un prisonnier décide de ne pas dénoncer son complice, il fera six mois de prison dans le meilleur des cas, et dix dans le pire. S'il le dénonce, il fera entre zéro et cinq ans. Dans tous les cas, chaque prisonnier a intérêt à dénoncer l'autre. Sauf que si les deux se dénoncent mutuellement, ce sont bien dix ans de prison cumulés qui les attendent et les enquêteurs auront réussi leur coup !

La pensée de Machiavel, qui se trouve à la source de ces raisonnements codifiés à outrance, est sans doute celle qui a le plus influencé – et influence encore – les responsables politiques du monde entier. Ses modèles mathématiques, froids et déshumanisants, excluent systématiquement toute notion de courage, d'équité, de loyauté, voire d'amour et de sacrifice. Dans cette situation précise, ils négligent par exemple le fait que Bonnie et Clyde peuvent avoir confiance l'un en l'autre : si c'est le cas, ils ne se trahiront jamais et ne feront que six mois de prison, ce qui n'est pas cher payé. Dans la seule optique du penseur florentin, le but de Bonnie comme de Clyde serait de maximiser ses chances de sauver sa propre peau, mais certainement pas de considérer qu'il faut sauver le duo Bonnie & Clyde sous prétexte que la liberté de l'un n'aurait aucun sens sans celle de l'autre. De la même manière, les démonstrations de Machiavel sont tout à fait étrangères au cas d'un résistant qui préfère le suicide à la délation, car il refuse de dénoncer ses camarades sous la torture ou contre la promesse de la vie sauve. Le modèle mathématique, lorsqu'il est programmé pour servir l'intérêt personnel, s'oppose bien souvent à ce qu'il y a de plus noble chez l'être humain.

Les croissants de la colère

Imaginons maintenant deux boulangers concurrents, de qualité égale, et installés face à face dans une rue de la Florence de la Renaissance : *Au croissant pair* et *Au croissant impair*. Pour attirer davantage de clients, *Au croissant pair* décide de baisser ses prix : Machiavel, comme ses concitoyens, accourt déguster son croissant en promotion. *Au croissant impair* se désole devant son fourneau avant de contre-attaquer en baissant lui aussi ses prix au-dessous de ceux de son concurrent. *Au croissant pair* baisse à nouveau ses prix et ainsi de suite jusqu'au moment où ni l'un ni l'autre ne peuvent plus poursuivre sur cette voie à moins de risquer la faillite. Résultat : la guerre des boulangers a fait chuter la rentabilité de leur activité et aucun des deux n'a pris l'avantage sur l'autre ; en revanche, Machiavel et tous les clients sont ravis de payer moins cher leurs croissants ! On se trouve ici dans une situation équivalente à celle des deux prisonniers se dénonçant mutuellement, pour le plus grand bonheur des enquêteurs.

Que font donc les boulangers plus malins ? Plutôt que de se livrer une guerre des prix par le bas, ils augmentent tous les deux leurs tarifs ! Faute de pouvoir se passer de leur croissant matinal, les Florentins sont alors condamnés à le payer au prix fort. En accordant leur stratégie, nos deux boulangers s'enrichissent sur le dos de leurs clients. Si l'entente sur les prix est illégale, car elle se fait au détriment des consommateurs, elle est néanmoins très répandue, comme ce fut le cas dans le domaine des opérateurs téléphoniques (en 2005, Orange, SFR et Bouygues Telecom ont été condamnés à payer un total de 534 millions d'euros pour cette pratique), dans celui de l'intérim (en 2009, Adecco, Manpower et VediorBis ont été condamnés à payer 94 millions d'euros), ou encore dans le secteur bancaire (en 2010, la Banque de France, BPCE, la Banque postale, BNP Paribas, la Confédération nationale du Crédit mutuel, le Crédit agricole, le Crédit du Nord, le CIC, LCL, HSBC et la Société générale ont été condamnés à payer 385 millions d'euros). Ces amendes, très mesurées au regard de la puissance financière de ces groupes, n'ont rien de véritablement dissuasif. Ici, le calcul machiavélique a livré son verdict : le risque encouru étant relativement faible, il est plus opportun de tricher.

Manipuler pour coopérer

Mais comment s'assurer que son adversaire devienne un partenaire ? Par la main tendue, par l'altruisme, la fraternité ? Certainement pas. Pour répondre à cette question, prenons l'exemple du jeu télévisé britannique *Golden Balls* diffusé sur ITV entre 2007 et 2009. La partie de cette émission qui nous intéresse est le *Split or Steal?*, soit « Partager ou voler ? », durant lequel deux candidats doivent se répartir une somme d'argent. Chacun des deux a devant lui une boule portant la mention *Split* et une autre portant la mention *Steal.* Ils doivent en choisir une en secret pour indiquer leur intention, sachant que :

- si les deux choisissent de partager, ils reçoivent chacun la moitié du jackpot ;
- si l'un choisit *Steal* et l'autre choisit *Split*, le candidat qui a choisi *Steal* remporte le gros lot et le candidat *Split* repart les mains vides ;
- si les deux choisissent *Steal*, aucun des deux candidats ne gagne d'argent.

Chacun des deux a donc intérêt à faire croire à l'autre qu'il a choisi *Split* pour obtenir la moitié du magot, quitte à éventuellement choisir *Steal* pour tout rafler. Sauf que, lors d'un épisode opposant les dénommés Nick et Ibrahim, une nouvelle stratégie a médusé le public et le présentateur. Dans le court moment accordé aux candidats pour s'annoncer leurs intentions mutuelles, Nick a pris la parole de façon douce mais très ferme : « Ibrahim, je veux que tu me fasses confiance. À 100 % je vais choisir la boule *Steal.* » Ibrahim n'en croit pas ses oreilles, le public est tout autant amusé que stupéfait. Nick s'explique : il demande à Ibrahim de choisir la boule *Split* et promet que, ayant empoché l'intégralité du jackpot, il lui en remettra la moitié.

Face à un adversaire qui déclare qu'il volera le magot, Ibrahim n'a de toute façon pas le choix : s'il choisit *Steal*, personne ne gagnera rien ; s'il choisit *Split*, il doit espérer que Nick tiendra sa promesse. Bref, Ibrahim n'a aucune marge de manœuvre, aucun degré de liberté. Voilà la parfaite illustration de la théorie de Machiavel consistant à réduire les possibilités de l'adversaire, mais sans pour autant lui enlever tout espoir : il n'est « point prudent de porter à l'extrême le désir de la victoire ni de réduire les vaincus ou désespoir, parce que celui qui n'espère plus le bien ne craint plus le mal[1] ». Si Ibrahim n'avait en effet aucune chance de gagner le moindre shilling, il deviendrait incontrôlable et ne souhaiterait que la défaite de Nick. En revanche,

1. Nicolas Machiavel, *Histoires florentines*, livre II, chap. 14, *op. cit.*

ayant encore un mince espoir de succès, il ne peut que s'en remettre à son adversaire.

Ibrahim s'agace, certes, car il sent bien qu'il est manipulé, mais il n'a guère le choix ; et après quelques minutes de discussion, il annonce qu'il accepte le marché inédit de son concurrent. Lorsque les deux candidats dévoilent leur choix aux caméras, Ibrahim exhibe alors la boule *Split* d'un air résigné tandis que Nick, contrairement à ce qu'il avait annoncé, montre la boule *Split* ! En voyant cela, Ibrahim est certes soulagé d'empocher la moitié des 13 600 livres en jeu, mais il s'emporte en demandant à Nick pourquoi il lui a fait vivre un tel calvaire ; peu après, les deux candidats se serrent la main et se quittent tout sourire, chacun repartant avec sa part du butin.

Évidemment, s'étant assuré qu'Ibrahim n'avait d'autre choix que de partager pour ne pas tout perdre, Nick pouvait lui aussi opter pour le partage car il était sûr qu'Ibrahim ne tenterait pas de voler le magot. C'est donc en le manipulant qu'il s'est assuré de sa coopération !

En 1979, Robert Axelrod, professeur de science politique et spécialiste de la théorie des jeux, a organisé un tournoi afin d'identifier la meilleure stratégie dans le cadre d'affrontements en un contre un. Petite variante par rapport à *Golden Balls* et aux autres expériences de ce type : ce n'étaient pas des êtres humains qui participaient au tournoi mais… des logiciels ! Ces programmes informatiques étaient capables de communiquer entre eux et avaient pour but de gagner un maximum de points. Afin de permettre aux logiciels d'affiner leur stratégie, chacun d'eux défia deux cents fois ses différents adversaires.

Face à des logiciels très agressifs qui tentaient systématiquement de voler leurs concurrents, ou à d'autres qui essayaient de les surprendre grâce à un comportement en partie aléatoire, le logiciel qui sortit vainqueur fonctionnait sur une idée simple :

- coopérer dans un premier temps ;
- si l'adversaire a été honnête, continuer à coopérer ; s'il a été agressif, l'agresser en retour ;
- pardonner et offrir à nouveau de coopérer.

Au cours du tournoi, de nombreux logiciels ont fini par coopérer, une stratégie qui s'est révélée de loin la plus fructueuse. Ce système de coopération-réciprocité-pardon a été inventé par le mathématicien russo-américain Anatol Rapoport. Par la suite, Axelrod a tiré les leçons de ces expériences dans un ouvrage traduit en français sous le titre *Comment réussir dans un monde d'égoïstes : théorie du comportement coopératif.* Il y démontre que la conclusion d'un partenariat relève davantage de la manipulation que d'un élan humaniste. Ainsi, dans une société qui rationalise à outrance ses décisions, la politique de la main tendue n'est rien de moins que le résultat d'un calcul. Machiavel peut triompher : lorsque les maîtres mots sont *intérêt personnel*, la fraternité devient la forme la plus aboutie de l'égoïsme.

Malice au pays des merveilles

Remontons une nouvelle fois le temps pour nous demander maintenant quel rapport peut bien entretenir avec un conte pour enfants la mathématisation du vote ou la manipulation d'une élection. Pour le savoir, nous allons nous intéresser à un certain Charles Dodgson (1832-1898), un éminent professeur de mathématiques qui, en ce milieu du XIXe siècle, vit à Oxford et enseigne au prestigieux Christ Church College. Bien qu'il soit l'auteur d'une douzaine de livres traitant d'algèbre et de logique, le nom de ce mathématicien n'est pas connu du grand public ; son pseudonyme en revanche l'est davantage : Lewis Carroll !

Passionné par la photographie, c'est au printemps 1856 que Charles Dodgson se rend dans le jardin de Henry Liddell, le doyen du Christ Church College, et y prend des clichés de ses enfants, dont la toute jeune Alice. L'homme est très vite séduit par la petite fille et devient un proche de la famille Liddell. Mais quelques années plus tard, le vent tourne : en 1864, les parents d'Alice interdisent tout à coup à leur ami de s'approcher de leurs enfants. La raison ? Il semble qu'en juin 1863, au cours d'une promenade en barque avec Alice, alors âgée de onze ans, le futur Lewis Carroll ait demandé la jeune fille en mariage, voire ait eu quelques gestes déplacés[1]. Mais si nul ne connaît le fin mot

1. Cf. Morton Cohen, *Lewis Carroll : A Biography*, Vintage Books, 1996, p. 30-35.

de l'histoire, il faut admettre que les innombrables clichés de fillettes nues pris par Dodgson au cours de sa vie ne plaident pas particulièrement en sa faveur...

La brouille est donc consommée entre le professeur de mathématiques et Henry Liddell lorsque ce dernier propose un vote afin de ratifier son projet de réaménagement du Christ Church College. Charles Dodgson s'intéresse aussitôt à la mathématique électorale afin de faire échouer les plans de son adversaire. Il ne s'agit nullement de truquer le scrutin mais d'explorer au mieux les différents ressorts théoriques du vote afin de le manipuler à son avantage. Laissons donc là le différend entre les deux hommes pour nous focaliser sur les travaux de Dodgson, qui finira par publier *A Discussion of the Various Methods of Procedure in Conduction Elections*, où il s'attachera à démontrer « qu'en fonction des circonstances, chaque type de scrutin est susceptible de donner le mauvais résultat[1] ». Il note en effet l'existence probable de cycles, comme Condorcet l'avait remarqué plus tôt et comme Kenneth Arrow[2] le redécouvrira en élaborant ce que l'histoire a retenu sous le nom de théorème d'impossibilité[3].

1. *Ibid.*, p. 214.

2. Kenneth Arrow (1921-2017) reçut en 1972 le prix de la Banque de Suède en sciences économiques en mémoire d'Alfred Nobel – que nous appellerons, de façon impropre mais moins lourde, « prix Nobel d'économie » dans la suite de l'ouvrage.

3. Que beaucoup de théoriciens politiques considèrent comme étant la preuve que la démocratie est impossible à cause de l'existence même des cycles.

Pour clarifier sa théorie, Condorcet a proposé un exemple[1] assez simple de cycle, qui prend en compte 60 électeurs et trois candidats (A, B et C) et que l'on peut résumer ainsi :

– 23 électeurs préfèrent : A > B > C ;
– 17 électeurs préfèrent : B > C > A ;
– 2 électeurs préfèrent : B > A > C ;
– 10 électeurs préfèrent : C > A > B ;
– 8 électeurs préfèrent : C > B > A.

Cela signifie que 23 électeurs classent A en premier choix, B en deuxième et C en troisième. Et ainsi de suite. On peut en conclure, en formant des comparaisons par paires, que :

– 33 électeurs préfèrent A > B contre 27 pour B > A ;
– 42 électeurs préfèrent B > C contre 18 pour C > B ;
– 35 électeurs préfèrent C > A contre 25 pour A > C.

La première ligne permet de conclure que, pour la majorité des électeurs, A vaut mieux que B. La deuxième ligne signifie que B vaut mieux que C, et la dernière que C vaut mieux que A. On aboutit alors au cycle : $A>B>C>A$! Condorcet appelle cela un résultat contradictoire, Dodgson un cycle et Arrow un paradoxe, la somme des choix individuels ne semblant pas en effet aboutir à un choix collectif cohérent.

Mais là où Condorcet et Arrow pointent du doigt la difficulté d'un corps électoral à exprimer un choix social

1. Nicolas de Condorcet, *Essai sur l'application de l'analyse à la probabilité des décisions rendues à la pluralité des voix*, 1785, p. lviii.

indiscutable, Dodgson, alias Lewis Carroll, y voit plus malicieusement l'idée que l'on peut faire gagner qui l'on veut en changeant simplement la règle du vote. Pour s'en assurer, prenons l'exemple d'une élection à quatre candidats A, B, C, D que doivent départager douze électeurs en les classant par ordre de préférence. Le résultat du vote est le suivant :

Électeurs	1	2	3	4	5	6	7	8	9	10	11	12
Rang n° 1	D	C	D	C	D	D	C	A	D	D	C	B
Rang n° 2	A	B	B	B	B	B	B	B	C	C	B	C
Rang n° 3	B	D	A	A	A	A	A	C	A	A	A	A
Rang n° 4	C	A	C	D	C	C	D	D	B	B	D	D

Si l'organisateur du scrutin souhaite la victoire de D, il décrétera que le gagnant sera celui qui obtiendra la majorité de voix au rang 1, soit la première préférence. En effet, D obtient 6 fois la première place, lui assurant ainsi la victoire.

S'il est convenu en revanche que A doit l'emporter, on stipulera qu'il convient d'assurer la paix sociale en faisant le choix du candidat le moins souvent placé en dernière position. Dans cette optique, A l'emporte haut la main, lui qui n'est placé qu'une seule fois en dernier choix.

Pour faire élire B, l'organisateur du scrutin décidera cette fois que le candidat idéal sera le moins clivant. Le gagnant sera par conséquent celui qui obtiendra la meilleure moyenne. On attribuera pour cela 4 points au candidat cité au premier rang, 3 points à celui du deuxième rang, 2 points à celui du troisième et 1 point au candidat classé en dernière position. Voilà comment B sera élu avec un total de 32 points contre 31 pour C et D et 26 pour A.

Enfin, si l'on souhaite la victoire de C, il faudra recourir à un découpage électoral. Il suffira pour cela de classer les douze votants en trois groupes ; les électeurs 1, 3, 5 et 6 intégreront le premier groupe, les électeurs 2, 4, 8 et 9 le deuxième, et les restants le troisième. En ne considérant que le premier choix des électeurs, le premier groupe plébiscitera D tandis que les deux autres éliront C. Le candidat C aura donc deux groupes sur trois en sa faveur, ce qui lui assurera la victoire.

Manipulation perfide ou choix politique ?

Le recours pernicieux à ces différents types de scrutins a permis à des chefs d'État de rester au pouvoir ou de faire élire tel ou tel gouverneur de province qui leur était favorable. La manipulation la plus répandue restant sans doute ce que l'on nomme le charcutage électoral, soit le découpage de circonscriptions auquel procèdent bien des gouvernements à travers le monde pour s'assurer une victoire qui, sans cela, risquerait de leur échapper.

Mais oublions un instant les trucages électoraux et prenons un peu de hauteur en nous demandant lequel des candidats de notre exemple doit être élu : A, B, C ou D ? Et laquelle de ces règles est la plus juste : celle utilisant la fréquence la plus haute, celle qui privilégie la fréquence la plus basse, celle qui a recours à la moyenne arithmétique ou celle enfin qui en appelle au scrutin indirect ? Le problème en réalité est mal posé. Car, du seul point de vue de l'outil statistique et donc de la règle de vote, ces différentes méthodes de scrutin sont toutes parfaitement légitimes. Aucune d'elles n'est juste ni injuste dans l'absolu. Ici, la question de la légitimité doit s'effacer devant celle de la cohérence avec les buts que s'est fixés la société.

Prenons le cas où D l'emporte après avoir obtenu la majorité de voix au rang 1. Cette règle convient parfaitement à des électeurs convaincus que la société doit faire l'objet d'une alternance régulière, et qui auront tendance à privilégier un résultat clivant. (Mais la prochaine élection verra sans doute le triomphe de son principal opposant.) Si, en revanche, une société souhaite élire un candidat plus consensuel, elle optera pour un scrutin qui se fonde sur la moyenne arithmétique : B sera élu et l'opinion sera moins portée à se scinder en deux camps opposés. Et si la paix sociale importe encore davantage à une société donnée, elle choisira alors le système qui élira le candidat le moins souvent placé au rang 4, soit le moins détesté. Ce dernier résultat peut sembler étrange ; comme A occupe souvent la troisième position, la règle ferait ici élire un candidat globalement mal classé. Pourtant, cette méthode n'est pas plus étonnante que celle qui consiste à élire un candidat majoritaire au rang 1 sans tenir compte du fait qu'il est le plus rejeté dans les préférences secondaires.

Enfin, la règle qui consiste à morceler le corps électoral en différents groupes n'est pas davantage injuste en soi. Certes, ce système a souvent été utilisé pour manipuler une élection ; mais si, de bonne foi, l'on confère à ce découpage un sens géographique, sociologique, historique, confessionnel ou autre, alors il devient parfaitement légitime. Il serait par exemple peu cohérent d'utiliser une règle majoritaire dans un État qui a fait le choix du fédéralisme face au centralisme[1]. Si donc, comme c'est le cas outre-Atlantique, la nation américaine est considérée comme l'association de ses États membres, il est cohérent que les électeurs soient regroupés sous la bannière de ces mêmes États et que la règle majoritaire s'applique aux États et non aux citoyens. C'est ce qui a permis par exemple à Donald Trump de l'emporter face à Hillary Clinton en 2016 alors qu'il avait obtenu un nombre total de voix inférieur, situation qui s'est vérifiée à trois autres reprises dans l'histoire de l'élection présidentielle américaine[2]. Si l'on y voit un paradoxe, c'est que l'on est trop habitué à la règle de majorité simple. Or, aux États-Unis, la règle n'est pas d'avoir davantage de voix que son adversaire mais davantage d'États. Il ne s'agit en rien d'un trucage mais d'une question de cohérence avec la constitution politique du fédéralisme américain.

---

1. Comme ce fut le cas durant les premières décennies qui ont suivi l'indépendance de la nation américaine.

2. En 1876, en 1888 ou encore en l'an 2000.

Ainsi, chacune des règles doit entrer en résonance avec une conception politique. Par conséquent, chercher un système qui représente le mieux la distribution des choix électoraux, comme l'ont fait Condorcet, Dodgson ou Arrow, n'a au fond guère de sens. Aucune méthode de vote n'est meilleure qu'une autre dans l'absolu. La règle est-elle ou non en cohérence avec une fin politique donnée ? Voilà la seule question qu'il convient de se poser. Alors, et alors seulement, il sera temps d'évaluer certains critères du scrutin… et de surveiller de près s'il fait ou non l'objet de manipulations.

3.

L'État demande des comptes

« Il existe peu de choses qui ne peuvent être pesées, comptées ou mesurées. »

Vincenzo Galilei (père de Galilée),
Discorso particolare intorno alla diversità delle forme del diapason.

Des chiffres et des êtres

Et si les sujets du roi abandonnaient leur statut d'êtres humains ? Si l'on réduisait le peuple à une matière chiffrée sur laquelle légiférer ? L'homme qui a formulé ces hypothèses se nomme Jean Bodin (1530-1596). Et le moins que l'on puisse dire, c'est que ses idées ont perduré ; car si chacun de nous alimente aujourd'hui différentes statistiques relatives à l'emploi, la santé, la propriété, les loisirs ou la vie de couple, et si les mille nuances de notre identité s'effacent derrière des termes aussi réducteurs que ceux d'actifs, de chômeurs, de valides, d'invalides, de contribuables ou de retraités, c'est en partie grâce à – ou à cause de – Jean Bodin !

En ce milieu du XVIe siècle, ce grand érudit intègre le premier cercle de Charles IX puis d'Henri III avant de se rapprocher d'Henri IV au crépuscule de sa vie. Difficile d'imaginer personnage plus intrigant. S'il plaît tant aux têtes couronnées, c'est qu'il a des idées neuves ; à juste titre d'ailleurs car il est aujourd'hui considéré avec Machiavel comme le fondateur de la science politique moderne, mais également comme le précurseur de la théorie quantitative de la monnaie et le créateur de la notion de souveraineté, laquelle, au sortir du Moyen Âge, fera bientôt entrer l'État dans les Temps modernes.

Influencé par la lecture du *Prince*, et à une époque troublée par les guerres de Religion, Bodin décrit en effet le régime idéal comme affranchi de l'idée de Dieu. Le roi doit cesser d'être un chef religieux pour devenir un arbitre suprême, libéré des contre-pouvoirs jugés dangereux pour le bon ordre du pays. Bodin soutient même que le souverain « est absous de la puissance des lois[1] », faisant ainsi le lit de la monarchie absolue, un concept que le cardinal de Richelieu saura un peu plus tard parfaitement mettre en pratique.

Et les chiffres dans tout ça ? Ils occupent une place capitale dans la pensée de Bodin, qu'ils répondent ou non à un souci de rationalité. Car ce contemporain de Nostradamus n'est pas insensible aux charmes de la numérologie – ou *arithmo-*

1. Jean Bodin, *Les Six Livres de la République* (1576), livre I, chap. 8.

logie, un terme sans doute moins péjoratif –, une pseudo-science héritée de l'Antiquité et qui est encore d'actualité au XVIe siècle. Ainsi, à la suite de Platon, qui s'inspirait lui-même de Pythagore lorsqu'il pensait la société idéale à partir d'équilibres harmonieux entre les nombres, Bodin prétend que certaines années, en fonction même de leur valeur, s'avèrent propices aux bouleversements politiques :

> Je mettrai seulement six ou sept nombres entre dix mille, auxquels le plus souvent advient changements aux Républiques, c'est à savoir, les nombres carrés et solides de sept et neuf[1], et ceux qui sont engendrés de la multiplication de ces deux nombres, et le nombre parfait de quatre cent nonante et six[2].

Amusons-nous un instant à identifier les années qui sont à la fois multiples de sept et de neuf : du vivant de Bodin se trouve l'an 1575, qui n'est autre que celui du sacre d'Henri III… dont ce même Jean Bodin devint un proche conseiller ! Le hasard fait bien les choses, mais il est tout de même permis de douter de la pertinence de ce genre de considérations[3].

En marge de ces opérations singulières, Bodin va faire appel à des calculs beaucoup plus rationnels. S'appuyant

1. Bodin désigne, comme on le faisait depuis l'Antiquité, par « carré » et « solide » les puissances deux et trois des nombres.

2. Jean Bodin, *Les Six Livres de la République*, livre IV, chap. 2, *op. cit.*

3. Si ce raisonnement peut nourrir une quelconque théorie complotiste, la prochaine année multiple de sept et de neuf sera 2079…

notamment sur l'histoire romaine, il plaide pour l'instauration de la censure, non pas celle qui muselle la presse et les citoyens, mais celle qui conduit au recensement. Il s'agit de savoir précisément qui sont les sujets du roi, ce qu'ils possèdent, ce qu'ils produisent, et cela en remplaçant d'interminables rapports par de simples chiffres. L'objectif de Bodin semble à première vue tout à fait louable : cet état des lieux du pays doit notamment mettre un terme aux exactions des privilégiés envers les indigents, car, nous dit-il, « par faute de Censure, les pauvres sont écorchés, et les riches se sauvent toujours[1] ». Merveilleuse idée – en théorie… – que la censure bodinienne pour la protection des plus modestes face aux plus fortunés !

Ne nous y trompons pas : le moment est historique. Nous voilà devant l'une des toutes premières préfigurations de la statistique d'État, telle que nous la connaissons aujourd'hui à travers le recensement effectué par l'Insee par exemple[2]. Les propositions de Bodin, comme le soulignent les travaux récents de Thomas Berns[3], illustrent ce moment si particulier de la pensée politique où les États vont glisser de l'idée de « gouverner le réel » à celle de « gouverner à partir du réel ».

1. Jean Bodin, *Les Six Livres de la République*, livre VI, chap. 1, *op. cit.*

2. Il convient également de rappeler que, dans les années qui ont suivi la conquête de l'Angleterre en 1066, Guillaume le Conquérant a fait procéder à un recensement des richesses du pays, consignées dans le Domesday Book.

3. *Gouverner sans gouverner. Une archéologie politique de la statistique*, PUF, 2009, en particulier p. 69-80.

Pour le pouvoir, il ne s'agira plus désormais de considérer des êtres mais des nombres. Les avantages pour l'État seront multiples. En éloignant le gouvernant de ses sujets, les tableaux de chiffres vont permettre de neutraliser une situation traumatisante. Le nombre de tués sur un champ de bataille par exemple ne dit rien de leur agonie ni des chairs décomposées. De la même manière, là où les récits évoquaient les épidémies et les famines en détaillant les souffrances du peuple, les graphiques se contenteront d'indiquer une hausse drastique du cours du blé, devenu rare, reliée à des courbes démographiques pointant l'augmentation de la mortalité.

Toute politique contemporaine découle de cette idée. Le but d'un gouvernement ne consiste plus désormais à donner du travail à un individu qui n'en a pas, mais bel et bien à faire baisser un taux, celui du chômage. L'objectif n'est donc pas l'humain mais le chiffre qui modélise l'humain. Certes, les nombres sont corrélés à des êtres, mais il y a parfois un gouffre ente les deux : en se focalisant sur le taux de chômage, il devient aisé de tourner le dos aux conditions précaires des travailleurs à temps partiel ou à celles vécues notamment par certains chômeurs allemands, forcés d'accepter les très controversés contrats à un euro de l'heure. Du moment que les chiffres baissent, les à-côtés importent peu, semble-t-il…

Mais les dégâts collatéraux de la censure selon Bodin ne s'arrêtent pas là. Après avoir déshumanisé le peuple, le recensement va devenir le bras armé du gouvernement :

> L'un des plus grands et principaux fruits qu'on peut recueillir de la Censure et dénombrement des sujets, c'est qu'on peut

> connaître de quel état, de quel métier chacun se mêle, de quoi il gagne sa vie, afin de chasser des Républiques les mouches guêpes qui mangent le miel des abeilles, et bannir les vagabonds, les fainéants, les voleurs, les pipeurs, les rufiens, qui sont au milieu des gens de bien, comme les loups entre les brebis : on les verrait, on les marquerait, on les connaîtrait partout[1].

Le voici donc, le côté sombre de la Censure bodinienne : grâce à elle, le gouvernement pourra enfin marquer au fer rouge celles et ceux qui sortent du rang. Nous reviennent alors en mémoire les belles paroles de celui qui prônait la nomination d'un censeur afin de sauver les indigents « écorchés », écrivait-il, par les plus fortunés. Bodin veut-il réellement défendre les pauvres contre les riches… ou entend-il plutôt protéger la bourgeoisie marchande, dont il est issu, et qui vit sous le joug de l'aristocratie ? Une chose est sûre en tout cas : il n'a aucune intention de faire des cadeaux au bas peuple parasité par les bons à rien !

Les filles du Roy

Le trois-mâts s'apprête à lever l'ancre. Déjà, la passerelle est repliée et les hommes d'équipage, montés dans les haubans, commencent à déferler les voiles. Penché au-dessus de la table à carte, le capitaine vient de tracer une route qui traverse les eaux glacées de l'Atlantique nord pour joindre la

1. Jean Bodin, *Les Six Livres de la République*, livre VI, chap. 1, *op. cit.*

Nouvelle-France, soit l'actuel Canada. Si les cales sont chargées de toutes sortes de produits destinés à la nouvelle colonie française, une partie de la cargaison est cette fois un peu particulière. Il s'agit de jeunes femmes âgées de 15 à 30 ans, toutes célibataires. On les appelle « les filles du Roy » ; pour la plupart, ce sont des orphelines. Ce jour-là, elles sont près d'une centaine à bord. Les hommes d'équipage ont rarement vu leur navire aussi joliment chargé. Mais les consignes sont claires : défense d'approcher les filles ! Car elles embarquent pour rejoindre leurs futurs maris. Après plusieurs semaines de mer dans des conditions particulièrement insalubres – l'eau douce étant rationnée, nulle n'aura le droit de se laver –, elles devront prendre un époux et procréer au nom de la grandeur de la France.

Quel rapport avec les chiffres ? À une époque où les États commencent à se nourrir de comptes, il s'agit une nouvelle fois d'une question de recensement, le tout premier même que connut l'Amérique du Nord. Il a été planifié par Colbert, lequel, au début des années 1660, souhaite que la Nouvelle-France devienne le fer de lance de l'Empire colonial. Voilà comment, dès 1665, ce ministre du Roi-Soleil confie à l'intendant du nouveau territoire le soin d'en chiffrer la population. Ce travail va permettre de quantifier une situation qui devenait problématique : le nombre bien trop faible de femmes. La colonie comptait en effet 719 célibataires masculins âgés de 16 à 40 ans pour seulement 45 filles célibataires de la même tranche d'âge. À la suite du recensement, Colbert va donc intensifier sa politique nataliste en

Nouvelle-France jusqu'en 1673, en y envoyant près d'un millier de filles du Roy.

En une dizaine d'années, les statistiques d'État vont permettre de rendre l'administration de la Nouvelle-France plus performante, quitte à devenir un surprenant ancêtre des sites de rencontres ! Et, là encore, peu importe si les sujets du roi deviennent de simples pièces que l'on peut déplacer sur l'échiquier du monde. Au nom de la raison d'État, les sentiments et le consentement de jeunes femmes doivent s'effacer devant un taux de natalité.

Moins d'un siècle plus tard, en Angleterre, le parti whig ne se trompe pas lorsqu'il conteste farouchement un projet de recensement – que le gouvernement désigne comme une « description quantifiée » de la population. Les responsables de ce parti, opposés à l'absolutisme royal, décrivent alors un projet risquant de conduire « à la ruine complète des dernières libertés du peuple anglais ». Leurs craintes, reconnaissons-le, sont très légitimes. Jusque-là en effet, chiffrer et classer la population s'est toujours fait au détriment des intérêts du peuple. Lorsque le pouvoir décidait à sa place avec qui et où il devait procréer, comme dans le cas des filles du Roy, ou lorsqu'il entendait séparer le bon grain de l'ivraie au sein d'une population, comme le préconisait Jean Bodin en stigmatisant les laissés-pour-compte.

Comment aurait-il pu en être autrement lorsque l'on sait que l'une des toutes premières tentatives de recensement servit précisément à mater par la force un soulèvement populaire ? C'est au début du XIVe siècle, soit plus de deux cents ans avant que Bodin ne prône la systématisation du dénombrement du peuple, que Philippe VI de Valois procède au décompte des forces vives de la nation. Cette démarche, le moment venu, lui permit d'enrôler des hommes dans son armée en un temps record. Une fois mobilisés, ces conscrits reçurent l'ordre de réprimer la révolte des Karls, ces paysans de la Flandre maritime qui, au lendemain de médiocres récoltes, avaient eu la mauvaise idée de se plaindre de leurs conditions de vie.

Les drôles de calculs du chevalier

À la suite des œuvres de Machiavel et de Bodin qui ont ouvert les portes à la pensée calculante[1], un autre livre s'impose définitivement au sommet des États. Publié en 1690, trois ans après la mort de son auteur, et rédigé une quinzaine d'années plus tôt, cet ouvrage s'intitule sobrement *Arithmétique politique*.

Il est l'œuvre de William Petty (1623-1687), un esprit universel : professeur d'anatomie à Oxford puis de musique à Londres, médecin dans l'armée de Cromwell, responsable du cadastre irlandais, membre de la Royal Society, précurseur de la division du travail, de la comptabilité nationale et de la démographie statistique. Son œuvre est difficile à classer tant elle est protéiforme. Né dans une famille modeste du New Hampshire, Petty acquiert – dans des conditions

1. Pour reprendre une expression de Heidegger.

suspectes – une grande fortune ainsi qu'une reconnaissance intellectuelle, son parcours étant même salué par Charles II qui l'anoblit. Cependant, l'échec d'une carrière politique lui laisse un goût amer. Qu'à cela ne tienne : tout comme Machiavel, Petty passera à la postérité non pas grâce à son action politique mais par le biais de son analyse théorique.

Influencé par le développement des sciences expérimentales, le chevalier Petty fonde[1] une nouvelle discipline qu'il nomme l'arithmétique politique : d'après lui, la statistique est indispensable à l'élaboration de toute stratégie étatique. Il s'agit alors de tout compter afin d'établir une base solide à l'action politique. Comme le résume Diderot, Petty dénombre :

> l'étendue et le prix des terres, les peuples, les maisons, l'industrie, l'économie, les manufactures, le commerce, la pêche, les artisans, les marins ou gens de mer, les troupes de terre, les revenus publics, les intérêts, les taxes, le lucre, les banques, les compagnies, le prix des hommes, l'accroissement de la marine et des troupes ; les habitations, les lieux, les constructions de vaisseaux, les forces de la mer, etc.[2].

Afin de brosser un tableau complet de l'Angleterre, William Petty compte tout ce qui existe. C'est par cette

1. L'intérêt pour les statistiques démographiques existait avant que Petty n'en fasse une véritable science, en particulier avec les travaux du major Graunt qui publie en 1662 ses *Observations naturelles et politiques sur les bulletins de mortalité*.

2. Denis Diderot, « Arithmétique politique », in *Encyclopédie ou Dictionnaire raisonné des sciences, des arts et des métiers*.

même méthode, dans son *Verbum Sapienti* (1665), qu'il était parvenu à estimer le revenu national de l'Angleterre et du Pays de Galles : l'ancêtre de notre produit intérieur brut (PIB) venait de naître ! Ce visionnaire ignorait sans doute que cette notion connaîtrait un tel succès, au point de devenir l'alpha et l'oméga de toute politique – la croissance, qui obsède les gouvernements, n'étant que la variation de ce même PIB d'une année à l'autre. Le chevalier Petty ne s'arrête pas en si bon chemin ; il dénombre maintenant tout ce qui pourrait ou devrait exister : « [...] de la quantité de nourriture qu'ils [les hommes] doivent consommer ; du travail qu'ils peuvent faire ; du temps qu'ils ont à vivre[1] [...] ». Dès lors, ce chantre de l'arithmétique politique ne se contente plus d'établir un tableau du pays, il prétend prédire l'avenir économique et démographique de l'Angleterre :

> Si Londres double sa population en 40 ans alors que le nombre de ses habitants est de 670 000 et si tout le pays contient 7 400 000 d'habitants et double en 360 ans, il apparaît alors qu'en 1840 la population de la ville sera de 10 718 880 et celle de tout le pays de 10 917 389. D'où il est nécessaire que la croissance de la ville s'interrompe avant pour atteindre son maximum dans la période immédiatement précédente, 1800, quand le nombre sera de huit fois supérieur, 5 359 000[2].

1. *Ibid.*

2. William Petty, *Another Essay in Political Arithmetick, concerning the Growth of the City of London* (1683), in *The Economic Writings of Sir William Petty*, vol. 2, éd. Charles Henry Hull, 1899, p. 464 (traduit par nos soins).

Certes, William Petty ignorait alors que le nombre de Londoniens en 1800 ne s'élèverait en réalité qu'à 900 000 au lieu des 5 359 000 qu'il avait annoncés. Bien que valides d'un point de vue strictement techniques, il faut bien reconnaître que les calculs du chevalier Petty semblent quelque peu échapper à la raison. Voltaire est d'ailleurs beaucoup plus mesuré à ce propos, estimant quant à lui que la population n'a fait que tripler depuis Charlemagne :

> Je dis tripler, et c'est beaucoup ; car on ne propage point en progression géométrique. Tous les calculs qu'on a faits sur cette prétendue multiplication sont des chimères absurdes[1].

Les approximations de Petty proviennent du fait qu'il est le premier – mais certainement pas le dernier – à tourner le dos au réel pour ne considérer que les nombres. À aucun moment il ne ressent le besoin de confronter ses équations à la réalité. Il parvient néanmoins à imposer les calculs au sommet de l'État, tout en écartant l'idée d'une politique qui prendrait l'être humain en considération. Plus rien désormais n'interrompra ce lent glissement vers ce qui caractérise aujourd'hui notre quotidien : une gouvernance – exclusive – du chiffre.

Obnubilé par les nombres, l'inventeur de l'arithmétique politique n'eut bientôt plus les pieds sur terre, décidant même d'étendre son calcul démographique à la planète

1. Voltaire, « Population », in *Dictionnaire philosophique*.

entière, en intégrant dans son équation une donnée inattendue : l'Apocalypse !

> Si la population double en 360 ans, les présents 320 millions [d'habitants] s'accroîtront tellement durant les prochains 2 000 ans qu'ils donneront une tête pour chaque deux acres de terrain dans la partie habitable de la Terre. Alors, suivant la prophétie des Écritures, il y aura nécessairement des guerres et un grand massacre[1].

Quand on aime, on ne compte pas

Lorsqu'elles ne résultent pas de pures élucubrations, les approximations chiffrées participent d'une manipulation des mathématiques. Dans quel but ? Flatter le roi. Quand on aime son monarque – et qu'on veut s'en faire aimer en retour –, il semble superflu de bien compter. Après avoir établi et analysé différentes données statistiques, le chevalier Petty prétend ainsi qu'il existe « des empêchements naturels et durables à jamais, à ce que la France devienne plus puissante sur mer que l'Angleterre[2] ». En revanche, grâce à la magie de ses équations, William Petty soutient cette fois que « les obstacles qui s'opposent à la grandeur de l'Angleterre ne sont que contingents et amovibles[3] ».

1. *Another Essay*, *op. cit.*, p. 464.
2. *Political Arithmetick*, chap. 3, in *The Economic Writings of Sir William Petty*, vol. 1, *op. cit.*, p. 278.
3. *Ibid.*, chap. 5, p. 298.

Diderot n'est pas dupe de ces conclusions et prévient que la nature même de la dédicace du *Political Arithmetick* discrédite la portée scientifique de l'œuvre : « Cet essai est adressé au roi ; c'est presque dire que les résultats en sont favorables à la nation anglaise. » L'encyclopédiste dénonce alors le mariage forcé entre l'exercice de l'État et la manie de tout chiffrer. Il alerte en outre ses lecteurs sur les limites de la prédiction de l'avenir. Le chiffre, d'après lui, ne peut pas tout. Il ne peut rien surtout contre les hasards de l'Histoire :

> […] il ne faudra pas oublier qu'il arrive des révolutions, soit en bien, soit en mal, qui changent en un moment la face des États, et qui modifient et même anéantissent les suppositions ; et que les calculs et leurs résultats ne sont pas moins variables que les événements [1].

Diderot soulève ici un point crucial. Il ne sera pas entendu cependant : la confiance illimitée accordée aux modélisations politiques ne fera que croître, tout comme le recours systématique à la prédiction quantifiée. Pourtant, pas même Machiavel n'avait souhaité se soumettre à la tyrannie du chiffre. S'il en a très tôt deviné le pouvoir, le penseur florentin en a aussi saisi les limites. Voilà comment, avec sagesse, il a prévenu les lecteurs du *Prince* que, malgré tous les efforts que feront les hommes pour gouverner le monde, leurs calculs ne pourront jamais tout contrôler.

1. Denis Diderot, article « Arithmétique politique », in *Encyclopédie*.

« J'estime, nous dit-il, qu'il peut être vrai que la fortune soit maîtresse de la moitié de nos œuvres[1]. »

Les zigzags de Quesnay

Si William Petty établissait des calculs alambiqués qui se référaient à l'Apocalypse, c'est dans l'esprit d'un Français que va germer l'idée de dresser un ensemble de chiffres et de flèches, censé représenter rien de moins que la pensée de Dieu ! François Quesnay (1694-1774) met au point son *Tableau économique*, soit le premier modèle macroéconomique représentant la production et la circulation des richesses d'un pays par le biais de droites qu'il nomme « zigzags ».

L'invention de ce tableau marque un tournant majeur dans l'histoire de l'économie politique. Il permet de synthétiser les différents échanges et de mesurer « la masse des richesses d'une Nation », en d'autres termes le PIB dont Petty avait esquissé les contours, et que Quesnay systématise en une sorte de comptabilité nationale simplifiée.

Au fil des années, François Quesnay n'a cessé de remanier son *Tableau* dont la portée lui semblait illimitée. Mirabeau, qui a travaillé avec lui sur l'ouvrage où figure une version du Tableau, y voyait une invention miraculeuse :

> Depuis le commencement du monde, il y a eu trois découvertes qui ont donné aux sociétés politiques leur principale

1. Nicolas Machiavel, *Le Prince*, *op. cit.*, chapitre 25.

solidité. La première est l'invention de l'écriture, qui seule donne au genre humain la faculté de transmettre sans altération ses lois, ses conventions, ses annales et ses découvertes. La seconde est l'invention de la monnaie, ce lien commun qui unit toutes les nations civilisées. La troisième, qui est le résultat des deux autres, mais qui les complète puisqu'elle porta leur objet à sa perfection, est le Tableau économique, la grande découverte qui fait la gloire de notre siècle, et dont la postérité recueillera les fruits[1].

Mais de même que Petty proposait des calculs qui servaient en vérité à glorifier l'Angleterre, Quesnay n'a-t-il pas une idée derrière la tête en rédigeant son *Tableau économique* ? Bien plus qu'une idée, il s'agit en réalité d'une doctrine philosophique : tandis que les penseurs des Lumières placent l'Homme au centre du monde, Quesnay décrit l'Ordre naturel créé par Dieu, qu'il suffirait de suivre pour atteindre le bonheur. Il appelle donc de ses vœux la création d'un gouvernement de la nature, qu'il nomme physiocratie[2]. Loin de la conception préromantique alors dans l'air du temps, Quesnay voit dans cet Ordre naturel la légitimation de la propriété privée, en particulier celle de la terre[3], de la liberté du commerce et de l'industrie, mais aussi d'une certaine forme d'inégalité :

---

1. Cité par Léonce de Lavergne, « Origines de l'économie politique – Quesnay et ses maximes », in *Revue des Deux Mondes*, 2e période, tome 68, 1867, p. 969.

2. Néologisme mentionné pour la première fois par l'abbé Nicolas Baudeau, dans les *Éphémérides du citoyen* en avril 1767.

3. Pour Rousseau, au contraire la propriété se trouve à l'origine des inégalités.

> Mais en considérant les facultés corporelles et intellectuelles, et les autres moyens de chaque homme en particulier, nous y trouverons encore une grande inégalité relativement à la jouissance du droit naturel des hommes. Cette inégalité n'admet ni juste ni injuste dans son principe ; elle résulte de la combinaison des lois de la nature, et les hommes, ne pouvant pénétrer les desseins de l'Être-Suprême dans la construction de l'Univers, ne peuvent s'élever jusqu'à la destination des règles immuables qu'il a instituées pour la formation et la conservation de son ouvrage[1].

L'inégalité n'est donc ni juste ni injuste : *c'est comme ça*, pourrait-on lâcher avec un haussement d'épaules. Selon sa condition sociale, physique, intellectuelle, chacun posséderait des droits de propriété différents. Et il ne faut surtout pas que cela change. Une fois encore, ce n'est pas Quesnay qui le dit, ce sont les chiffres et les flèches de son tableau !

Il faut sauver le soldat Louis XV

Ces calculs alambiqués, tout comme l'interprétation de l'ordre divin, conduisent Quesnay à plaider pour un État dirigé par un roi puissant. « Le système des contreforces dans un gouvernement, écrit-il, est une opinion funeste, qui ne laisse apercevoir que la discorde entre les grands et

1. François Quesnay, *Le Droit naturel*, III.

l'accablement des petits. » Au lieu des gesticulations stériles des contre-pouvoirs, mieux vaut un chef incontesté qui conduise son peuple dans la bonne direction. La position défendue ici par Quesnay a de quoi surprendre à une époque où le règne de Louis XV, en perte de vitesse, est contesté de l'intérieur. Mais tout s'explique lorsque l'on sait que ce même François Quesnay est le médecin personnel du roi et de sa favorite, Mme de Pompadour ! Et il est permis de supposer que ses calculs et équations cherchent à légitimer le pouvoir qui le loge et le nourrit, et dont il souhaite donner une image idéale. Marmontel, un membre alors très en vogue de l'Académie française, nous livre un jugement plutôt taquin[1] sur l'auteur du *Tableau économique* :

> Quesnay, logé bien à l'étroit dans l'entresol de Mme de Pompadour, ne s'occupait du matin au soir que d'économie politique et rurale. Il croyait en avoir réduit le système en calculs et en axiomes d'une évidence irrésistible, et comme il formait une école, il voulait bien se donner la peine de m'expliquer sa nouvelle doctrine pour faire de moi un prosélyte. J'appliquais tout mon entendement à concevoir ces vérités qu'il me donnait pour évidentes, et je n'y voyais que du vague et de l'obscurité. Lui faire croire que j'entendais ce qu'en effet je n'entendais pas était au-dessus de mes forces ; mais je l'écoutais avec une patiente docilité, et je lui laissais l'espérance de m'éclaircir enfin et de m'inculquer sa doctrine. Je faisais plus ; j'applaudissais à son travail[2] [...].

1. Même s'il reconnaît éprouver une certaine admiration pour lui.
2. Jean-François Marmontel, *Mémoires d'un père pour servir à l'édu-*

De l'entresol à l'entre-soi, il n'y a sans doute qu'un pas et Quesnay n'a pas su, ou n'a pas voulu, lire le sens de l'Histoire tel qu'il se déroulait en dehors de la cour. Cependant, qu'elle fût sincère ou dictée par des intérêts personnels, sa pensée politique va profondément marquer les siècles à venir. Et c'est bel et bien parmi les calculs griffonnés dans le petit logement situé sous les appartements royaux qu'ont pris forme certains concepts clés qui triomphent aujourd'hui, tels que le libéralisme échevelé, l'implication minimale de l'État dans l'économie, la figure autoritaire du politique…

Mieux vaut en rire

Si certains calculs d'économie politique relèvent parfois de la manipulation pure et simple, d'autres franchissent allègrement les frontières de l'absurde, au risque de se couvrir de ridicule. Ainsi Montesquieu s'amuse-t-il des démonstrations mathématiques censées établir la supériorité des Juifs en matière de médecine :

> Un auteur espagnol […] fait un conte de François Ier qui étant dangereusement malade, rebuté des médecins chrétiens et de l'impuissance de leurs remèdes envoya demander à Charles Quint un médecin qui fût juif, le bon Espagnol cherche la

---

cation de ses enfants, cité par Léonce de Lavergne, « Origines de l'économie politique – Quesnay et ses maximes », art. cit., p. 989.

> raison pourquoi les Juifs ont l'esprit plus propre à la médecine que les Chrétiens, et il croit fortement que cela vient de la grande quantité de manne que les Israélites mangèrent dans le désert [...] ; sur quoi il fait ce calcul que pour détruire les qualités que la manne avait imprimées dans le corps des Israélites dans quarante ans, il fallait quatre mille ans et davantage ; ce qui fait que ceux de cette nation ont encore par quelque temps une disposition particulière pour la médecine[1].

Visiblement amusé par tant d'extravagance, Montesquieu ne s'arrête pas en si bon chemin. L'auteur de *L'Esprit des lois* cite encore les travaux d'un autre auteur espagnol dans un récit tout aussi ironique :

> Un docteur de l'université de Salamanque a trouvé par un calcul exact que depuis la mort d'Henri IV jusqu'au traité des Pyrénées, les ligues, les associations de la noblesse, les délibérations des parlements, les différentes expéditions, les traités de paix et de guerre ne coûtèrent que 118 minutes de réflexion à toutes les têtes françaises[2].

On touche ici au comble du ridicule. Mais pourquoi Montesquieu relève-t-il de telles absurdités ? Sans doute parce qu'il regrette que l'on calcule de plus en plus au lieu de penser de façon humaine – voire humaniste. S'il ne

1. Charles de Montesquieu, pensée n° 1191, in Carole Dornier (éd.), *Édition critique des* Pensées *de Montesquieu*, Presses universitaires de Caen, 2013.
2. Charles de Montesquieu, pensée n° 1642, *ibid.*

s'oppose pas à l'esprit de commerce, il craint toutefois que celui-ci se réduise à terme à un veule esprit calculateur, où « l'on trafique de toutes les actions humaines, et de toutes les vertus morales : les plus petites choses, celles que l'humanité demande, s'y font, ou s'y donnent pour de l'argent[1] ».

Terrible prédiction que celle de Montesquieu : la monnaie, comme quantification du monde, risque de dissoudre toute pensée dans des comptes d'apothicaire. Mais cette mise en garde n'y fera rien. N'est-ce pas vers cette fin que tendra bientôt toute politique ? N'est-ce pas de cela que les citoyens seront à la fois victimes et bourreaux ? Oui, indéniablement. Les noms de Petty et de Quesnay auront beau s'éclipser de la mémoire du grand public, leur pensée va perdurer pour devenir d'une brûlante actualité.

Jusqu'à la fin du XVIIIe siècle cependant, les chiffres se contentent de justifier un ordre préétabli : Bodin repère les fainéants grâce au recensement, les calculs de Petty dépeignent l'Angleterre comme la plus grande nation qui soit au monde, tandis que Quesnay réduit l'Ordre divin à un tableau rempli de chiffres. Chacun, à sa manière, utilise le pouvoir des nombres pour convaincre son lecteur ; jusque-là, il ne s'agit en somme que de magnifier certaines idées en les plaçant sous l'autorité des mathématiques. Le XIXe siècle en revanche va se montrer beaucoup plus pervers. Après avoir pris le pouvoir, le chiffre va devenir le moteur même de l'idéologie étatique en révélant des vérités jusqu'alors inconnues. Le recours aux mathématiques

1. Charles de Montesquieu, *De l'esprit des lois*, livre XX, chap. 2.

en politique ne se bornera plus à illustrer une pensée, il deviendra un outil d'investigation qui, *in fine*, servira à légiférer – notamment lorsqu'il s'agira de normaliser les citoyens de la manière la plus inhumaine qui soit.

4.

De l'homme moyen à l'homme à abattre

« Messieurs, c'est aujourd'hui que l'ère des complexes se termine ! Finie la folie des grandeurs ! Tous les hommes seront moyens ! D'où, mêmes idéaux, même politique, mêmes moyens, etc. [...] Cette révolution, car c'en est une, va mettre fin par exemple à l'anxiété des parents penchés sur le berceau de leur enfant... Sera-t-il intelligent, bête, beau, bon ou mauvais ?... Non ! Ce sera un homme moyen [1] ! »

Serge Gennaux, Louis Salvérius
et Bob De Groot,
L'Homme moyen, in *Spirou* n° 1315,
juin 1963, p. 12-13.

1. On devine sans peine, dans cet extrait de bande dessinée, une parodie des travaux du mathématicien Adolphe Quetelet, dont il sera question dans ce chapitre.

Le grand arithméticien de l'univers

Au milieu des années 1730, un jeune pasteur allemand se gratte la tête. Pour être tout à fait honnête, il se gratte la tête depuis de longs mois déjà, penché sur les cahiers de sa paroisse où sont consignés naissances, mariages et décès. À une époque où les registres d'état civil n'existent pas encore, la connaissance fine de la population locale est du ressort de l'autorité religieuse qui, en célébrant les différentes étapes de la vie, lui confère une existence administrative. Notre pasteur, un certain Johann Peter Süssmilch (1707-1767), ne se gratte pas la tête pour tenter d'apprendre par cœur le nom de chacun de ses paroissiens, mais parce qu'il croit y déceler un signe divin, si ce n'est la preuve de l'existence de Dieu. Allons, bon ! Qui donc irait chercher Dieu dans un bottin[1] ?

Ce qui attire Süssmilch dans les registres ne réside pas dans les phénomènes individuels épars – aujourd'hui, un bébé est né, un mariage a été célébré… – mais dans leur globalité temporelle : il remarque que, chaque année, le nombre de naissances est relativement constant, de même que le nombre de décès ou celui des mariages. Les êtres humains, si différents soient-ils, finiraient ainsi *en masse* par

1. Notons à ce propos que Sébastien Bottin (1764-1853), qui fut prêtre dans sa jeunesse avant d'embrasser une carrière dans l'administration publique, est l'auteur de l'*Almanach du commerce de Paris et des principales villes du monde*, ancêtre du « bottin ».

reproduire des comportements quasi identiques d'une année à l'autre. N'allez pas croire qu'il s'agit là d'un signe de la légendaire rigueur allemande : en France, entre 1982 et 2018, le nombre de naissances a oscillé autour de 794 000 par an avec une variation maximale de moins de 7 % ! Pour les décès et les mariages également, les chiffres sont relativement stables sur une longue période et soumis à de très faibles variations d'une année à l'autre.

Süssmilch est fasciné par cette régularité statistique fondée sur des milliers de personnes qui ne se connaissent pas et n'ont pas les mêmes projets de vie. Si les paroissiens s'accordaient pour dire : « Nous ferons un enfant cette année, puis ce sera votre tour et ensuite celui de nos amis », les choses seraient compréhensibles. Mais il n'en est rien : chacun mène sa vie indépendamment de celle des autres. Mieux encore, il est un phénomène qui échappe à toute décision : le sexe de son enfant. Or, Süssmilch note une incroyable régularité : pour 105 garçons naissent 100 filles, rapport stable chez toutes les populations analysées et que l'on enseigne encore de nos jours aux étudiants en démographie.

Comment expliquer qu'il n'y ait aucune année qui compte moitié moins de naissances ? Comment expliquer encore qu'il n'arrive jamais qu'une année compte deux fois plus de filles que de garçons ? Comment expliquer enfin ces mouvements de masse, constants dans le temps, et pourtant composés de phénomènes indépendants ? Pour Süssmilch, la réponse est simple : l'improbable régularité des phénomènes n'est rien d'autre que la subtile manifestation de Dieu. Lui seul, ce grand arithméticien de l'univers, est capable de mettre en cohérence les désordres individuels. Süssmilch consacre alors un ouvrage à sa découverte : *L'Ordre divin*[1], qui devient le premier traité de démographie de l'Histoire.

De la loi divine à la loi politique

Dieu se révèle donc fin calculateur – au sens propre du terme – et le pasteur tient là une preuve magistrale de Son pouvoir sur les sociétés humaines. Au moment où son livre est publié, Süssmilch n'a pas d'autre ambition que celle de partager son émerveillement face à la puissance divine. Mais ce fidèle serviteur de Dieu va très vite monter en grade : en 1742, le roi de Prusse Frédéric II[2] le nomme pasteur de la majestueuse église Saint-Pierre (Petrikirche) à Berlin, puis membre trois ans plus tard de l'Académie royale des sciences de Prusse. L'ecclésiastique se dit alors que ses recherches pourraient avoir un intérêt politique. Fort de son ascension fulgurante, il adresse une lettre au souverain pour lui proposer ses services de conseiller sur les questions de population. Quelque peu surpris, le roi décline poliment son offre en l'invitant à s'en tenir à son domaine de compétence, loin des affaires de l'État. Voilà comment la carrière politique de Süssmilch s'achève avant même d'avoir commencé.

1. *Die göttliche Ordnung* (1741).
2. Connu notamment pour avoir accueilli son ami Voltaire au château de Sans-Souci à Potsdam.

Mais le pasteur n'a pas dit son dernier mot. Il travaille comme un forcené deux décennies durant et publie en 1761 une seconde édition de *L'Ordre divin*. Le volume – qui est passé de 446 à 1 415 pages ! – ne cherche plus à dévoiler la main de Dieu derrière la statistique démographique, mais tente d'établir scientifiquement une règle politique que doit appliquer tout bon souverain. Celle-ci tient en quatre points essentiels :

- favoriser le mariage en détruisant tout ce qui pourrait le freiner ou le retarder ;
- assurer aux jeunes mariés des conditions de vie propices à la fécondité ;
- prendre des mesures sanitaires pour allonger la durée de vie de la population ;
- permettre aux habitants de rester au pays et stimuler l'immigration.

Si les deux premières propositions sont une mise en pratique du « Croissez et multipliez » de la Genèse – ce qui n'a rien d'étonnant pour un pasteur –, les deux suivantes sont plus singulières. Le lecteur contemporain y retrouvera à la fois le thème de la politique sociale en faveur des plus démunis et celui du recours à l'immigration afin d'accroître la population, une question devenue particulièrement sensible aujourd'hui.

Si les économistes du XVIIIe siècle partagent alors des positions similaires, Süssmilch se démarque de ses pairs par son approche résolument scientifique. Le premier jalon d'une aventure mathématique vient d'être posé et c'est précisément l'aspect statistique – et non théologique – de *L'Ordre divin* qui va avoir un formidable impact sur l'Histoire. Fort de son succès, le pasteur n'imaginait pas toutefois que ses travaux conduiraient bientôt les hommes à écarter le divin, puis, à partir de là, à nier une partie de l'humanité.

Le crépuscule des dieux

Malgré ses excellentes intuitions, Süssmilch n'était pas très à l'aise avec les mathématiques – ses découvertes sont d'autant plus impressionnantes qu'il n'avait que de faibles connaissances techniques. Qu'il attribue à Dieu la formidable régularité des phénomènes démographiques montre qu'il peinait à comprendre un résultat fondamental de la théorie des probabilités, mis au jour par Jacques Bernoulli et Abraham de Moivre au début du XVIIIe siècle. Souvent appelé dans les conversations mondaines « loi des grands nombres », ce résultat indique qu'une somme de phénomènes indépendants peut tendre vers une moyenne commune. Cela explique notamment que naissances, mariages et décès présentent une formidable régularité d'une année à l'autre.

De ce résultat va naître la célèbre courbe de Gauss, du nom du brillant mathématicien allemand Carl Friedrich Gauss (1777-1855), parfois appelée courbe « en cloche » en raison de sa forme. C'est dans un ouvrage d'astronomie[1]

1. Carl Friedrich Gauss, *Theoria motus corporum coelestium*, Liber II, Section III, 1809, en particulier aux paragraphes 175-179.

que Gauss la décrit pour la première fois. En travaillant sur les trajectoires des corps célestes à partir d'observations fournissant des mesures différentes dues à des erreurs d'appréciation, le mathématicien remarque que les erreurs de mesure se répartissent selon une loi de probabilité qui correspond à ce que l'on nommera justement la courbe de Gauss.

Plus simplement, la courbe peut se lire ainsi : les erreurs les plus importantes sont représentées aux marges de la courbe (à l'extrême gauche et à l'extrême droite) ; la moyenne des erreurs, qui correspond au centre du graphique, soit au pic de la courbe, correspond à la vraie valeur de la trajectoire recherchée. Ainsi, chaque observation astronomique est plus ou moins juste car plus ou moins erronée, mais la moyenne des observations correspond à la réalité, un peu comme si la moyenne permettait d'effacer les erreurs également distribuées, les plus compensant alors les moins.

Une expérience concrète permet de visualiser facilement ce résultat théorique : la planche de Galton, du nom de sir Francis Galton (1822-1911). Imaginez une planche cloutée et inclinée de sorte que l'on puisse faire tomber des billes qui passent par un entonnoir. Les billes, à chaque clou qu'elles rencontrent durant leur descente, peuvent aller soit vers la droite, soit vers la gauche de l'obstacle et se laisser déporter vers les côtés ou vers le centre de la planche. En bas, des bâtons permettent de séparer les billes selon leur point d'arrivée. L'expérience montre que les billes ont tendance à aller majoritairement vers le centre et à se présenter de moins en moins nombreuses sur les côtés. La forme générale des billes disposées en bas de la planche représente ainsi une courbe de Gauss.

Les phénomènes démographiques ne font que reproduire le comportement des petites billes de la planche. À chaque instant, toute personne peut se marier ou ne pas se marier, faire un enfant ou non, mourir ou non, de même que toute bille peut aller à gauche ou à droite des clous successifs. Chaque individu a des aspirations qui lui sont propres, des projets de vie personnels et il fait librement ses choix, à l'image de chaque bille qui suit son chemin, de l'entonnoir vers le bas de la planche. (Certes, les billes n'ont pas de libre arbitre mais il importe d'accepter la métaphore pour appréhender les probabilités appliquées aux êtres humains.)

Ainsi, il est impossible de savoir où se retrouvera telle ou telle bille à la fin de son parcours : tout à gauche, vers le centre, tout à droite ? Rien ne permet de le prédire. En revanche, les probabilités permettent d'affirmer que la majorité des billes se retrouvera au centre. Ne rien savoir sur chaque bille n'empêche nullement de pouvoir énoncer un résultat d'ensemble. De la même manière, il est impossible de savoir si telle personne se mariera et aura des enfants, mais il est possible en revanche de savoir qu'un nombre quasi constant de personnes se marieront dans l'année et qu'il naîtra un nombre quasi constant de bébés.

À ce stade, Süssmilch puis Gauss ont fait leur part du travail. Il ne manque alors qu'un nom pour que le piège conçu – bien malgré eux – par ces deux mathématiciens puisse se refermer sur une frange de l'humanité.

Ce troisième nom sera celui d'un jeune intellectuel belge qui va s'emparer de la courbe de Gauss dans un but bien différent. Adolphe Quetelet (1796-1874) est assez loin de partager les aspirations du pasteur humaniste : auteur de pièces de théâtre dans sa jeunesse, ce jeune docteur en mathématiques convainc l'administration hollandaise, dont fait alors partie la future Belgique (qui sera créée en 1830), de construire un observatoire astronomique à Bruxelles. Pour préparer ce projet, il décide de visiter l'Observatoire de Paris en 1823, où il rencontre les plus grands scientifiques français de l'époque : Arago, Laplace, Fourier, Poisson... C'est ainsi qu'il découvre l'œuvre de Gauss et sa fameuse courbe appliquée aux phénomènes astronomiques.

Adolphe Quetelet se demandera ensuite s'il est possible de transposer ces observations aux phénomènes humains. Pour cela, il étudie les mensurations d'un million de conscrits français et remarque que le poids, la taille, le périmètre thoracique suivent justement une courbe de Gauss, comme le montre le tableau de la page suivante ! Pour la taille par exemple, il note que les conscrits se répartissent symétriquement autour de la moyenne qui est égale à 1,62 mètre :

Taille	Nombre d'hommes[1]
de 1,02 m à 1,12 m	1
de 1,12 m à 1,22 m	25
de 1,22 m à 1,32 m	1 160
de 1,32 m à 1,42 m	20 228
de 1,42 m à 1,52 m	134 251
de 1,52 m à 1,62 m	344 335
de 1,62 m à 1,72 m	344 335
de 1,72 m à 1,82 m	134 251
de 1,82 m à 1,92 m	20 228
de 1,92 m à 2,02 m	1 160
de 2,02 m à 2,12 m	25
de 2,12 m à 2,22 m	1

1. Les données sont présentées par Quetelet dans la vingt-et-unième de ses *Lettres à S. A. R. le grand-duc régnant de Saxe-Cobourg et Gotha sur la théorie des probabilités appliquée aux sciences morales et politiques*, 1846, p.148. On notera que Quetelet fait le calcul des tranches sur les hommes de plus de 1,62 m et déduit par symétrie les tranches d'hommes plus petits que la moyenne (sans doute veut-il que l'effet visuel soit plus impressionnant en ayant une symétrie parfaite plutôt que présenter les nombres exacts pour les tranches inférieures et avoir une symétrie légèrement altérée).

Exactement comme dans la courbe de Gauss, la majorité des hommes s'agrège autour de la moyenne (en l'occurrence 1,62 mètre). Plus on s'en éloigne, moins on compte d'individus, pour ne plus compter qu'une seule personne aux extrémités (moins de 1,12 mètre et plus de 2,12 mètres), un résultat qui fait parfaitement apparaître la forme si caractéristique de la courbe en cloche.

Là où Süssmilch ne remarquait que la régularité de ces phénomènes, Quetelet s'intéresse à leur répartition et comprend vite que la notion fondamentale pour décrire les êtres humains est la moyenne. Outre la régularité des dimensions du corps humain, il remarque lui aussi la constance du nombre de naissances, de mariages et de décès, et va même plus loin en notant, pour la première fois, la régularité du nombre de suicides et de crimes, ouvrant ainsi la voie à Durkheim et à la sociologie. Mais la vision de Quetelet est très différente de celle de Süssmilch : ce que le pasteur allemand attribuait à la perfection divine devient chez le mathématicien belge un indice statistique de ce que pourrait être la perfection humaine. Dans son roman inachevé *L'Homme sans qualités*, Robert Musil (1880-1942) offre une interprétation magistrale de cette vision, lui qui était ingénieur de formation et se plaisait à digresser, parfois avec humour, sur les mathématiques[1] :

> « La régularité des séries statistiques est parfois aussi grande que celle des lois. Vous aurez certainement entendu ces exemples

1. Dans *Les Désarrois de l'élève Törless*, il s'amuse par exemple à dialoguer sur la difficulté d'admettre l'existence du nombre imaginaire.

dans quelque cours de sociologie. Comme les divorces en Amérique. Ou bien le rapport entre les naissances de garçons et de filles, qui est l'un des plus constants. Et vous saurez certainement que chaque année un nombre quasi identique d'appelés cherche à éviter le service militaire en se blessant volontairement. Ou encore que chaque année le même pourcentage d'Européens se suicide. Même le vol, le viol et, autant que j'en sache, la faillite présentent plus ou moins la même fréquence... »

Alors l'opposition de Gerda tenta une percée. « Vous voulez peut-être m'expliquer le progrès ?! » s'exclama-t-elle en se moquant ostensiblement.

« Mais tout à fait ! » rétorqua Ulrich sans se laisser interrompre. « C'est ce que l'on appelle un peu obscurément la loi des grands nombres : elle dit en gros que l'un se suicide pour telle raison, l'autre pour telle autre, mais qu'en prenant en considération un nombre important de cas, le fortuit et le personnel disparaissent du phénomène et il ne reste... oui, mais qu'est-ce qu'il reste ? C'est ce que je voulais vous demander. Parce que, comme vous le voyez, il reste ce que chacun de nous autres, profanes, appelons simplement la moyenne, sans bien savoir ce que cela veut dire [1]. »

Dès cet instant, nous entrons dans l'ère des paradoxes. En révélant des lois mathématiques sans le savoir, un pasteur a ouvert la voie à l'éviction de Dieu et au triomphe du chiffre. Un chiffre construit par les hommes et pour les hommes...

---

1. Robert Musil, *Der Mann ohne Eigenschaften*, Rowohlt Taschenbuch Verlag, 2009, p. 488. Le roman fut publié entre 1930 et 1933 (extrait traduit par nos soins).

mais bientôt contre. Et voici déjà le second paradoxe : tout comme le bon Süssmilch, le mathématicien belge ne souhaite que le bonheur de ses semblables. Mais, à l'image de la créature du docteur Frankenstein, les travaux de Quetelet vont bientôt lui échapper. Le moment approche désormais où ils se retourneront contre l'humanité.

À la recherche de l'homme moyen

Avant cela, reprenons le tableau des conscrits français. Il apparaît que 688 670 individus sont compris entre 1,52 mètre et 1,72 mètre, ce qui permet de conclure que, à dix centimètres près, 69 % des personnes étudiées ont une taille égale à la moyenne. Il est également possible d'affirmer que, à vingt centimètres près, 96 % des personnes ont une taille égale à la moyenne. Ainsi, les individus se trouvant au-dessous de 1,42 mètre et au-dessus de 1,82 mètre représentent seulement 4 % de la population totale, soit une partie infime. Quetelet en déduit que la moyenne permet de représenter la globalité d'une population. Il forme ainsi le projet de décrire ce qu'il nomme lui-même l'« homme moyen », censé représenter parfaitement l'homme en général, sans ses particularités superficielles :

> Nous devons, avant tout, perdre de vue l'homme pris isolément, et ne le considérer que comme une fraction de l'espèce. En le dépouillant de son individualité, nous éliminerons tout ce qui n'est qu'accidentel ; et les particularités individuelles qui

> n'ont que peu ou point d'action sur la masse s'effaceront d'elles-mêmes, et permettront de saisir les résultats généraux[1]. [...] Nous avons dit que dans la série de nos recherches, le premier pas à faire serait de déterminer l'homme moyen chez les différentes nations, soit au physique, soit au moral[2].

Il faut donc voir le général dans le particulier et, pour ce faire, utiliser l'outil statistique qu'est la moyenne. Quetelet est en cela un visionnaire : la moyenne est devenue l'outil statistique le plus utilisé aujourd'hui par les journalistes et les politiques pour caractériser un pays, une région, une commune. On parle souvent du « Français moyen » pour définir l'électeur à convaincre, le consommateur à attirer ou simplement l'être humain dont on souhaite dessiner les contours. Mais cette appellation est aujourd'hui péjorative : le Français moyen n'est ni très diplômé, ni très riche, ni très sympathique ; il est surtout moyen, c'est-à-dire médiocre : il ne sort pas du lot et représente le ventre mou de la nation. Pour Quetelet, au contraire, l'homme moyen correspond à l'homme idéal – non au sens romantique mais platonicien du terme –, un homme qui n'existe pas dans la réalité mais qui représente le moule parfait d'où serait issue l'humanité :

> Si l'homme moyen était parfaitement déterminé, on pourrait, comme je l'ai fait observer déjà, le considérer comme le type

1. Adolphe Quetelet, *Sur l'homme et le développement de ses facultés ou Essai de physique sociale*, 1835, tome I, Introduction, p. 4-5.
2. *Ibid.*, tome I, chap. 1, p. 29.

> du beau ; et tout ce qui s'éloignerait le plus de ressembler à ses proportions ou à sa manière d'être constituerait les difformités et les maladies ; ce qui serait dissemblable, non seulement sous le rapport des proportions et de la forme, mais ce qui sortirait encore des limites observées, serait monstruosité[1].

Tandis qu'il brosse le portrait-robot de son homme moyen, Quetelet est amené à calculer le rapport idéal entre le poids et la taille ; c'est ainsi qu'il remarque que chez les adultes « les poids sont à peu près comme les carrés des tailles[2] ». Le mathématicien définit ainsi ce que l'on appelle aujourd'hui l'indice de masse corporelle, le fameux IMC qui permet de déterminer le poids idéal d'une personne, entre maigreur et forte corpulence[3]. Bien que Quetelet ne s'intéresse ni aux malingres ni aux obèses, son raisonnement et son vocabulaire conduisent à considérer la personne en surpoids comme s'éloignant de la moyenne : elle sera bientôt qualifiée d'anormale, de difforme, voire de monstrueuse.

Déterminer l'homme moyen revient implicitement à pointer du doigt les marginaux (au sens statistique du terme : ceux qui occupent les *marges* de la courbe de Gauss). Certes, l'enfer est pavé de bonnes intentions, et celles de Quetelet

1. *Ibid.*, tome II, livre IV, chap. 2, p. 266-267.

2. Adolphe Quetelet, *Recherches sur le poids de l'homme aux différents âges* in *Nouveaux mémoires de l'Académie royale des sciences et belles-lettres de Bruxelles*, tome 7, Bruxelles, M. Hayez, 1832, p. 37.

3. $\text{IMC} = \frac{\textit{poids}}{\textit{taille}^2}$.

sont très louables : il entend montrer à tous le chemin idéal à suivre par chacun. Par ailleurs, le mathématicien belge ne s'arrête pas aux seuls aspects physiques. Afin de faire baisser la criminalité, il cherche également à identifier les personnes susceptibles d'enfreindre la loi [1]. Il souhaite que ses recherches mènent à de réelles actions politiques : connaître la moyenne des citoyens, c'est pouvoir répondre à leurs besoins et bâtir une société plus performante. Écoutons-le :

> L'homme que je considère ici est, dans la société, l'analogue du centre de gravité dans les corps ; il est la moyenne autour de laquelle oscillent les éléments sociaux : ce sera, si l'on veut, un être fictif pour qui toutes les choses se passeront conformément aux résultats moyens obtenus pour la société. Si l'on cherche à établir, en quelque sorte, les bases d'une physique sociale, c'est lui qu'on doit considérer, sans s'arrêter aux cas particuliers ni aux anomalies, et sans rechercher si tel individu peut prendre un développement plus ou moins grand dans l'une de ses facultés [2].

Mise au ban

Si elle représente une grande partie de la population, la moyenne génère toutefois des laissés-pour-compte : une

---

1. Adolphe Quetelet, *Recherches sur le penchant au crime aux différents âges*, 1833.
2. *Ibid.*, p. 21.

politique publique faite pour la moyenne s'intéresse au plus grand nombre en négligeant celles et ceux qui alimentent les minorités statistiques. À première vue, se détourner d'une poignée d'individus ne semble pas impacter en profondeur la société – après tout, se disent les gouvernants, les personnes en question n'avaient qu'à entrer dans la norme – mais lorsque le nombre d'exclus augmente, le problème des populations marginalisées devient celui de tous. C'est le cas notamment des banlieues, dont l'étymologie désigne justement les personnes mises au ban, c'est-à-dire à la marge. Fermer les yeux sur cette minorité peut mener, sur plusieurs décennies, à ignorer son expansion. Ces problèmes deviennent alors insolubles et se font terreau fertile pour toutes sortes de violences, de désespoirs, d'extrémismes. Tout fonder sur la moyenne revient non seulement à créer de l'injustice, mais aussi à jouer contre soi-même ; comme le notait déjà Aristote : « Un État où tant de gens sont pauvres et privés de toute distinction publique compte nécessairement dans son sein autant d'ennemis[1]. »

Le problème de la moyenne est qu'elle ne rend pas compte des disparités. Il ne faut certes pas l'en accuser (elle n'est pas faite pour cela) mais tenir compte de cet inconvénient pour comprendre qu'elle n'a parfois aucun rapport avec la réalité. L'auteur italien Carlo Alberto Salustri (1871-1950), plus connu sous son nom de plume Trilussa, s'en

1. Aristote, *Politique*, III, 11, 1281b, trad. Jean Aubonnet, Les Belles Lettres, 1971.

amuse dans un poème écrit en dialecte romain, dont voici une traduction :

Tu sais ce que c'est, la statistique ? C'est une chose
Qui sert à faire un calcul global
Des gens qui naissent, qui sont malades,
Qui meurent, qui vont en prison et qui se marient.

Mais pour moi la statistique devient curieuse
Quand arrivent les pourcentages
Parce que la moyenne est toujours égale
Qu'on ait des sous ou pas.

Je m'explique : des calculs qu'on fait
D'après les statistiques d'aujourd'hui,
Il résulte que tu mangeras un poulet chaque année :

Et si en réalité tu n'en as pas dans ton panier,
La statistique te le compte quand même
Parce que quelqu'un d'autre en mangera deux[1] !

Mais si le ton du poète est ironique, nous voilà arrivés au tournant de l'Histoire, quand de simples lois mathématiques légitiment les pires excès. Si les termes mêmes dont use Quetelet, comme « anomalie statistique » ou « accidentel à éliminer », se limitaient initialement à la sphère scientifique, ils ne pouvaient conduire qu'à des dérives. À l'image de

1. Trilussa, *Tutte le Poesie*, éd. Pietro Pancrazi, Mondadori, 1965, p. 125 (traduction par nos soins).

Bodin qui voulait instaurer la censure pour débusquer les fainéants, les travaux de Quetelet invitent – certes malgré lui – à pointer du doigt ceux qui s'écartent trop de la moyenne ; et, une fois désignés, à les éliminer.

Au nom de la loi (normale)

Au début des années 1900, la notoriété de sir Francis Galton est au zénith. Membre de la Royal Society, distingué par de nombreuses médailles scientifiques, ce cousin de Charles Darwin est un génie sans borne : découvreur des anticyclones et inventeur des premières cartes météorologiques, précurseur dans l'utilisation des empreintes digitales, père des notions statistiques que sont la corrélation et la régression, pionnier dans la détection des ultrasons, il est aussi, comme nous l'avons vu, un brillant vulgarisateur scientifique lorsqu'il entreprend de matérialiser la courbe de Gauss avec de petites billes. C'est alors qu'au crépuscule de sa vie lui vient une idée surprenante : écrire un roman fantaisiste intitulé *Kantsaywhere* (« J'saispasoù ») avec des personnages nommés Mr Neverwas (M. Jamaisfut), Miss Allfancy (Mlle Toutejolie), etc. Le génie scientifique aurait-il renoncé à la rigueur pour tomber dans la métaphore poétique ? Plus étonnant encore : ce roman a été en grande partie détruit par Galton lui-même et il fallut les efforts de son disciple, le mathématicien Karl Pearson[1] (1857-

1. L'inventeur du test du χ^2, bien connu de tous les statisticiens.

1936), pour reconstituer et publier les fragments de l'ouvrage qu'il retrouva après la mort du maître[1].

Comment se fait-il que deux statisticiens de renommée mondiale aient consacré autant de temps à un roman utopique, le premier à l'écrire et le second à le reconstituer malgré les efforts de son auteur pour le détruire ? À vrai dire, ce n'est pas pour ses qualités littéraires, mais plutôt parce qu'il illustre un mot et une idée dont Galton fut le créateur : l'*eugénisme*. Influencé par *L'Origine des espèces* de son cousin Darwin, Galton était convaincu qu'il fallait aider la sélection naturelle pour améliorer l'espèce ou, du moins, pour ne pas la détériorer. On le fait bien avec les animaux, pourquoi pas avec les êtres humains ? Après tout, l'eugénisme est une idée ancienne, défendue notamment par Platon dans *La République*, et le darwinisme semble pouvoir s'appliquer assez naturellement à la sphère sociale. Afin que l'humanité ne dégénère pas – la décadence est la grande crainte des eugénistes –, il importe d'avoir une politique d'optimisation de l'espèce. L'eugénisme naïf de Platon peut désormais céder le pas à un eugénisme scientifique, raisonné, mathématisé.

Pour qui sonne le glas ?

Galton et son disciple Pearson signent alors de nombreux ouvrages (parfaitement assumés ceux-là, à la différence de

1. Karl Pearson, *Life, Letters and Labours of Francis Galton*, 1930, volume 3a, p. 411-424.

Kantsaywhere) visant à empêcher certaines personnes de se reproduire : Galton publie *Inquiries into Human Faculty and Its Development*, puis devient président honoraire de l'*Eugenics Review* avant d'être à l'origine de l'Eugenic Education Society. Quant à Pearson, il fonde les *Annals of Eugenics*, et publie des ouvrages comme *The Scope and Importance to the State of the Science of National Eugenics*, avant d'occuper la toute première chaire d'eugénisme à l'université de Londres. L'originalité des travaux des deux statisticiens réside dans l'identification des personnes à stériliser : ceux qui s'écartent trop de la moyenne. Est-ce un hasard ? Sans doute pas lorsque l'on sait que Pearson, dont la notoriété a fini par égaler, voire dépasser, celle de Galton, est l'inventeur de l'expression « loi normale » pour désigner… la courbe de Gauss ! Le fameux schéma du mathématicien allemand est en effet celui qui permet de définir la norme par sa moyenne ; à partir de là, tout ce qui s'écarte de la moyenne sera considéré comme *anormal*. La loi statistique normale peut désormais devenir une loi juridique normative. La cloche de Gauss va alors sonner le glas pour celles et ceux qui occupent les marges de la courbe ; ils seront désignés comme anormaux, au sens littéral du terme : ceux qui n'entrent pas dans la norme.

L'éloignement de la moyenne peut concerner bien des individus : un criminel, mais aussi un alcoolique, un dépressif… Ce n'est plus qu'une question de choix politique. Bien que le Royaume-Uni en soit le foyer intellectuel, l'eugénisme n'y sera jamais légalisé. C'est aux États-Unis que la loi s'en empare. L'eugénisme y est défendu par un certain Alexander Graham Bell (1847-1922), qui n'est autre que l'inventeur du téléphone : ayant remarqué que la surdité était souvent héréditaire, il suggère d'interdire le mariage entre personnes sourdes[1].

C'est dans ce contexte, en 1907, que l'Indiana devient le premier État américain à promulguer une loi eugéniste « pour empêcher la procréation de criminels confirmés, d'idiots, d'imbéciles et de violeurs[2] ». Le préambule de cette loi précise que « l'hérédité joue un rôle primordial dans la transmission du crime, de l'idiotie et de l'imbécillité[3] ». Parée d'une aura scientifique, la décision est sans appel. Criminels et simples d'esprit sont mis dans le même sac, tous étant les ennemis d'un État qui craint de dégénérer. Par « imbéciles » et « idiots », il faut entendre attardés mentaux et personnes souffrant de troubles psychiques, soit des individus simplement considérés comme au-dessous de la moyenne.

Après l'expérience de l'Indiana, l'eugénisme gagne rapidement du terrain. En 1950, trente-trois États américains l'élèvent au rang de loi. On estime alors à 60 000 le nombre de personnes stérilisées de force aux États-Unis, sachant qu'en parallèle se développe une législation anti-immigration particulièrement restrictive, portée notam-

1. Alexander Graham Bell, *Memoir Upon the Formation of a Deaf Variety of the Human Race*, 1883.

2. « To prevent procreation of confirmed criminals, idiots, imbeciles and rapists » (1907, Indiana Eugenics Law, Chapter 215).

3. « Heredity plays a most important part in the transmission of crime, idiocy and imbecility. »

ment par l'*Immigration Act of 1924*, une loi xénophobe inspirée par l'eugéniste Madison Grant (1865-1937) et son best-seller *The Passing of the Great Race* (*Le Déclin de la grande race*). La perspective est toujours la même : si des immigrés se reproduisent avec des Américains, leurs bâtards affaibliront la nation[1].

À partir de ce cadre, l'élargissement de l'eugénisme aux immigrés ou aux Juifs n'est nullement un dévoiement de la théorie originelle de Galton et Pearson, qui étaient eux-mêmes des racistes et antisémites notoires ; le second ayant par exemple publié en 1925 *The Problem of Alien Immigration into Great Britain, Illustrated by an Examination of Russian and Polish Jewish Children*, dans lequel il voyait en l'immigration juive un risque de création d'une société parasitaire au sein de la nation anglaise. Quant au premier, il a développé l'idée d'un racisme social : la classe aristocratique – à laquelle il appartenait – est considérée comme *désirable*, la classe bourgeoise *acceptable* et la classe populaire *indésirable*. C'est sans doute grâce aux syndicats ouvriers que l'eugénisme n'a jamais été légalisé au Royaume-Uni alors même que l'idée y est née.

Après le succès politique de l'eugénisme, voici venir son succès académique, considérable lui aussi. Pour s'en convaincre, il suffit de consulter la liste des prix Nobel de médecine qui en ont défendu l'idéologie. Commençons par le Français Alexis Carrel (1873-1944), nobélisé en 1912, qui encourage la *biocratie* au lieu de la démocratie,

1. Cette loi sera abolie en 1965 avec la fin de l'eugénisme d'État.

considérant que « la sélection naturelle n'a pas joué son rôle depuis longtemps » et que « beaucoup d'individus inférieurs ont été conservés grâce aux efforts de l'hygiène et de la médecine[1] ». Charles Richet (1850-1935), prix Nobel en 1913 et président de la Société française d'eugénisme, publie *L'Homme stupide*, qui développe de violentes thèses racistes, ainsi que *La Sélection humaine* où il explique qu'« après l'élimination des races inférieures, le premier pas dans la voie de la sélection, c'est l'élimination des anormaux[2] ». Plus proche de nous, on peut également citer William Shockley (1910-1989), prix Nobel de physique 1956, pour qui « la principale cause des déficits intellectuels et sociaux des Noirs américains est d'origine héréditaire et racialement génétique et qu'elle ne peut donc être corrigée de manière importante par des améliorations pratiques de l'environnement[3] ».

De nombreux pays adoptent à leur tour des législations eugénistes dans les années 1930[4]: la Suède, la Suisse, le Danemark, la Norvège, la Finlande, l'Estonie, l'Islande, mais aussi le Japon et plus tardivement la Chine et Singapour. En France, seul le régime de Vichy promulgue une loi eugénique avec l'instauration du certificat prénuptial, sous l'impulsion de l'incontournable Alexis Carrel. En fonction des États, les lois visent directement les immigrés issus d'autres « races »,

---

1. Alexis Carrel, *L'Homme, cet inconnu*, Plon, 1941, p. 359.
2. Charles Richet, *La Sélection humaine*, Alcan, 1919, p. 163.
3. *Firing Line with William F. Buckley Jr.*, épisode S0145 : *Shockley's Thesis*, enregistré le 10 juin 1974.
4. Ils ne les aboliront en général que dans les années 1970.

les malades mentaux, les criminels, les alcooliques, les nains, les indigents… Mais le pays qui va développer une politique d'eugénisme scientifique de grande ampleur est évidemment l'Allemagne nazie : pas moins de 450 000 individus y sont stérilisés, sans compter les quatre à six millions de personnes déportées en camp de concentration pour diverses raisons, l'eugénisme étant la première d'entre elles et concernant notamment les Juifs, les tziganes, les homosexuels. Lors du procès de Nuremberg, les nazis expliqueront que leur modèle théorique n'était autre que Charles Davenport (1866-1944), le plus grand promoteur de l'eugénisme aux États-Unis !

C'est sur ces lambeaux d'humanité que s'achève cette petite histoire de la régularité statistique et de la courbe en cloche. Elle nous a menés de la découverte du pasteur Süssmilch à Adolphe Quetelet et son concept d'homme moyen, auquel il faut ressembler pour ne pas être monstrueux, et enfin aux mathématiciens Galton et Pearson dont les travaux ont conduit à distinguer les êtres supérieurs des êtres inférieurs. Ces données théoriques, ces chiffres, ces courbes, ces mesures ont incité de nombreux États à stériliser des individus ou à les éliminer au nom d'une humanité plus pure. Quand on prétend sauver l'humanité en l'assassinant c'est que l'on a mal compris le concept d'humanité. Et, puisque quelques États invoquent encore la courbe de Gauss pour discriminer certains de leurs citoyens, invitons leurs dirigeants à méditer cette pensée de Montaigne, pleine d'ironie et de sagesse :

> […] chacun appelle barbarie ce qui n'est pas de son usage ; comme de vrai il semble que nous n'avons autre mire de la

vérité et de la raison que l'exemple et idée des opinions et usages du pays où nous sommes. Là est toujours la parfaite religion, la parfaite police, parfait et accompli usage de toutes choses[1].

1. Michel de Montaigne, « Des cannibales », *Essais*, livre I, chap. 31.

5.

Être (un chiffre) ou ne pas être

« MAGIS. – La statistique, madame, est une science moderne et positive. Elle met en lumière les faits les plus obscurs. Ainsi, dernièrement, grâce à des recherches laborieuses, nous sommes arrivés à connaître le nombre exact des veuves qui ont passé sur le Pont-Neuf pendant le cours de l'année 1860. [...]

DÉSAMBOIS. – C'est prodigieux ! Et combien ?...

MAGIS. – Treize mille quatre cent quatre-vingt-dix-huit... et une douteuse. »

Eugène Labiche,
Les Vivacités du capitaine Tic (1861)[1].

1. *Théâtre complet d'Eugène Labiche*, Calmann-Lévy, 1898, tome 2, p. 431-432.

Miroir, mon beau miroir

Dans les pages des *Mémoires tirés des archives de la police de Paris* se trouve une anecdote intitulée « Le Diamant et la Vengeance »[1]. Ce livre est l'œuvre d'un obscur statisticien : Jacques Peuchet (1758-1830). Sans doute ne parlerait-on plus de lui si un certain Alexandre Dumas n'avait dévoré son livre avant d'y puiser l'intrigue du *Comte de Monte-Cristo*[2] ! Un romancier inspiré par un statisticien, ce n'est pas commun. Mais Peuchet n'est pas un statisticien banal. Loin s'en faut. Sa discipline est alors en pleine mutation. La statistique d'État cherche la forme qui sera la sienne durant les siècles à venir. Elle hésite encore entre une approche littéraire de la société, qui s'intéressera aux émotions des citoyens, à leurs joies, à leurs souffrances, afin de mieux comprendre les ressorts de leurs actions, et une approche faite de chiffres bruts, de tableaux, de graphiques qui ne diront rien de l'âme d'une société. Si cette seconde vision venait à triompher, la science politique serait pour les siècles à venir le théâtre des pires excès. En marge des expériences eugénistes se dessinerait l'idée qu'il est possible de quantifier

1. Jacques Peuchet, *Mémoires tirés des archives de la police de Paris, pour servir à l'histoire de la morale et de la police, depuis Louis XIV jusqu'à nos jours*, A. Levavasseur et Cie, 1838, p. 197 *sqq.*

2. Dumas raconte comment il s'est inspiré de Peuchet dans *Causeries*, Jules Hetzel, 1857, chap. IV : « État civil du comte de Monte-Cristo », p. 119-135.

la valeur d'un citoyen selon sa richesse, sa race, sa culture, sa religion, voire, en abaissant simplement cette valeur de 1 à 0, de nier purement et simplement son existence.

Avant de découvrir l'évolution de ces deux visions de la statistique d'État, revenons un instant vers Jacques Peuchet, qui vient tout juste d'entrer dans l'âge adulte quand la Révolution américaine de 1776 et la Révolution française de 1789 transforment profondément le rôle du chiffre. Jusqu'alors, celui-ci n'était pour le prince qu'un miroir qui lui permettait d'évaluer sa puissance et les forces dont il disposait. Désormais, le chiffre permet aux Républiques naissantes de se connaître. Devenues le reflet de la nation, les statistiques dénombrent les habitants d'un pays afin de recenser les citoyens qui voteront ; il s'agit moins, par exemple, de savoir si la France produit davantage de choux que l'Angleterre que d'améliorer l'économie rurale ; il n'est plus question de se livrer à des calculs fantaisistes sur l'accroissement de la population mais de détenir un outil de représentation et de connaissance de la société.

Dans les remous postrévolutionnaires, Napoléon Bonaparte, alors Premier Consul, est conscient de l'enjeu de quantifier le pays : un vaste chantier de recensement national est lancé en 1800-1801. L'opération est confiée à une structure inédite : le Bureau de statistique, créé en 1800 et supprimé en 1812. Malgré sa brève existence, cet organe marque un tournant dans l'histoire de l'administration française. L'un de ses hommes forts est précisément ce fameux Jacques Peuchet, personnage fantasque, aujourd'hui oublié. *Injustement* oublié, devrait-on préciser, lui qui a combattu différentes injustices avant d'œuvrer pour l'avènement d'une statistique humaniste.

Donnons-en pour preuve les différentes publications de cet ancien avocat, engagé avec ferveur dans la Révolution avant de se rapprocher de la cour – un revirement qui lui fera frôler la guillotine avant de le conduire un temps en prison. Dans l'*Encyclopédie méthodique* (1789), il dénonce par exemple les soldats proxénètes qui vivent « aux dépens de ces malheureuses filles ». Dans *Du ministère de la police générale* (1814), il s'en prend aux dérives tyranniques de la police impériale de Fouché, qui ne recule pas devant l'espionnage, les arrestations arbitraires et la torture. Déjà, en 1790, il publiait une lettre où il s'insurgeait contre l'arrestation de mendiants par les forces de l'ordre :

> J'ai toujours cru que l'intention de l'Assemblée nationale, dans son règlement provisoire sur la mendicité, était non seulement qu'on n'arrêtât point, qu'on n'envoyât point dans un dépôt de mendicité les domiciliés, mais encore qu'on ne constituât prisonniers que ceux qui mendieraient avec insolences, menaces ou nuisance publique, suffisamment et clairement constatées. [...] Le respect pour la liberté individuelle est le premier devoir de l'autorité publique, et il vaut encore mieux être exposé à l'importunité des mendiants que d'avoir à se reprocher une conduite désavouée de la loi[1].

1. Jacques Peuchet, *Copie d'une lettre adressée à M. le duc de Liancourt, président du comité de mendicité*, parue dans la *Gazette nationale ou Le Moniteur universel* du 11 juin 1790.

Enfin, dans ses *Mémoires tirés des archives de la police de Paris, depuis Louis XIV jusqu'à nos jours* (1838), Jacques Peuchet se livre à une puissante analyse sociologique du suicide, bien avant les travaux de Durkheim qui, dans son ouvrage phare[1] et dans le sillage de Quetelet, convoquera les statistiques pour étudier ce phénomène dans son ensemble. Le texte de Peuchet est si lucide que Karl Marx va en traduire de nombreux passages avant de les commenter[2]. Si le théoricien allemand s'intéresse à cette œuvre, c'est que son auteur y décrit la vie de quatre personnes afin d'expliquer leur geste. Trois d'entre elles sont des femmes, victimes de la tyrannie familiale, une sorte de pouvoir arbitraire dont la Révolution n'a pas réussi à se débarrasser. Deux sont des bourgeoises, la troisième est issue de la classe populaire. Peuchet, puis Marx voient dans leur suicide le résultat d'une lutte de classes qui n'est pas fondée sur l'économie mais sur le genre. Pour ces deux auteurs, la violence domestique dont ces femmes sont victimes est l'un des symptômes de la maladie dont souffre la société bourgeoise. Tout en alertant leurs lecteurs sur la condition féminine, les textes de Peuchet et les commentaires de Marx n'en relèvent pas moins de l'analyse statistique.

---

1. Émile Durkheim, *Le Suicide*, 1897.
2. Karl Marx, « Peuchet : vom Selbstmord » (« Peuchet : du suicide »), publié dans le périodique *Gesellschaftsspiegel* (« Le Miroir de la société »), vol. 2, VII, janvier 1846.

Pour une statistique littéraire

Marx considère en effet les cas particuliers, y compris ceux issus de la littérature et notamment des romans de Balzac[1], comme plus révélateurs que les travaux des statisticiens traditionnels ; un avis que partage son compère Friedrich Engels :

> J'ai plus appris [dans Balzac], même en ce qui concerne les détails économiques (par exemple la redistribution de la propriété réelle et personnelle après la révolution), que dans tous les livres des historiens, économistes, statisticiens, professionnels de l'époque, pris ensemble[2].

Et c'est en cela que Marx est séduit par Peuchet, lequel, dans sa *Statistique élémentaire de la France* (1805), se déclare favorable à une discipline guidée par la littérature, comportant le moins possible de chiffres, chose qui peut paraître étrange aujourd'hui :

> Nous aurons soin aussi d'épargner au lecteur ces éternels tableaux dont on hérisse, à peu près inutilement, les ouvrages de

1. Dans *Le Capital* (livre III, chap. 1), Marx fait l'éloge de la description balzacienne de l'exploitation du paysan par son usurier et du mécanisme de l'usure.

2. Engels, *Lettre d'avril 1888 à Miss Margaret Harkness*, in Jean Fréville, *Karl Marx. Friedrich Engels. Sur la littérature et l'art : Textes choisis*, Éditions sociales, 1954.

> Statistique ; on ne les lit pas ; souvent l'on n'y entend rien ; ils coupent par des renvois continuels l'ordre et la succession des idées ; ils nuisent à l'instruction ; ils sont sujets à manquer, dans la réalité, de l'exactitude rigoureuse que les chiffres y indiquent. Nous avons préféré d'écrire tout l'ouvrage, de fondre dans le discours ce que d'autres mettent en tableaux, ou plutôt de n'en présenter que les résultats et l'analyse des éléments dont ils se composent.
> Il résultera de cette manière de traiter la Statistique, que son objet en sera saisi, son utilité mieux sentie, son étude et son application facilitées ; qu'en un mot l'on aura un corps de doctrine élémentaire dégagée des nombreux et inutiles accessoires dont on l'a mal-à-propos surchargée[1].

De même qu'il s'insurgeait contre la tyrannie policière et contre la privation de libertés, Peuchet lutte contre la dictature de la statistique de masse et contre le déterminisme social qu'elle implique. Il préfère évoquer des trajectoires individuelles qui peuvent être illustrées par des nombres, plutôt que de tenter de raconter une histoire en agrégeant des chiffres à partir de la réalité. Pour lui, le fait d'être défini par un chiffre est bien trop réducteur : chaque être humain, avant d'être quantifié, possède sa propre histoire.

Voilà de nobles intentions. Mais le problème de Jacques Peuchet – problème qui deviendra bientôt le nôtre –, c'est qu'au sein même du Bureau de statistique il va croiser la route d'un certain Emmanuel-Étienne Duvillard (1755-

1. Jacques Peuchet, *Statistique élémentaire de la France*, 1805, Préface, p. 13-14.

1832). Ce dernier est un farouche partisan d'une statistique plus rigide, uniquement constituée de chiffres, qui tourne délibérément le dos à l'histoire individuelle des citoyens.

Face à un Peuchet qui aime le verbe, Duvillard est un économiste qui se méfie des belles phrases. La guerre entre les deux est déclarée[1]. C'est ainsi que Duvillard adresse au ministre de l'Intérieur un *Mémoire sur le travail du Bureau de la statistique* (1806), un an à peine après la parution de la *Statistique élémentaire* de Peuchet, et où il prend l'exact contre-pied de ce dernier :

> Les faits isolés ; ceux qu'on ne peut avoir que par aperçu, ceux qui exigent les développements, ne peuvent être offerts que dans des mémoires. Mais ceux qui peuvent être présentés en masse avec détails, et sur l'exactitude desquels on peut compter, doivent être exposés en tableaux[2].

Nous voilà à un tournant de l'Histoire. Est-il vraiment nécessaire de rapporter ici que cette confrontation s'est achevée par la victoire sans appel de Duvillard ? À l'opposé de ce que souhaitait Peuchet, se développe alors une statistique fondée sur des tableaux de chiffres qui amalgament les êtres humains,

---

1. Pour le détail de l'opposition entre Peuchet et Duvillard, cf. Alain Desrosières, *La Politique des grands nombres*, La Découverte, 1993, réimpr. 2010, p. 48 *sqq*.
2. Le texte du *Mémoire* de Duvillard est reproduit par Patrice Bourdelais, « Mémoire sur le travail du Bureau de la statistique », *Annales de démographie historique*, 1977, p. 439-443.

une statistique qui atomise la société pour mieux la quantifier, au risque de perdre de vue le lien entre ses membres.

Ce combat était-il joué d'avance ? Dès 1841, Balzac critique cette vision dans *Le Curé de village*[1]. Et, bien que Peuchet, Marx et Engels fussent attachés à des lignes politiques différentes, tous trois auraient sûrement applaudi ce passage de l'auteur de *La Comédie humaine* :

> En perdant la solidarité des familles, la Société a perdu cette force fondamentale que Montesquieu avait découverte et nommée l'Honneur. Elle a tout isolé pour mieux dominer, elle a tout partagé pour affaiblir. Elle règne sur des unités, sur des chiffres agglomérés comme des grains de blé dans un tas. [...] Tout se résume par des chiffres aujourd'hui[2].

À combien d'esclaves équivaut un homme libre ?

Puisque les nombres règnent en maîtres désormais, la démocratie et la statistique s'empressent de comparer et de

1. Il est fort possible (mais il faudrait le démontrer et cela n'a pas été fait à notre connaissance) que la lecture de Peuchet ait influencé Balzac pour *Le Curé de village*. En effet, Balzac commence à se passionner pour les questions judiciaires fin 1838, l'année où paraissent justement les *Mémoires tirés des archives de la police* de Peuchet, auxquels Balzac a pu s'intéresser grâce à l'affaire Peytel, dont il était l'ami. Nous soumettons cette petite idée de recherche aux lecteurs curieux et aux fervents balzaciens.

2. *Œuvres complètes de H. de Balzac*, vol. 13, A. Houssiaux, 1855, p. 587 et p. 678.

quantifier les citoyens, ce que l'on retrouve dans la formule « un homme, une voix ». Mais cette idée n'est pas toujours allée de soi : dans de nombreuses sociétés, il était inconcevable de comparer esclaves et hommes libres, roturiers et nobles, Noirs et Blancs, hommes et femmes. La démocratie en revanche rend tout le monde commensurable : l'existence physique d'un individu est le reflet de son existence comptable, correspondant à un vote. Néanmoins, des individus commensurables ne sont pas nécessairement égaux : c'est là une confusion commune à propos de la démocratie, souvent associée à l'idée d'égalité. Pour être précis, disons que la démocratie rend les individus *numériquement* comparables. Mais il ne s'agit pas là d'une simple question de dialectique. Voici quelques exemples qui illustrent comment la statistique d'État naissante a été prise en main – soit *manipulée* si l'on s'en tient à l'étymologie – de façon peu louable.

En 1787, les jeunes États-Unis d'Amérique, qui ne sont alors que treize, participent à une Convention à Philadelphie qui accouche de la Constitution américaine. Parmi les sujets débattus se pose la question du dénombrement de la population ; il importe en effet de savoir combien de sièges seront attribués à chaque État au sein de la Chambre des représentants, avant d'évaluer la contribution de chaque État aux impôts nationaux. Tout cela est directement lié à la population : plus un État est peuplé, plus il aura de représentants à la Chambre et plus il devra payer d'impôts. Rien de plus banal.

Sauf que se pose la question de savoir si, et comment, l'on doit inclure les esclaves dans la population. Certes, ce sont des êtres humains, mais privés de droits civiques et de personnalité juridique. Les États du Sud, qui concentrent un grand nombre d'esclaves, s'alarment aussitôt : les prendre en compte reviendrait à faire exploser leurs impôts ! Une solution est alors fournie par James Wilson, éminent juriste et figure de premier plan des Pères fondateurs. Considérant que ne pas compter les esclaves serait absurde, mais que les compter comme des citoyens libres le serait tout autant, il propose ce que l'histoire retiendra sous le nom de « compromis des trois cinquièmes » : tout esclave sera comptabilisé comme 3/5 d'un homme libre !

Si les esclaves obtiennent une existence statistique, celle-ci se voit donc amputée de deux cinquièmes. Un calcul effroyable qui illustre à merveille que la démocratie n'est pas synonyme d'égalité mais de commensurabilité : il s'agit de mettre les individus sur une même échelle mais pas forcément sur un pied d'égalité. Bien qu'opposés dans un premier temps au dénombrement des esclaves, les États du Sud finiront par se satisfaire de ce compromis qui leur permettra de bénéficier – jusqu'à la guerre de Sécession – d'un poids politique renforcé : en 1833 par exemple, ils comptent 98 représentants sur 240, au lieu de 73 si les esclaves n'avaient pas été intégrés au calcul. Pour eux, cela valait sans doute la peine de payer quelques dollars d'impôts en plus…

Un problème similaire se posera en Australie à propos de la prise en compte des Aborigènes. La Constitution australienne, proclamée en 1900, y répond dans sa section 127 avec une simplicité qui n'a d'égal que le cynisme :

> Quand on calculera le chiffre de la population de la Fédération, ou celui d'un État, ou celui d'une autre partie de la Fédération, on ne comptera pas les Aborigènes.

Les Aborigènes n'ont tout simplement aucune existence dans les petits calculs constitutionnels ! Dans ce cas, la commensurabilité démocratique consiste à placer sur une échelle les citoyens à 1 et les Aborigènes à 0. Si le compromis américain des trois cinquièmes disparaît en 1865 avec la fin de la guerre de Sécession et l'abolition de l'esclavage, il faudra attendre le référendum de 1967 pour que la section 127 soit enfin rayée de la Constitution australienne.

« Être ou ne pas être », se demandait Hamlet. L'instauration d'une statistique d'État uniquement chiffrée a permis un temps de nuancer cette question : les esclaves américains l'étaient aux trois cinquièmes, les Aborigènes australiens ne l'étaient pas.

Un homme, un vote (ou presque)

Une fois définis par des nombres qui leur correspondent, il devient de plus en plus facile de manipuler et ordonner les hommes en fonction de leur valeur. Une nouvelle stratégie va creuser les inégalités entre les citoyens : le suffrage censitaire. Mis en place en France par la Constitution de 1791, puis appliqué entre 1815 et 1848, ce scrutin sera également utilisé en Belgique jusqu'en 1894 ou en Italie jusqu'en 1912 ; il consiste à classer les citoyens selon le cens – le montant de leur impôt – afin de distinguer chacun selon ses « capacités ». Ainsi, ceux qui paient beaucoup d'impôts sont ceux qui gagnent beaucoup d'argent et sont donc considérés comme plus capables que les autres. De fait, les moins riches sont exclus du vote.

Mais le suffrage censitaire est bientôt contesté. Certains réclament déjà le suffrage universel : la République étant l'affaire de tous, il est légitime que tous puissent participer au vote. Louis-Napoléon Bonaparte, premier président de la République française entre 1848 et 1852, se fait le porte-parole des sans-voix et opère un coup d'État populaire au nom du suffrage universel, contre lequel s'opposait l'Assemblée nationale. C'est donc sur la base de la souveraineté du peuple qu'il promulgue la nouvelle Constitution du 14 janvier 1852. Désormais, l'équation sociétale est la suivante : 1 citoyen = 1 vote. Mais entre la théorie et la pratique il y a un gouffre. Celui qui se laisse volontiers appeler Son Altesse, et dont le statut de président de la République évolue lentement vers celui de monarque, frappant monnaie à son effigie, se révèle très vite un fieffé manipulateur de scrutin. Ce soi-disant chantre du scrutin universel organise plusieurs plébiscites, puis les élections des membres du corps législatif, suivies de leurs renouvellements successifs. Autant d'élections qui tournent à son avantage. Rien d'étonnant lorsque l'on sait que les préfets, juges de paix et gardes champêtres épaulent les candidats officiels, subventionnant leur campagne et, le cas échéant, bourrant les urnes ou faisant disparaître comme par enchantement les bulletins de vote de l'opposition. Au cours du plébiscite sur le rattachement de Nice et de la Savoie par exemple, 171 bulletins en faveur du *oui* sont dénombrés à Bogève, un village qui ne compte alors que 163 inscrits ! Dans ces conditions, pas étonnant que le pouvoir remporte le plébiscite avec 99,8 % des voix.

À la même époque en Prusse, il n'est pas même nécessaire de truquer les élections puisqu'une manipulation mathématique rend le système censitaire particulièrement insidieux. À la suite du Printemps des peuples de 1848, où l'un des débats concerne là aussi l'instauration du suffrage universel, un système astucieux est mis en place par Frédéric-Guillaume IV : le corps électoral y est divisé en trois classes – les plus aisés, la classe moyenne et les plus modestes –, chaque classe contribuant à un tiers des impôts. Cette organisation constitue un petit chef-d'œuvre de manipulation des chiffres ; car si les trois classes participent paritairement à l'impôt, donnant ainsi une apparence d'égalité, elles ne comptent pas du tout le même nombre de personnes. En effet, il faut beaucoup moins de riches pour atteindre un tiers des impôts qu'il ne faut de pauvres pour cumuler un même montant. Ainsi, en 1849 par exemple[1], la première classe, celle des plus riches, qui ne représente que 4,7 % de la population, jouit du même poids électoral que la troisième classe qui en représente 82,7 % ! Ces proportions resteront relativement constantes

1. Cf. Thomas Kühne, *Dreiklassenwahlrecht und Wahlkultur in Preussen, 1867-1914. Landtagswahlen zwischen korporativer Tradition und politischem Massenmarkt*, Düsseldorf, Droste, 1994, p. 423.

durant le XIXe siècle, ce qui permettra d'établir un suffrage universel pondéré par la richesse, une démarche plus perverse qu'un système censitaire où l'on exclut du vote bon nombre de citoyens. Ici, au contraire, les plus modestes sont inclus et, de ce fait, ne réclameront pas le suffrage universel ! Mais leur voix compte moins[1].

Ces différents suffrages, même lorsqu'ils sont qualifiés d'« universels », ne le sont en réalité qu'à demi puisqu'ils oublient les femmes. Il faut attendre 1893 pour que la Nouvelle-Zélande, précurseur en la matière, permette aux femmes de voter, y compris aux femmes maories. En 1901, c'est le tour de l'Australie, puis en 1906 celui de la Finlande où, pour la première fois au monde, des femmes seront élues députées l'année suivante. Les suffragettes britanniques obtiennent quant à elles une victoire partielle en 1918 (droit de vote censitaire à partir de trente ans) et totale dix ans plus tard. Les Allemandes jouissent du droit de vote en 1918, les Américaines blanches en 1920, grâce au XIXe amendement, mais il faudra attendre le *Voting Rights Act* de 1965 pour que les Noires soient autorisées à voter. Quant aux Françaises, aux Italiennes ou aux Espagnoles, elles devront patienter jusqu'à la fin de la Seconde Guerre mondiale pour pouvoir se rendre aux urnes ! Ce mouvement se poursuit aujourd'hui avec le droit de vote accordé notamment aux Saoudiennes en 2011[2].

---

1. Le système prussien ressemble d'ailleurs à la méthode de vote pour les comices centuriates de la République romaine.

2. Rappelons qu'en Arabie saoudite il n'existe pas d'élection à

Diviser pour mieux régner

Des citoyens comptant double, d'autres ne comptant pour rien : pensez-vous que cette équation électorale appartienne à un passé révolu ? Nullement ! De nombreux défenseurs du suffrage censitaire ont de nos jours une audience non négligeable. Bryan Caplan [1] et Jason Brennan [2], pour ne citer qu'eux, sont les chantres du suffrage fondé sur la discrimination (par la richesse ou par l'âge). Tous deux sont des héritiers spirituels de Friedrich Hayek, économiste libéral, lauréat en 1974 du prix Nobel d'économie, qui déclarait notamment :

> Que les fonctionnaires, les retraités âgés, les chômeurs, etc., aient le droit de voter sur la manière dont ils doivent être payés sur la poche du reste, et qu'ainsi leur vote soit sollicité par la promesse d'être payés davantage, voilà qui n'est guère raisonnable [3].

Au regard de l'Histoire, les exclus du suffrage ont été les plus faibles : les esclaves, les Aborigènes, les femmes, les pauvres ; leur mise au ban de la démocratie a toujours été légitimée par

---

l'échelle nationale. Le droit de vote des femmes – tout comme celui des hommes ! – ne concerne donc que le niveau local.

1. Cf. *The Myth of the Rational Voter*, Princeton University Press, 2007.

2. Cf. *Against Democracy*, Princeton University Press, 2016.

3. Friedrich Hayek, *Law, Legislation and Liberty*, vol. 3 : *The Political Order of a Free People*, University of Chicago Press, 1979, p. 120 (traduction par nos soins).

les plus forts. De même que les suffragettes étaient moquées comme des femmes capricieuses, les retraités et les chômeurs sont aux yeux de Hayek des égoïstes qui voteraient selon leur intérêt personnel, quitte à sacrifier l'intérêt général. Il est étrange que cet économiste n'imagine pas que ceux à qui il accorderait volontiers l'exclusivité du droit de vote – les cadres du privé et les chefs d'entreprise par exemple – ne puissent pas, eux aussi, opter pour un vote égoïste.

Ce genre de raisonnement nous conduit tout droit vers une théorie économique très à la mode durant les premières décennies du XXIe siècle, et qui cache une manipulation plus insidieuse encore peut-être que les précédentes. Il s'agit de la théorie économique du ruissellement, selon laquelle plus les riches seraient riches, moins les pauvres seraient pauvres – ce qui sous-entend que les riches feraient tourner l'économie et travailler les pauvres. Dans cette optique, de nombreux chefs d'État ont promulgué des réformes fiscales en faveur des privilégiés en prétendant que ces mesures aideraient les plus modestes à mieux vivre. Il s'agirait là d'une sorte d'égoïsme vertueux qui n'aurait, nous dit-on depuis le sommet des États, rien en commun avec l'égoïsme primaire des citoyens aux faibles revenus, simplement soucieux de voir leur pression fiscale diminuer.

2 68 09 07 190… à chacun son chiffre !

Si chaque citoyen peut se faire entendre, l'État souhaite en contrepartie connaître chaque citoyen. Pour cela, il est nécessaire de pousser à l'extrême l'atomisation de la société en réduisant chacun de ses membres à une succession de chiffres. Dans cet effort de quantifier la société, initié au début du XIXe siècle, un nouvel épisode va surgir des ténèbres de la Seconde Guerre mondiale. Mais, une fois n'est pas coutume, cette réduction des hommes à une suite de chiffres est entreprise pour la bonne cause. C'est même l'œuvre d'un humaniste qui n'a pas hésité à sacrifier sa vie pour sauver celle des autres. Voici son histoire.

René Carmille (1886-1945) est contrôleur général des Armées dans les années 1930. Afin d'organiser au mieux l'appel du service militaire à une époque où la seule identification des citoyens tenait à leurs nom et prénom (ce qui induisait toutes sortes d'erreurs ou d'ambiguïtés dues aux homonymes par exemple), il propose, dès 1934, un numéro matricule attribué aux garçons au moment de leur déclaration à l'état civil. Quelques années plus tard, en 1940, la France est vaincue par l'Allemagne nazie. Le pays est aussitôt démilitarisé tandis que les archives des services de recrutement sont détruites afin d'empêcher toute remobilisation de l'armée française.

Dès le mois d'août de cette même année, René Carmille suggère au gouvernement de créer un service chargé du registre de la population grâce à la mécanographie et aux cartes perforées dont il est expert. Le Service de la démographie vient de naître, rebaptisé par la suite Service national des statistiques. En présentant son initiative au gouvernement de Vichy, René Carmille a toutefois une idée derrière la tête : avoir sous la main un fichier des combattants potentiels afin de mobiliser en vingt-quatre heures une armée contre l'occupant. Pour dissimuler cette intention derrière une opération purement civile, il demande aussi d'immatriculer les femmes, qui reçoivent le numéro 2 au début de leur matricule tandis que les hommes, la véritable finalité de ce fichier, sont dotés du numéro 1. Ensuite viennent l'année, le mois, le département et la commune de naissance, suivis de l'ordre de venue au monde.

Survient alors une difficulté : le gouvernement de Vichy exige d'ajouter à ce protocole la question numéro 11 : « Êtes-vous de race juive ? » Carmille obtempère mais fait en sorte que les réponses soient inutilisables : Xavier Vallat, le commissaire général aux questions juives, a beau le presser pour obtenir les noms et adresses de ceux qui ont répondu *oui* à la question numéro 11, Carmille fait la sourde oreille. Puis il traîne des pieds. Longtemps, très longtemps même. En 1944, il ne donne à Vallat qu'une série de tableaux anonymes et provisoires du nombre de Juifs recensés, mentionnant leur sexe, leur département, leur nationalité et leur activité professionnelle. Vallat ne peut qu'en déduire par exemple le nombre de Juifs dentistes dans les Vosges en juin 1941. En somme, rien d'exploitable pour lui[1] !

---

1. Il est essentiel de ne pas confondre le recensement des activités professionnelles de juillet 1941, qui s'applique à la population entière de la zone sud, âgée de 13 à 65 ans, et la criminelle opération policière antijuive de juin 1941, connue par voie d'affiches sous le nom « recensement des Juifs ». Pour plus de précisions sur Carmille et son rôle pendant la guerre, cf. l'excellent article de Michel-Louis Lévy, « Le numéro Insee : de la mobilisation clandestine (1940) au projet Safari (1974) », in *Dossiers et recherches*, Ined, n° 86, septembre 2000, p. 23-34.

Quant à René Carmille, il fait tant de zèle contre l'occupant et contre les ambitions antijuives du gouvernement qu'il est dénoncé à la Gestapo en février 1944, arrêté avec son chef de cabinet Raymond Jaouen, interné à Montluc, interrogé par Barbie, transféré à Compiègne, puis, en juillet de la même année, alors que les Alliés ont déjà débarqué en Normandie, déporté à Dachau. Le convoi arrive trois jours plus tard : des centaines de cadavres en sont extraits, dont celui de Jaouen. Carmille survit jusqu'en janvier 1945 mais meurt du typhus avant que son corps soit incinéré dans le four crématoire.

C'est ainsi que s'achève l'épopée d'un homme qui n'aura jamais pu utiliser son invention que nous connaissons tous aujourd'hui sous le nom de numéro de Sécurité sociale, et qui aura jeté les bases de ce qui deviendra l'Insee un an après sa mort. Aucun nom ni même un chiffre n'indique l'emplacement de ses cendres.

L'union fait la force des faibles

Une fois la société atomisée, elle est statistiquement ingérable : on ne peut travailler sur soixante millions de chiffres. Il faut donc reconstruire la collectivité en créant des groupes fictifs, non pas comme la société se voit elle-même mais comme la statistique la conçoit. Cette discipline n'est cependant pas une entité abstraite : ce sont des individus qui la pratiquent et regroupent les chiffres en fonction de leurs convictions et de ce qu'ils souhaitent mettre en lumière. Les enquêtes statistiques naissantes sont alors une source d'information précieuse pour les gouvernements qui désirent connaître l'opinion publique, l'évolution des productions agricoles, etc. L'État crée ainsi une connaissance fine capable de l'aider dans ses décisions. Ce faisant, il délaisse des sujets qui ne l'intéressent pas, comme le note en 1880 un auteur anonyme qui se propose d'entreprendre une enquête sur les conditions de travail des ouvriers :

> Aucun gouvernement (monarchiste ou républicain bourgeois) n'a osé entreprendre une enquête sérieuse sur la situation de la classe ouvrière française. Mais, en revanche, que d'enquêtes sur les crises agricoles, financières, industrielles, commerciales, politiques ! [...] Nous espérons d'être soutenus, dans notre œuvre, par tous les ouvriers des villes et des campagnes, qui comprennent qu'eux seuls peuvent décrire en toute connaissance de cause les maux qu'ils endurent, qu'eux seuls, et non des sauveurs providentiels, peuvent appliquer énergiquement les remèdes aux misères sociales dont ils souffrent.

Grâce à leur persévérance, les historiens découvrent que l'auteur un temps anonyme n'est autre que Karl Marx [1] ; son petit manifeste est suivi par cent questions adressées aux ouvriers sur des sujets tels que leurs conditions et leur temps de travail, leur fatigue musculaire, les accords avec leur hiérarchie en cas d'accident, les salaires, les grèves, le travail des

1. Karl Marx, « Enquête ouvrière », *Revue socialiste*, n° 4, 20 avril 1880, traduction Maximilien Rubel et Louis Evrard, in *Œuvres*, tome I, Gallimard, « Bibliothèque de la Pléiade ».

enfants, etc. En demandant aux ouvriers de se regrouper, non pas dans un parti politique mais dans une enquête statistique, il entend leur donner une existence quantitative à une époque où, pour être entendu, pour exister politiquement, ou tout simplement pour *être*, il faut être chiffré. Et pour être chiffré, il faut être regroupé en une nomenclature. Les nomenclatures sont aujourd'hui indissociables des statistiques d'État. Qui que vous soyez et quels que soient votre âge, votre profession ou votre situation maritale, impossible d'échapper à cette classification.

Prière de cocher la case qui vous correspond

D'un point de vue historique, la nomenclature n'a rien à voir avec la statistique, l'économie ou même le droit. Dans l'armée romaine, la *nomenclatura* consistait à faire l'appel en nommant chacun des soldats. Dans le terme *nomenclature*, on retrouve le latin *nomen* qui désigne le nom, et le verbe latin *calo* qui signifie convoquer. Le verbe *calo* est par ailleurs proche du latin *classis* qui désigne aussi bien la classe d'école que l'armée, deux lieux où l'on a coutume de faire l'appel. Notons que *calo* est apparenté au grec *kaleo*, de même signification et dont dérive le terme *ekklesia*, désignant l'assemblée des citoyens à Athènes (d'où dérive notre *église*). La *nomenclatura* invite donc les êtres à l'individualisation aussi bien qu'au rassemblement.

Dans la République romaine, on appelait *nomenclator* l'esclave qui, toujours aux côtés de son maître, lui soufflait à l'oreille le nom des gens qu'il croisait dans la rue. Le *nomenclator* permettait ainsi aux plus ambitieux de flatter leur électorat en feignant de se souvenir des noms des électeurs potentiels rencontrés sur le forum, et éventuellement de s'enquérir de la santé du petit dernier. « L'information, c'est le pouvoir » pourrait être la devise d'un bon *nomenclator*, mais aussi, de nos jours, d'un bon statisticien nomenclaturiste, car être capable d'appeler les gens par leur nom ou leur profession constitue un véritable enjeu de société.

Au sortir de la Seconde Guerre mondiale, dans la lignée de l'analyse marxiste du travail, la France a besoin de se doter d'une nomenclature des catégories socioprofessionnelles (CSP). C'est à Jean Porte, administrateur de l'Insee et spécialiste de logique, qu'est confiée cette tâche en 1954. Sa mission a pour objectif de « classer les individus selon leur situation professionnelle en tenant compte de plusieurs critères : métier proprement dit, activité économique, qualification, position hiérarchique et statut ». L'agriculture y est mise à part car considérée comme appartenant aux métiers hérités du passé ; les patrons industriels et commerciaux y sont regroupés face aux employés et aux ouvriers ; les professions libérales et cadres supérieurs sont mis en regard des cadres moyens.

La CSP de Jean Porte (1954)

0. Agriculteurs exploitants
1. Salariés de l'agriculture
2. Patrons de l'industrie et du commerce
3. Professions libérales et cadres supérieurs

4. Cadres moyens
5. Employés
6. Ouvriers
7. Personnels de services
8. Autres catégories

La nomenclature des catégories socioprofessionnelles va toutefois se heurter à un écueil : elle ne prend pas en considération les « gens de culture », ces personnes dont les revenus ne sont pas nécessairement très élevés ; ils sont notamment enseignants, artistes, intellectuels. C'est ce dont se rendent compte Alain Desrosières et Laurent Thévenot à partir des analyses de Pierre Bourdieu, qui mit en exergue l'opposition entre capital économique et capital culturel[1]. Desrosières et Thévenot étaient alors fonctionnaires (tous deux administrateurs de l'Insee) et ils ne pensaient pas occuper un rang moins élevé dans la société que les chefs d'entreprise ; tout comme Bourdieu, ils considéraient que leur capital culturel avait davantage de valeur que le capital économique d'un patron.

Afin de valoriser le capital culturel, Pierre Bourdieu évoque son propre parcours qui lui a permis de s'émanciper d'un milieu social modeste avant d'intégrer le cercle des grands penseurs français. De la même manière, Alain

1. Pour la réflexion sociologique d'Alain Desrosières, cf. notamment Michel Armatte, « Introduction aux travaux d'Alain Desrosières : histoire et sociologie de la quantification », *Statistique et société*, vol. 2, n° 3, novembre 2014.

Desrosières et Laurent Thévenot accèdent à la bourgeoisie intellectuelle, soit la classe dominante de la société, même si celle-ci est encore considérée comme un sous-ensemble de la classe dominante, cette dernière étant représentée par la grande bourgeoisie économique aux yeux de laquelle la bourgeoisie intellectuelle ne jouit pas du même statut social.

C'est dans ce contexte qu'émerge en 1982 la nomenclature des « professions et catégories socioprofessionnelles » ou PCS. Ce nouveau sigle de la nomenclature inclut désormais le terme « professions », qui distingue les activités libérales (artisans, commerçants et chefs d'entreprise) des activités intellectuelles (« cadres et professions intellectuelles supérieures »). Notons, à propos de ces dernières, qu'elles comptent une sous-classe intitulée « cadres de la fonction publique, professions intellectuelles et artistiques », illustrant bien le poids de l'intellect dans la refonte de la nomenclature.

La PCS d'Alain Desrosières et Laurent Thévenot[1] (1982)

1. Agriculteurs exploitants
2. Artisans, commerçants et chefs d'entreprise
3. Cadres et professions intellectuelles supérieures
4. Professions intermédiaires
5. Employés
6. Ouvriers

1. La nomenclature évolue à nouveau en 2003 mais repose toujours sur la même grille de lecture associant le capital économique et le capital culturel, l'énumération des six grandes classes restant inchangées.

Pour le reste, la catégorie « professions intermédiaires » regroupe les cadres B et assimilés du public comme du privé (le diplôme servant ici de critère). Seuls les « intellectuels » ont ainsi bénéficié de cette refonte : ils sont désormais les égaux statistiques de ceux qui gagnent plus d'argent qu'eux. Mais cette nouvelle reconnaissance maintient dans l'ombre de nombreuses professions : ainsi, restent inchangées les catégories d'employés et d'ouvriers, classes généralement peu diplômées.

Dans une société de plus en plus individualiste, et où les liens sociaux sont toujours plus ténus, aucune mention explicite n'est faite du milieu associatif. Certes, celui-ci est difficile à quantifier en termes économiques mais il représente une valeur ajoutée humaine, culturelle, éducative et sociale considérable. De la même manière, ce que l'on regroupe sous la bannière « économie sociale et solidaire[1] » n'est pas directement appréhendé par la PCS. Sans doute la nomenclature gagnerait-elle aujourd'hui à être refondue afin de faire apparaître la mention « activités de lien social », et ce, quel que soit le niveau de diplôme ou de revenu de ceux qui en sont les acteurs. Si celle-ci voyait le jour, cette nomenclature regrouperait environ 2 millions de personnes, dont 80 % de femmes[2].

---

1. Pour une description précise de ce secteur, cf. Laurent Bisault et Julien Deroyon, « L'économie sociale, des principes communs et beaucoup de diversité », *Insee Première*, n° 1522, novembre 2014.

2. Cf. Antoine Houlou-Garcia, « Manifeste. Pour l'intégration des activités de lien social dans la nomenclature des catégories socioprofessionnelles », *Statistique et société*, vol. 3, n° 1, juin 2015, p. 27-34.

Cette initiative dépasserait de loin la simple reconnaissance d'une réalité de terrain. Car les statistiques ont le pouvoir de rétroagir sur les personnes qui en font l'objet. La nomenclature, en particulier dans son rôle de dénomination et de qualification, est un élément clé de la représentation qu'ont les individus d'eux-mêmes et de leurs concitoyens. Par-delà son rôle de classement chiffré des individus, la nomenclature pourrait ainsi devenir l'un des moteurs du progrès de notre société.

Guerre et paix

Si les statistiques d'État permettent de manipuler des chiffres, et donc des citoyens en les classant plus ou moins arbitrairement dans une case, il existe une stratégie encore plus puissante qui consiste cette fois à manipuler l'absence de chiffres ! Celle-ci s'illustre notamment au Liban, dont la Constitution instaurée en 1926 est fondée sur le confessionnalisme : à l'Assemblée nationale, chaque religion doit être représentée par un contingent proportionnel à son importance dans la population.

Ici, chiffres et religion font bon ménage. Le contrôle du pays est confié à trois dirigeants issus des trois confessions majoritaires du pays : président maronite, Premier ministre sunnite et président de l'Assemblée chiite. Par ailleurs, sur les 128 députés, 64 sont chrétiens (34 maronites, 14 grecs orthodoxes, 8 grecs catholiques, 5 arméniens orthodoxes, etc.) et 64 musulmans (27 sunnites, 27 chiites, 8 druzes et

2 alaouites). Ces chiffres correspondent à ceux établis après l'accord de Taëf en 1989, qui mit un terme à la guerre civile sévissant depuis 1975. L'un des nombreux motifs de ce conflit était précisément l'évolution, voire l'abolition, du système confessionnel[1] en raison de la trop faible représentation des musulmans au sein de l'Assemblée : sur 99 députés, 54 étaient alors chrétiens et 45 musulmans.

Cependant, avec l'afflux de réfugiés palestiniens depuis plusieurs décennies, le nombre de musulmans au Liban a très certainement dépassé aujourd'hui celui des chrétiens. Comment se fait-il alors qu'on ne connaisse toujours pas leur nombre avec précision ? C'est très simple : le dernier recensement de la population au Liban a été établi sous administration française... en 1932 ! En considérant les seules données de cette année-là, la répartition confessionnelle à l'Assemblée est égalitaire. Mais, près de cent ans plus tard, la population a beaucoup évolué : procéder à un nouveau recensement entraînerait un gain de pouvoir pour les uns mais une perte immense pour les autres. Bref, ces chiffres mettraient le feu aux poudres et risqueraient de provoquer une nouvelle guerre civile.

Ainsi, la meilleure manière de manipuler les statistiques consiste parfois à ne pas en faire !

---

1. Les limites du système sont toujours connues de nos jours puisque, dès le préambule de la Constitution, il est écrit : « La suppression du confessionnalisme politique constitue un but national essentiel pour la réalisation duquel il est nécessaire d'œuvrer suivant un plan par étapes. »

6.

L'équation du prisonnier

« Les inconvénients du recours aux mathématiques afin d'établir la vérité durant un procès l'emportent sur les avantages. »

Laurence H. Tribe,
« Trial by Mathematics : Precision and Ritual in the Legal Process »[1].

Jugement de Dieu, jugement des chiffres

La scène se déroule au cœur du Moyen Âge. Au terme de son procès, un accusé attend fébrilement le verdict du tribunal. S'il est inquiet, c'est qu'il n'a pas pu apporter la preuve de son innocence. Un juge se dresse alors face à lui et prononce une sentence d'ordalie, plus connue sous le nom de jugement de Dieu : une épreuve, à laquelle le justiciable devra se soumettre, décidera de sa culpabilité. Voilà donc

1. *Harvard Law Review*, vol. 84, nº 6, avril 1971.

notre homme, en habit religieux, forcé de saisir à pleine main une barre de fer rougie au feu[1]. Trois jours plus tard, si ses plaies ont bien cicatrisé, il sera reconnu innocent ; si, en revanche, ses blessures se sont infectées, il sera déclaré coupable. Une autre ordalie, celle dite de la croix, consistait, lors d'un litige, à mettre face à face les deux opposants les bras en croix : celui qui, épuisé, baissait les bras[2] le premier perdait le procès. Il faudra attendre l'année 1215 et le quatrième concile du Latran pour que l'Église interdise cette pratique, reconnaissant le peu de crédit à accorder à ce type de justice.

Pourtant, en publiant en 1546 son *Tiers Livre*, Rabelais se montre particulièrement caustique lorsqu'il évoque la justice à travers le personnage du juge Bridoye, lequel, après un examen minutieux de l'affaire qui lui est soumise, rend ses arrêts… en lançant les dés[3] ! Sa vue baissant, le vieux juge serait même capable de commettre une erreur judiciaire en confondant un 4 avec un 5. Rabelais – qui était fils d'avocat – a-t-il voulu railler les décisions de justice hasardeuses que rendaient les magistrats de son époque, ou bien suggérait-il que les nombres occuperaient un jour une place de choix dans les tribunaux ?

Nul ne le sait. Toujours est-il qu'en 1670, à une époque où les hommes ont cessé de rendre la justice en s'appuyant sur la puissance divine, il est maintenant question d'en appeler à une nouvelle autorité, tout aussi abstraite et impla-

1. D'où l'expression « en mettre sa main au feu ».

2. L'expression vient justement de là.

3. Chapitre 39 : « Comment Pantagruel assiste au jugement du juge Bridoye, lequel sententioit les procés au sort des dez ».

cable que la précédente : celle des chiffres. À l'origine de cette initiative se trouve Gottfried Wilhelm Leibniz (1646-1716), esprit universel qui fut à l'origine aussi bien en mathématiques du calcul infinitésimal[1] qu'en philosophie de contributions logiques et morales de premier plan, et dont la postérité souffrit quelque peu de la caricature qu'en donna Voltaire dans son *Candide* à travers le personnage de Pangloss et sa théorie du meilleur des mondes possibles.

Alors qu'il n'a que vingt ans, Leibniz publie sa thèse de doctorat intitulée *Dissertatio de arte combinatoria*, dans laquelle il se propose de créer une langue universelle, la *characteristica universalis*, une sorte de généralisation de l'écriture mathématique capable d'exprimer des concepts scientifiques, philosophiques, ou encore issus de la vie quotidienne. L'idée est simple : en mathématiques, on note tout avec des symboles, qu'il s'agisse de nombres (1, π), d'opérateurs (+, =) ou d'objets plus complexes (∑, ∞). Pourquoi donc, se demande Leibniz, ne pas faire de même pour le langage du quotidien ? « Je mange du poulet » deviendrait ainsi « m (1, p) » où m serait la fonction *manger*, 1 exprimerait la première personne et p serait l'objet poulet[2]. Cette

1. Que Newton inventa en même temps de façon indépendante. Concernant les notations, très importantes dans la pensée de Leibniz, on lui doit le symbole « intégrale » sous la forme d'une grande lettre S, en opposition au sigma grec, permettant de distinguer la somme discrète de la somme continue.

2. Cet exemple n'est pas de Leibniz mais permet de donner au lecteur contemporain l'idée de son projet.

idée est à la base du travail des logiciens de la fin du XIXe siècle et du début du XXe siècle : Boole, Frege, Russell…

L'intérêt de s'exprimer dans un langage mathématisé est de clarifier le sens des phrases, d'empêcher les jeux de mots conceptuels et surtout de déterminer avec une logique implacable si un énoncé est vrai ou faux. En mathématiques, en effet, on peut appliquer un raisonnement pour démontrer la justesse d'une proposition : « x est égal à 2 » est soit vrai, soit faux ; pour le savoir, il suffit de résoudre une équation. Grâce au raisonnement infaillible de la « charactéristique universelle[1] », on pourrait ainsi savoir si Dieu existe, si la démocratie est meilleure que la dictature ou encore s'il est bon de manger des épinards : tout cela serait déterminé par le calcul ! Leibniz l'exprime très nettement en prédisant qu'une fois ce travail de traduction en symbole effectué :

> Il ne sera plus besoin entre deux philosophes de discussions plus longues qu'entre deux mathématiciens, puisqu'il suffira qu'ils saisissent leur plume, qu'ils s'asseyent à leur table de calcul (en faisant appel, s'ils le souhaitent, à un ami) et qu'ils se disent l'un à l'autre : « Calculons[2] ».

Le jeune penseur allemand entend ainsi réduire toute question à un problème de mathématiques, que l'on résou-

1. Comme Leibniz l'écrit lui-même.

2. Gottfried Wilhelm Leibniz, *Vorarbeiten zur allgemeinen Charakteristik*, in *Die philosophischen Schriften*, vol. 7, éd. Gerhardt, 1890, p. 200.

drait à l'aide d'un petit programme informatique – un algorithme – capable de reproduire les enchaînements de pensées menant de la question à la réponse. Il est remarquable que, pour le terme ici traduit par « mathématiciens », Leibniz utilise le latin *Computistas*, qui dérive du latin *computo* qui signifie calculer, dont est également issu l'anglais *computer* qui désigne aujourd'hui l'ordinateur. Or, Leibniz ne s'arrête pas à un projet théorique : il construit une machine à calculer capable de réaliser additions, soustractions, multiplications et divisions, anticipant la réalisation d'une machine, le *calculus ratiocinator*, qui serait capable de résoudre non seulement les opérations arithmétiques mais toutes sortes de questions. Le philosophe s'enflamme alors dans une langue française qu'il maîtrise parfaitement : « Les hommes trouveroient par là un juge des controverses véritablement infaillible[1]. »

Malheureusement (devrait-on dire : *évidemment* ?), Leibniz ne parviendra jamais à traduire l'ensemble du langage en une suite de symboles qu'une machine pourrait lire. Transformer la complexité du réel en une succession d'algorithmes bien huilés n'est pas une mince affaire. Et pour cause : Kurt Gödel, en 1931, démontrera qu'il existe des résultats arithmétiques dont on ne peut pas savoir s'ils sont vrais ou faux. En somme, le *calculus ratiocinator* de Leibniz ne s'appliquerait qu'à un champ limité des mathématiques, et il est clair qu'il ne pourrait qu'échouer face à des problématiques philosophiques. Néanmoins, les modèles de Leibniz peuvent être considérés comme l'ancêtre de l'ordinateur moderne. Mais ils ouvrent

1. *Ibid.*, p. 26.

aussi la voie à l'idée que le calcul peut séparer le vrai du faux dans les débats judiciaires.

De l'algorithme aux probabilités

Si le jugement de Dieu a connu un franc succès durant près d'un millénaire, la justice arithmétique semble elle aussi dès ses prémices vouée à un grand avenir : à la suite de Leibniz et des développements de l'arithmétique politique de Petty[1], l'idée refait surface chez Jean Antoine Nicolas de Caritat, plus connu sous son titre de marquis de Condorcet (1743-1794). Jeune mathématicien, il devient très vite membre de l'Académie royale des sciences, alors dirigée par d'Alembert, où de vifs débats concernent le mode de scrutin à utiliser en son sein. Ainsi, pour répondre aux propositions d'un académicien, le chevalier de Borda, Condorcet publie en 1785 son *Essai sur l'application de l'analyse à la probabilité des décisions rendues à la pluralité des voix.* Il y dessine les bases de sa « mathématique sociale » en examinant notamment l'exemple d'un jury appelé à déterminer la culpabilité ou l'innocence d'un accusé. Le mathématicien y applique le calcul des probabilités afin « qu'il soit presque impossible qu'un seul innocent soit condamné, même dans un long espace de temps[2] ». Plus on dispose de jurés compétents,

1. Cf. *supra*, chapitre 3.

2. Marquis de Condorcet, *Essai sur l'application de l'analyse à la probabilité des décisions rendues à la pluralité des voix*, Imprimerie royale, 1785, p. V du Discours préliminaire.

plus leur décision collective a de chances d'être la bonne. À l'inverse, si l'on se trouve en présence de jurés incompétents, il vaut mieux restreindre leur nombre afin de minimiser les chances que leur décision soit mauvaise :

> [...] si la probabilité de la voix de chaque Votant est plus grande que 1/2, c'est-à-dire, s'il est plus probable qu'il jugera conformément à la vérité, plus le nombre des Votants augmentera, plus la probabilité de la vérité de la décision sera grande : la limite de cette probabilité sera la certitude ; en sorte qu'en multipliant le nombre des Votants, on aura une probabilité aussi grande qu'on voudra d'avoir une décision vraie [...].
> Si au contraire la probabilité du jugement de chaque Votant est au-dessous de 1/2, c'est-à-dire, s'il est plus probable qu'il se trompera, alors plus le nombre des Votants augmentera, plus la probabilité de la vérité de la décision diminuera [...] [1].

Ce résultat est un cas particulier de ce qui sera plus tard découvert sous le nom de théorème central limite[2], avant que les théoriciens politiques du XXe siècle ne le retiennent sous le nom de théorème du jury de Condorcet. Ce résultat est devenu le fer de lance de l'actuelle théorie de la « démocratie épistémique », qui y voit un argument de poids en faveur du régime démocratique. Si cette pensée de Condorcet est toujours d'actualité, c'est qu'elle a ouvert la voie à la

1. *Ibid.*, p. XXIII-XXIV.

2. Ce théorème est, grosso modo, la raison pour laquelle la planche de Galton, que nous avons présentée au chapitre 4 du présent ouvrage, fait apparaître une courbe de Gauss.

mathématisation du citoyen, considéré comme alimentant le calcul des probabilités ; la société n'est plus alors que l'agrégation de données individuelles. L'innovation par rapport à Leibniz et ses prédécesseurs est double : il ne s'agit plus d'utiliser des algorithmes mais plutôt des probabilités, qui laissent certes une place au doute, mais qui permettent de modéliser une réalité humaine qui échappait encore à la rigidité des mathématiques à laquelle Leibniz souhaitait la réduire. De plus, Condorcet fait entrer le calcul dans le champ de la loi ; l'émotion trompeuse et les habiles plaidoiries doivent laisser place au calcul déshumanisé, moins sujet à l'erreur :

> [...] il est aisé d'observer, 1.° que le Calcul a du moins l'avantage de rendre la marche de la raison plus certaine, de lui offrir des armes plus fortes contre les subtilités & les sophismes ; 2.° que le Calcul devient nécessaire toutes les fois que la vérité ou la fausseté des opinions dépend d'une certaine précision dans les valeurs. [...] Or, si au lieu de juger par cette impression qui multiplie ou exagère une partie des objets, tandis qu'elle atténue ou empêche de voir les autres, on pouvait les compter ou les évaluer par le Calcul, notre raison cesserait d'être l'esclave de nos impressions [1].

Voici de bien bonnes intentions. Mais, concrètement, à quoi va ressembler la justice mathématique ? Pour répondre à cette question, faisons un nouveau saut dans le temps et

1. Marquis de Condorcet, *Essai sur l'application de l'analyse à la probabilité des décisions rendues à la pluralité des voix*, *op. cit.*, p. CLXXXIII-CLXXXIV.

retrouvons-nous à la toute fin du XIXe siècle, lors du procès – ou plutôt *des* procès successifs – d'un certain capitaine Dreyfus.

J'accuse... un piètre mathématicien !

En ce jour de décembre 1894, le criminologue Alphonse Bertillon (1853-1914) s'avance à la barre. Sa réputation n'est plus à faire : il est le créateur du premier laboratoire d'identification criminelle et le fondateur de l'anthropométrie judiciaire. Fils et frère de statisticiens, il travaille à la préfecture de police de Paris où il résout magistralement un problème de premier plan à une époque où les récidivistes représentent la moitié de la population carcérale : reconnaître les criminels. Jusqu'alors, on faisait notamment appel à des physionomistes dont l'œil était entraîné à identifier les individus connus des services de police. Cette méthode humaine étant sujette à caution, Bertillon s'inspire de Quetelet[1] pour créer ce que l'on appelle le bertillonnage : prendre une dizaine de mensurations du corps des individus et les photographier de face et de profil afin de créer une base de données quantitative. Cette méthode est complétée par le relevé d'empreintes digitales, malgré quelques réticences de Bertillon qui juge ce procédé fastidieux. Ironie du sort : Francis Galton[2], considéré comme

1. Cf. chapitre 4.

2. Cf. chapitre 4 p. 91 *sqq.*, concernant Galton, qui publie en 1892 un ouvrage intitulé *Finger Prints* où il présente ses propres empreintes digitales dès la première page.

le père de l'utilisation des empreintes digitales, se fit lui-même mensurer et photographier par ce même Bertillon durant son séjour à Paris en 1893 !

Alphonse Bertillon est alors reconnu dans le milieu de la criminologie professionnelle tout autant que dans la sphère des romans policiers, puisqu'il est capable, sous la plume de sir Arthur Conan Doyle, de froisser le légendaire Sherlock Holmes lorsque ce dernier s'entretient avec le docteur Mortimer dès les premières pages du *Chien des Baskerville* :

> – [...] Je suis venu, monsieur Holmes, parce que je reconnais que je ne suis pas un homme pratique et ensuite parce que les circonstances m'ont placé en face d'un problème aussi grave que mystérieux. Je vous considère comme le second parmi les plus habiles experts de l'Europe...
> – Vraiment ! Puis-je vous demander le nom de celui que vous mettez en première ligne ? fit Holmes avec un peu d'amertume.
> – L'œuvre de M. Bertillon doit fort impressionner l'esprit de tout homme amoureux de précision scientifique.
> – Alors, pourquoi ne le consultez-vous pas ?
> – J'ai parlé de précision scientifique. Mais, en ce qui concerne la science pratique, il n'y a que vous[1]...

Conan Doyle publie ces lignes en 1901, lorsque l'affaire Dreyfus atteint son paroxysme et que Bertillon y joue un rôle de premier plan. Le cas est complexe et de la plus haute

1. Arthur Conan Doyle, *Le Chien des Baskerville*, trad. Adrien de Jassaud, Hachette, 1905, p. 10.

sensibilité. Alfred Dreyfus (1859-1935) est originaire de Mulhouse, ville française à sa naissance mais devenue allemande en 1871 lorsque le tout jeune Empire allemand annexe l'Alsace-Moselle. La famille du jeune Dreyfus choisit de conserver la nationalité française et s'installe à Paris. Ayant intégré l'École polytechnique, Alfred devient capitaine et travaille au sein de l'état-major. Mais après une carrière aussi brillante que discrète, l'opprobre va tomber sur lui : en 1894, un bordereau – une feuille manuscrite – est intercepté à l'ambassade d'Allemagne par le contre-espionnage français : on peut y lire des informations sur l'armée française et la promesse de transmettre des documents confidentiels. L'écriture ressemble à celle de Dreyfus qui, en plus d'être né dans un territoire désormais allemand, est juif : le coupable idéal ! Dans une période de fièvre nationaliste, à peine vingt-cinq ans après la défaite de Sedan, le procès est expédié : Dreyfus est condamné au bagne en Guyane, dégradé, humilié, et personne n'y trouve à redire malgré l'intervention de son avocat qui a pointé les errements de l'analyse graphologique.

En 1896, il se murmure que le traître serait en réalité le commandant Esterhazy, puis, en 1898, Émile Zola publie son fameux « J'accuse… ! » en première page de *L'Aurore* : quatre ans après la condamnation, « l'Affaire » vient de naître. Ces remous politiques permettent d'établir que certaines preuves contre Dreyfus ont été fabriquées par l'armée pour l'accabler. La Cour de cassation invalide alors le premier jugement et rappelle le capitaine sur le banc des accusés en 1899. Cette fois-ci, la justice n'a plus le droit à l'erreur : tout doit être scrupuleusement examiné par des scientifiques compétents. C'est ainsi qu'intervient Bertillon en sa qualité d'expert.

Sur le point de prendre la parole, l'homme semble sûr de son fait. S'il s'est rendu au tribunal, c'est à la demande expresse de l'accusation, laquelle était insatisfaite des conclusions des premiers graphologues qui innocentaient Dreyfus. Bertillon est donc là pour dire si oui ou non l'accusé est l'auteur du fameux bordereau. Dès ses premiers mots, l'expert ne laisse aucune place au doute : le document a bien été rédigé par Alfred Dreyfus ! Il en est persuadé. Mieux : il soutient que le message est codé et qu'il révèle des informations beaucoup plus importantes que son contenu ne le laisserait supposer à première vue. Pour convaincre la cour du bien-fondé de ses conclusions, l'homme va brandir un argument qu'il juge imparable : la preuve mathématique !

Le bordereau étant un papier pelure quasi transparent, Bertillon émet l'hypothèse que Dreyfus s'en est servi comme d'un calque. Il remarque par ailleurs que certains mots répétés dans le bordereau sont écrits d'une manière tellement similaire qu'ils peuvent être superposés : c'est le cas des mots *modification*, *manœuvre* et surtout des termes *intéressants* et *intéresse*. Or, en examinant au préalable d'authentiques courriers écrits de la main de Dreyfus, Bertillon s'aperçoit que le terme *intérêt* est écrit de façon identique à celle du bordereau. Non content d'en déduire que le bordereau est de la main de Dreyfus, le soi-disant expert croit identifier le mot *intérêt* comme étant la clé d'un code secret[1].

Les mots redoublés dans le bordereau semblent alignés sur un quadrillage invisible et leur superposition se fait toujours avec un recul de 1,25 millimètre ou bien un multiple de cette valeur. Ce chiffre, constamment observé par Bertillon, n'est pas le fruit du hasard : il correspond au kutch, une règle en forme de Toblerone qui présente plusieurs graduations différentes et permet de convertir les échelles sur une carte, méthode que Dreyfus maîtrisait bien pour avoir travaillé à l'état-major qui utilise justement cette mesure de 1,25 millimètre pour représenter un hectomètre. Or, dans le bordereau, le mot *intérêt* obéit parfaitement à la loi kutchique.

Pour prouver son intuition, Bertillon trace plusieurs fois sur une feuille le mot *intérêt* à l'encre rouge, sans espace entre chaque mot (*intérêtintérêtintérêtintérêt*...) puis il réitère l'opération sur une nouvelle ligne, légèrement décalée par rapport à la précédente, tracée cette fois à l'encre verte. Et comme le bordereau a la particularité d'être écrit sur un papier transparent, il dispose celui-ci sur sa feuille et relève le nombre de fois où les lettres qu'il a tracées correspondent précisément à une lettre du message. Procédant alors à un calcul de probabilités sur les quelque 800 lettres que compte le message, il découvre

1. Le mot *intérêt* ne fut sans doute pas choisi au hasard mais relève d'un biais antisémite, les Juifs étant considérés comme particulièrement intéressés par l'argent.

que l'occurrence de celles composant le code (e, i, n, r, t) représente le double de ce que l'on aurait pu attendre, ce qui prouve d'après lui que le message est bel et bien crypté à partir de ce terme.

Sans doute n'avez-vous pas bien saisi cette explication. Rassurez-vous : les membres du jury non plus, et c'est bien pour cela qu'ils y ont adhéré ! Quand on ne comprend pas un raisonnement chiffré, le plus sûr est toujours d'acquiescer pour ne pas passer pour un imbécile, tout en reconnaissant les compétences scientifiques de l'interlocuteur.

Mais Bertillon ne s'arrête pas là : à coup de mesures millimétriques et de calculs des probabilités, il assomme le jury de démonstrations scientifiques qui prouvent par A + B que Dreyfus est coupable. Parmi ses nombreuses preuves, il indique le fait suivant : dans le bordereau, treize mots de plus d'une syllabe sont doublés, certains de façon exacte (*artillerie*, *adresse*...) et d'autres de façon similaire (*voulez* / *vouliez*, *intéressants* / *intéresse*...). Bertillon remarque que quatre mots sont parfaitement superposables, estimant que la probabilité que cela se produise par hasard était de 0,16 %, autant dire rien. Le doute n'est plus permis : le bordereau est bel et bien un code secret écrit de la main de Dreyfus.

L'accusation ce jour-là marque un point décisif. Le chiffre va peser lourd dans la décision du jury. D'autant plus que de nombreux mathématiciens, parmi lesquels Camille Jordan, Georges Humbert, Pierre Duhem ou encore Charles Hermite, convaincus depuis le début de la culpabilité de l'accusé, n'y trouvent rien à redire. Déclaré coupable, Dreyfus sera néanmoins gracié dans la foulée par le président Émile Loubet. Gracié mais pas innocenté. Il faudra attendre l'année 1904 pour réviser le procès et faire appel aux plus grands scientifiques français de l'époque pour passer au crible les calculs de Bertillon.

Copie corrigée

Le premier d'entre eux est le chimiste Émile Duclaux (1840-1904). Dans une tribune publiée le 10 janvier 1898 par *Le Temps* – soit trois jours avant le fameux « J'accuse… ! » de Zola –, Duclaux dénonce l'utilisation abusive du calcul des probabilités, allant même jusqu'à dire qu'il ne voit rien dans cette affaire qui relève d'une recherche de la vérité. Il est imité l'année suivante par l'éminent mathématicien Paul Painlevé (1863-1933), qui deviendra bientôt un homme politique de premier plan. Son intervention dans l'Affaire s'est faite par ailleurs de manière surprenante : en 1897, son ami le mathématicien Jacques Hadamard lui fait part de son désir d'obtenir un poste à l'École polytechnique. Painlevé tente de le dissuader car le hasard a voulu qu'Hadamard fût cousin de Mme Dreyfus, née Lucie Hadamard. Painlevé voit son ami bondir : certes, celui-ci n'apprécie pas particulièrement son cousin par alliance, mais il ne croit absolument pas à sa culpabilité. Il n'en faut pas davantage pour que Paul Painlevé entre dans la danse. En 1899, venu en personne à la barre du conseil de guerre qui se tient à Rennes, il s'exprime en ces termes :

> J'ai été frappé du ton d'assurance absolue de M. Bertillon et de sa prétention d'introduire la certitude mathématique dans des questions qui ne sauraient la comporter à aucun degré. En voyant cela, j'ai eu quelque peu d'inquiétude à la pensée que ce système [...] pourrait, quoique tout à fait erroné, influer d'une façon quelconque sur l'esprit du conseil[1].

Une affirmation qui fait écho à celle de son maître, Henri Poincaré, le mathématicien le plus renommé de son temps :

> L'application du calcul des probabilités aux sciences morales est le scandale des mathématiques, parce que Laplace et Condorcet, qui calculaient bien, eux, sont arrivés à des résultats dénués de sens commun[2] !

Enfin, c'est à l'occasion du procès en révision de 1904 qu'un rapport commun des mathématiciens Gaston Darboux, Paul Appell et Henri Poincaré va définitivement discréditer les calculs de Bertillon. Concernant la probabilité de l'apparition de quatre mots identifiés par celui-ci comme étant exactement identiques, Poincaré – l'auteur

---

1. *Le Procès Dreyfus devant le conseil de guerre de Rennes (7 août-9 septembre 1899)* – compte rendu sténographique in extenso, Stock, 1900, tome III, p. 328.
2. Lettre d'Henri Poincaré à Paul Painlevé.

principal du rapport – se montre expéditif dès l'introduction :

> [Bertillon] évalue à 0.2 la probabilité d'une coïncidence isolée et il en conclut que la probabilité de 4 coïncidences est $(0.2)^4 = 0.0016$.
> Mais l'examen le plus superficiel montre que c'est là la probabilité pour qu'il y ait 4 coïncidences sur 4 ; celle de 4 coïncidences sur 26 est de 0.7, c'est-à-dire 400 fois plus grande [1].

Poincaré explique également qu'il ne retient pas les coïncidences mises en lumière par Bertillon car elles sont toutes sujettes à caution. Quant à la méthode de l'encre rouge et de l'encre verte utilisées pour identifier le mot *intérêt* comme la clé d'un code secret, révélant ainsi deux fois plus de correspondances que ce qui était attendu, Poincaré explique que cela vient du fait que le prétendu expert a utilisé une clé (la ligne rouge) puis une autre (la ligne verte), doublant alors mécaniquement le nombre de correspondances : ainsi, le nombre de correspondances réelles était exactement celui que le calcul des probabilités permettait d'anticiper. Enfin, Poincaré, qui a examiné soigneusement le bordereau original au microscope, démontre que la plupart des mesures millimétriques effectuées par Bertillon sont erronées :

> M. Bertillon se trompe dans ses mesures, et n'a pas le droit de qualifier d'exacts les nombres qu'il nous donne ; [...] en outre

1. *La Révision du procès de Rennes*, Ligue française pour la défense des droits de l'homme et du citoyen, 1908, tome III, p. 501.

il ne retient, parmi toutes les longueurs en nombre infini qu'on peut relever entre les divers points du mot, que celles qui sont favorables à sa thèse ; enfin il se laisse entraîner par son imagination, quand il attribue à la distance de 1,25 mm, qui lui a servi à construire son carreau, un rôle autre que celui qui résulte de sa propre volonté[1].

Le rapport Poincaré va largement contribuer à laver le capitaine Dreyfus de tout soupçon. Celui-ci sera alors réhabilité. Il aura cependant passé de nombreuses années au bagne sur la foi notamment de calculs approximatifs. Les mesures en effet étaient fausses, les calculs sur ces mesures truffés d'erreurs et Bertillon n'avait fait que retenir ce qui l'arrangeait[2], laissant de côté ce qui pouvait mettre à mal sa thèse. En fin de compte, l'élément le plus important de cette démonstration mathématique frauduleuse était sans doute l'antisémitisme notoire de son auteur.

Pourquoi, nous direz-vous, ne pas vous avoir épargné cette litanie de démonstrations pointilleuses ? Parce que l'argument chiffré est toujours invoqué dans la sphère politique, juridique, mais aussi dans les conversations quotidiennes. Parce que la complexité des raisonnements mathématiques

1. *Ibid.*, p. 541.

2. Poincaré explique d'ailleurs que, en prenant n'importe quel mot d'une écriture courante, on peut l'utiliser comme Bertillon l'a fait avec le mot *intérêt* pour « mettre au carreau » l'ensemble du texte et y trouver la clé d'un prétendu code secret.

est souvent un argument face auquel le néophyte se sent démuni, impuissant, et dans l'obligation d'acquiescer comme le fit le jury auquel Bertillon s'adressa. Enfin, parce que – on l'oublie trop souvent – la science n'est pas un dogme ; elle est le terrain même de l'exercice de l'esprit critique. Le chiffre n'est jamais une vérité absolue : il doit permettre de s'interroger sur sa construction, d'enquêter sur sa validité. Le doute ne met jamais à mal la science : il lui rend service. La vérité scientifique – c'est notamment ce qui la distingue de la vérité religieuse – est par nature démocratique : tout le monde doit pouvoir la remettre en question. Voilà pourquoi, afin d'éviter l'examen critique, certains ont intérêt à rendre leurs démonstrations volontairement obscures. C'est contre ces Bertillon-là qu'il convient de lutter en priorité.

Calculites chroniques

C'est bien connu : on apprend l'Histoire, mais l'Histoire ne nous apprend rien. Ainsi, moins d'un siècle après la révision de l'affaire Dreyfus, l'intrusion intempestive des mathématiques dans les tribunaux défraye régulièrement la chronique[1]. L'un de ces procès emblématiques s'est tenu en Californie en 1964, au cours duquel les époux Collins durent se défendre d'une accusation de vol avec violence

1. Les affaires les plus marquantes sont notamment recensées dans l'ouvrage *Maths au tribunal* des mathématiciennes franco-américaines Leila Schneps et Coralie Colmez.

sur une personne âgée. Faute de preuves tangibles, le procureur va tout tenter pour faire parler les chiffres. Comme Malcolm Collins portait la barbe et qu'un témoin avait aperçu un barbu sur les lieux du délit, l'accusation va considérer que le prévenu avait une chance sur dix d'avoir une barbe et une chance sur quatre d'avoir une moustache. Après avoir multiplié ces deux estimations, le procureur avance alors qu'il y a de fortes probabilités que l'accusé soit le coupable, ou plutôt qu'il n'y a qu'une chance sur quarante qu'il ne le soit pas ! D'autant plus que le magistrat poursuit sa démonstration mathématique en y intégrant toutes sortes de nouvelles données concernant la coiffure de son épouse, la couleur de ses cheveux ou celle de sa voiture, pour aboutir à un résultat d'une chance sur douze millions d'avoir affaire à un innocent se trouvant là par hasard ! Dans ces conditions, et en l'absence de tout élément tangible prouvant leur culpabilité, comment s'étonner que l'accusé et sa femme soient finalement condamnés à la prison ferme ? Quelques années plus tard – alors que les époux Collins ont déjà purgé leur peine –, la cour suprême de Californie annule ce verdict en y décelant plusieurs erreurs de calcul. L'une d'elles est d'avoir multiplié des probabilités corrélées : comme un homme portant la barbe porte généralement la moustache, il n'y a aucune raison de multiplier ces deux données… sauf, bien entendu, si l'on veut faire grossir artificiellement un chiffre et influencer un jury !

La multiplication de probabilités corrélées sera l'une des erreurs récurrentes commises par la justice au cours du XXe siècle. Le procureur du procès Joe Sneed, qui s'est tenu au Nouveau-Mexique peu après celui des époux Collins, va commettre cette même faute de calcul. Dans cette affaire de meurtre, un témoin a rapporté à la barre que le suspect était un homme de taille moyenne, brun aux yeux marron. Le procureur cherche alors à tout prix à prouver par les chiffres que l'accusé correspond à cette description. Pour cela, il estime les chances que celui-ci soit de taille moyenne, puis il multiplie cette donnée par les chances qu'il ait les yeux marron, avant de multiplier de nouveau ce résultat par les chances qu'il soit brun. Mais, là encore, ces caractéristiques physiques sont des probabilités qui peuvent très bien dépendre les unes des autres : il se trouve justement que parmi la population du Nouveau-Mexique, d'où provient l'accusé, une taille moyenne est le plus souvent corrélée à des cheveux bruns et des yeux marron.

Pourquoi a-t-il été si facile d'abuser un jury avec des calculs approximatifs ou erronés ? Laurence Tribe (né en 1941), professeur de droit *et* diplômé de mathématiques, nous livre sa réponse dans un article publié en 1971 par la revue juridique *Harvard Law Review*. Selon lui, la force persuasive des chiffres – qu'ils soient corrects ou non – finit par s'imposer aux jurés qui ne sont « plus alors en mesure de se rappeler, et encore moins d'utiliser leurs fonctions purement humaines [...] pour rendre leur verdict ». Ce spécialiste de droit constitutionnel, qui fut par ailleurs le professeur puis le collaborateur de Barack Obama, s'est longtemps battu pour que les tribunaux usent de la plus grande prudence devant l'argument mathématique. Il conclut d'ailleurs son article par ces mots :

« Le temps est venu de considérer que l'union [entre mathématique et justice] est plus dangereuse que fructueuse. »

Un nouvel exemple de l'intervention des probabilités dans la sphère juridique nous vient du juge Billings Learned Hand (1872-1961). Dans le procès opposant les États-Unis à l'entreprise Carroll Towing Co. (1947), il s'appuie sur des calculs qui, s'ils sont exacts cette fois-ci, n'en demeurent pas moins surprenants. Il s'agissait de déterminer la responsabilité du propriétaire d'une barge dont les amarres avaient cédé et qui avait heurté un navire. Le juge Learned Hand se prononça ainsi :

> Puisqu'il y a des occasions où chaque navire peut se détacher de ses amarres, et que, s'il le fait, il devient une menace pour ceux qui l'entourent, le devoir du propriétaire, comme dans d'autres situations similaires, de se prémunir contre les blessures résultantes est fonction de trois variables : (1) la probabilité qu'elle se sépare ; (2) la gravité du dommage, si dommage il y a ; (3) le coût de précautions adéquates. Il est peut-être utile de mettre cette notion en relief pour l'exprimer en termes algébriques : si la probabilité s'appelle P ; le montant [du dommage], L ; et le coût [de prévention du dommage], B ; la responsabilité dépend de si B est inférieur à L multiplié par P : c'est-à-dire si B<PL[1].

Si B<PL, c'est-à-dire si le coût de prévention du dommage est inférieur au montant du dommage réel multiplié par la

1. United States vs. Carroll Towing Co., 159 F.2d 169 (2d Cir. 1947) (traduction par nos soins). Le document est consultable sur le site law.justia.com

probabilité du dommage, alors on considère qu'il y a bien négligence, car le dommage aurait pu être prévenu pour un montant raisonnable. La formule est pertinente mais évidemment discutable dans la mesure où il est difficile d'établir de façon rigoureuse la probabilité qu'un tel événement arrive : on peut certes compter le nombre de fois où des amarres cèdent et diviser ce chiffre par le nombre de fois où les amarres ne cèdent pas, mais cette probabilité générale ne rendra pas compte de la variabilité des conditions météorologiques, ni de la qualité des amarres utilisées dans un cas précis, etc. Ainsi, même si la formule a du sens et peut être considérée comme assez juste, se pose le problème de sa calculabilité. Ce cas est néanmoins devenu un classique de la littérature juridique américaine dans la sphère de l'analyse économique du droit dont il sera question plus en détail en fin de chapitre.

La légitimité des mathématiques dans un tribunal ne se limite donc pas à l'exactitude ou non d'une démonstration. Mais si le juge Learned Hand s'est appuyé sur un bon raisonnement mathématique pour aboutir à une conclusion déroutante, d'autres après lui, toujours au nom de calculs corrects, vont être amenés à bafouer les droits de l'accusé, tout en violant la règle qui exige que tous les citoyens soient égaux devant la loi.

Selon que vous serez puissants ou misérables…

L'accusé X vient d'être reconnu coupable d'un vol sans violence. Avant de prononcer une sentence, le juge Z saisit différentes données dans son logiciel d'assistance. Il note par exemple que le prévenu est au chômage, qu'il a un casier judiciaire, qu'il ne possède aucun diplôme et que l'un des membres de sa famille a déjà été incarcéré. Aussitôt, le programme informatique compare ces données avec les statistiques fournies par la police et délivre un score de risque de récidive. Après en avoir pris connaissance, le juge prononce une peine de deux ans de prison ferme.

Puis vient le tour du prévenu Y. Lui aussi a été déclaré coupable d'un vol sans violence. Comme précédemment, le juge saisit différentes informations destinées à son logiciel. Le profil de l'accusé Y n'a rien en commun cependant avec le précédent justiciable. L'environnement dans lequel il a grandi est stable, il a la chance d'avoir un emploi et aucun membre de sa famille n'a jamais eu affaire à la justice. Après avoir pris en compte l'ensemble des données, l'algorithme délivre un score de récidive très inférieur à celui de l'accusé X. La décision du juge est naturellement plus clémente : six mois de prison.

Cette histoire n'a rien d'une fiction. Depuis la fin du XXe siècle, de nombreux tribunaux américains utilisent ce genre de modélisations. Quant à l'Europe ou à la Chine, elles font déjà appel à différents outils regroupés sous la notion de *legaltech*, censés objectiver la décision des magistrats en recourant au *data mining* – ou exploration de données – ainsi qu'à l'intelligence artificielle. Enfin, un pays comme l'Estonie a lancé en 2019 une expérimentation visant à déléguer certaines affaires judiciaires à des robots. Il s'agit certes de traiter des délits mineurs liés par exemple aux excès de vitesse, aux indemnités de licenciement ou aux pensions alimentaires, mais les décisions délivrées par les algorithmes sont immédiatement applicables sans être réexaminées par des juges en chair et en os.

S'il génère des gains de temps et d'argent, le recours à ces programmes pose d'épineux problèmes éthiques ; l'un d'eux concerne la prise en compte des antécédents judiciaires de l'accusé. Sans doute inspirés du film de Spielberg *Minority Report*, dans lequel les autorités condamnent des individus pour des meurtres qu'ils n'ont pas *encore* commis, des logiciels indiquent aujourd'hui aux forces de l'ordre les lieux et les heures où elles ont davantage de chances d'interpeller un criminel. Si le système offre généralement de bons résultats, il privilégie néanmoins l'efficacité au détriment de l'équité, engendrant ainsi de sournoises boucles de rétroaction. En effet, comme la police, suivant les directives du logiciel, patrouille en priorité dans un quartier précis avec l'intention de surprendre un criminel, elle finit tôt ou tard par y constater de moindres délits (échauffourées, défaut de ticket de bus, incivilités…). Ces infractions font toutefois l'objet de rapports qui, une fois digérés par le programme, viennent alimenter les statistiques. Le cercle vicieux est alors enclenché : plus la police se rend sur un lieu, plus elle augmente ses chances d'intervenir ; et plus elle intervient, plus l'algorithme lui ordonne de se rendre sur ce lieu. Par conséquent, pour un même délit mineur, commis à deux endroits de la ville, un individu vivant dans un quartier pointé par le logiciel accroît considérablement ses risques d'être arrêté. C'est alors l'effet domino : à délit égal, et sur la base d'un premier algorithme, des individus vont être davantage interpellés que d'autres, ce qui grossira leur score de récidive délivré par un second algorithme, alourdissant d'autant leur peine de prison. À l'inverse, le délinquant d'un quartier non signalé par le logiciel aura davantage de chances de passer entre les mailles du filet ; et, s'il est finalement arrêté, son casier judiciaire, vierge jusqu'ici, lui conférera un faible score de récidive, ce qui lui épargnera sans doute la case prison.

En définitive, comme l'illustre ce tableau, les contrôles de police signalés par les logiciels peuvent créer d'insidieuses asymétries à l'intérieur d'une même ville :

	Forces de l'ordre équipées d'un logiciel de prédiction criminelle	**Forces de l'ordre effectuant des patrouilles aléatoires**
Innocent habitant dans un quartier pointé par le logiciel	Très souvent contrôlé	Voit diminuer ses chances d'être contrôlé
Trafiquant habitant dans un quartier non pointé par le logiciel	Rarement contrôlé	Voit augmenter ses chances d'être contrôlé

Voici comment certains coupables sont arrêtés, d'autres non. Pris dans la nasse des algorithmes prédictifs, les citoyens ne sont plus égaux devant la loi. Mais, en marge de cette entorse au principe d'équité, le recours à ces programmes pose également le problème des droits fondamentaux de l'accusé. L'élaboration du score de récidive par exemple fait l'objet d'un secret industriel bien gardé. Ainsi, les calculs effectués par la machine et la manière dont elle classe ses informations n'ont aucune chance d'être examinés par la défense du prévenu. Tout se passe comme si l'algorithme était un tribunal en modèle réduit, rempli de données converties en chiffres, et dans lequel nul avocat n'aurait le droit de siéger. Impossible dans ces circonstances de juger de la recevabilité des calculs puisque la défense n'aura jamais accès au cœur du processus de décision.

Enfin, la plus grande perversité des algorithmes juridiques provient… du succès même de leurs conclusions ! Si le système prédit aussi exactement les comportements de certains citoyens, puis de certains condamnés quand ils sortiront de prison, c'est qu'il relève d'un concept connu sous le nom de prophétie autoréalisatrice. En orientant systématiquement la police vers tel ou tel individu, puis en lui attribuant un score de récidive élevé, l'algorithme va faire condamner l'accusé à une peine bien plus lourde que celle de la moyenne des justiciables d'une même ville, ce qui va engendrer chez lui un sentiment d'injustice, puis de colère contre une société qui entérine de telles décisions. En outre, une fois condamné à une longue peine, le détenu va augmenter ses risques de se lier avec des criminels, d'où un risque accru d'enfreindre la loi une fois libéré… ce qui viendra confirmer la justesse du score élevé de risque de récidive !

Les bons comptes font les bons amis… et de nouveaux ennemis

En 1960, l'économiste britannique Ronald Coase (1910-2013) publie un article intitulé « The Problem of Social Cost » dans lequel il défend l'idée qu'il est préférable de gérer les effets négatifs de l'activité des entreprises par des arrangements privés plutôt que par le recours à la loi. Plus simplement : au lieu d'interdire certaines activités industrielles en raison des préjudices qu'elles causent, il convient de laisser les entreprises indemniser les victimes sans avoir à passer par les tribunaux. Si Coase privilégie cette méthode c'est qu'elle permet à l'entrepreneur de poursuivre son activité, créant de la richesse et sauvegardant ses emplois, tout en dédommageant les personnes touchées à une hauteur correspondant à la valeur monétaire du préjudice.

Pour illustrer son propos, Ronald Coase prend l'exemple d'une usine qui contamine une rivière en y déversant des déchets toxiques. Cela a pour effet non seulement de tuer les poissons, mais encore de les rendre impropres à la consommation. Les pêcheurs perdent donc de l'argent à cause de l'entreprise. Faut-il interdire pour autant ses activités au nom de la perte de revenu des pêcheurs ? Coase pose le problème en ces termes :

> Si nous supposons que la pollution a pour effet dommageable de tuer le poisson, la question à trancher est la suivante : la valeur du poisson perdu est-elle supérieure ou inférieure à la valeur du produit que la contamination du cours d'eau rend possible[1] ?

Tout se résume donc à un calcul mathématique : si l'activité de l'entreprise rapporte moins d'argent que la vente des poissons, alors il faut l'interdire. Si elle rapporte plus en revanche, il suffit que l'entreprise indemnise les pêcheurs pour continuer son activité sans léser personne : les pêcheurs recevront un montant au moins égal à ce que leur aurait rapporté la vente des poissons, l'entreprise poursuivra son activité et engrangera des bénéfices, les employés de l'entreprise toucheront leur salaire et la société bénéficiera des produits vendus par l'entreprise.

Cette doctrine développée en 1960 par Coase, futur lauréat du prix Nobel d'économie, est considérée comme le premier pas vers l'analyse économique du droit – *Law & Economics* en anglais – qui sera véritablement lancée par Richard Posner (né en 1939) avec son ouvrage *Economic Analysis of Law* (1972). Posner y développe en particulier l'idée de l'*efficient breach of contract*, ou rupture de contrat efficace, qu'il définit ainsi :

1. Ronald H. Coase, « The Problem of Social Cost », *The Journal of Law & Economics*, vol. 3(1), octobre 1960, p. 2 (traduction par nos soins).

> Dans certains cas, une partie [dans un contrat] serait tentée de rompre le contrat simplement parce que le profit résultant de la violation excéderait le bénéfice escompté de la conclusion du contrat. Si le profit résultant de la violation excède également le bénéfice escompté pour l'autre partie à la fin du contrat, et si les dommages sont limités à la perte de bénéfice escompté, vous serez incité à commettre une violation. Ce devrait être ainsi [1].

Posner, qui est pourtant juge de profession, nous invite à imaginer un droit dans lequel il serait possible de trahir ses engagements à la seule condition de payer un dédommagement, de sorte que tout le monde y trouve son compte. Ce n'est pas étonnant si l'on sait qu'il tient la *rule of law* pour un élément accidentel et non nécessaire de la théorie du droit : le droit peut très bien selon lui se passer de lois du moment qu'il est remplacé par des calculs financiers. La pratique a d'ailleurs suivi de près cette théorie, et la doctrine de Coase a permis des ruptures de contrat moyennant une compensation dont le montant a été établi entre les parties ou par un tribunal lorsque celles-ci n'étaient pas parvenues à un accord. La seule règle en la matière étant que tout le monde y gagne.

L'*efficient breach of contract* pose néanmoins un problème : tout le monde est-il réellement gagnant à la fin ? Reprenons l'exemple de Coase : l'entreprise et ses salariés sont contents, les pêcheurs sont contents, les seuls dindons

---

1. Richard Posner, *Economic Analysis of Law*, Aspen Publishers, 7e édition, 2007, p. 120 (traduction par nos soins).

de la farce semblent être les poissons sacrifiés sur l'autel de l'efficience économique. Mais comment passer sous silence la pollution de l'eau, et potentiellement des nappes phréatiques, avec ses conséquences délétères sur la population locale ? La somme des intérêts particuliers ferait-elle l'intérêt collectif ? Nullement ! Car ce petit arrangement entre amis oublie les externalités négatives frappant ceux qui ne font pas partie du contrat. La formule mathématique est alors la suivante : chaque élément de l'équation y gagne au détriment de ceux qui en sont exclus.

Imaginons un cas pratique – fortement inspiré de faits réels – de rupture de contrat à partir de ce que Posner décrit. Un beau matin, une petite start-up de dix personnes, spécialisée dans la recherche en biologie, est en ébullition : elle vient de mettre au point le vaccin contre le sida ! Comme sa taille modeste ne lui permet pas de produire de grandes quantités de vaccin, elle passe un accord avec l'entreprise pharmaceutique A, qui jouit d'une structure suffisamment puissante pour fabriquer et commercialiser le vaccin à grande échelle. L'accord se révèle très fructueux pour la start-up : elle vend son vaccin cent millions d'euros, assurant l'avenir des dix membres de la start-up – sans compter le prix Nobel de médecine qui les attend sûrement. L'histoire commence à faire du bruit et l'entreprise pharmaceutique B intervient : elle propose dix milliards d'euros à la start-up, plus un milliard d'euros à l'entreprise A en dédommagement. A + B + la start-up sont gagnants et le premier accord est joyeusement rompu. Le perdant doit alors être recherché en dehors de l'équation initiale. Le vaccin contre le sida est mis en vente sauf que, là où l'entreprise A s'était engagée à le vendre dix euros l'unité, l'entreprise B, qui a investi cent fois plus que l'entreprise A ne l'aurait fait, le vend donc cent fois plus cher, soit mille euros l'unité. S'il est vrai que les trois entreprises ont tiré profit de la rupture de contrat, les grands perdants seront les citoyens qui ne pourront s'offrir le vaccin à cause de son prix.

Lorsque la morale la plus élémentaire n'a pas davantage de valeur que le prix auquel on l'estime, le droit devient aussitôt un vaste marché qui donne l'illusion d'une équation gagnant-gagnant. La *rule of law* se transforme alors dangereusement en une sorte de *law shopping*, pour reprendre une expression d'Alain Supiot[1], dont les conséquences sont aussi incontrôlables que sont imprévisibles les crises financières.

1. Voir notamment son (passionnant) ouvrage *La Gouvernance par les nombres. Cours au Collège de France (2012-2014)*, Fayard, 2015.

7.

Gouverner sur tableau de bord

> « Je me souviendrai que je n'ai pas créé le monde, et qu'il ne se conforme pas à mes équations.
>
> J'utiliserai résolument mes modèles pour estimer des valeurs, mais ne me laisserai pas impressionner outre mesure par les mathématiques. »
>
> Emanuel Derman et Paul Wilmott,
> « The Financial Modelers' Manifesto »,
> 7 janvier 2009,
> rédigé à la suite du krach de 2008

Déchéance de rationalité

La scène se déroule au tout début du septennat de François Mitterrand, un soir de juin 1981. La journée de travail touche à sa fin lorsque Guy Abeille, alors jeune chargé de mission à la direction du Budget, est convoqué avec son collègue Roland de Villepin dans le bureau du numéro deux du ministère. Ce dernier affiche une mine grave. Il vient de recevoir un ordre de l'Élysée. Le chef de l'État, fâché que ses ministres dépensent à tout-va l'argent du contribuable, souhaite les inviter à faire des économies. Mais le nouveau président de la République n'est pas né de la dernière pluie : il sait qu'un simple rappel à l'ordre ne suffira pas. Pour exhorter ses ministres à maîtriser leurs dépenses, il lui faudra brandir une règle budgétaire qui aura force de loi. Et comme des millions de francs s'envolent chaque jour des caisses de l'État, il faut agir vite. Voilà comment les deux jeunes économistes, toutes affaires cessantes, sont sommés de fournir une donnée aussi simple qu'efficace pour mettre le gouvernement dans le droit chemin. Le problème, c'est qu'il n'existe pas de travaux en mesure de les seconder dans leur tâche. Mais, parce que l'ordre vient de l'Élysée, il n'est pas question de se défiler ni de demander un délai. Les deux hommes jonglent alors avec toutes sortes de données en espérant voir surgir comme par magie une règle qui en imposera aux ministres. Tout y passe : les dépenses, leur volume, leur structure, le taux d'accroissement de la dette comparé à celui de l'économie, puis vient le tour des recettes, des impôts d'État sur le revenu national, des fluctuations dues à la conjoncture, des prélèvements obligatoires. Mais il ne sort de ce brouhaha que des règles molles, incertaines, complexes ou sujettes à caution. Reste à examiner le déficit. Voilà une bonne piste. Ce mot-là a l'avantage de parler à tout le monde. Adjugé ! La nouvelle règle s'appuiera sur le concept de déficit.

Aussitôt prise, cette décision va être critiquée… par Guy Abeille lui-même ! Forcé de sortir une règle de son chapeau, le jeune homme s'est exécuté de bonne grâce mais il n'est pas du tout convaincu par sa proposition. S'intéresser au déficit en soi, à son montant seul, n'a qu'un sens relatif. Un déficit de 10 milliards peut aussi bien résulter de la différence entre 30 et 40 milliards que de l'écart entre 340 et 350 milliards. Dans les deux cas, l'ampleur des recettes et des dépenses n'ayant rien en commun, un même déficit n'a pas du tout la même signification.

Le temps presse cependant : il n'est pas question de revenir sur ce choix mais plutôt de se demander à quelle sauce assaisonner le déficit. Pourquoi pas le PIB ? C'est là une notion clé de toute politique moderne. Les deux hommes se regardent en silence et finissent par acquiescer. L'Élysée souhaite quelque chose de simple, il aura quelque chose de simple : un ratio déficit sur PIB. Cette fois encore, Guy Abeille critique la pertinence de cette opération. Elle reviendrait d'après lui à diviser *des choux par des carottes*. Le déficit correspond en effet au montant immédiat d'une dette qu'il convient de rembourser sur une ou plusieurs années. Opter pour un pourcentage de déficit par rapport au PIB, c'est confronter des échéances à honorer dans les années à venir avec la richesse produite au cours de l'année d'origine. La discordance des temps pose problème. Mais la principale réserve que suscite cette décision concerne la confusion entre déficit conjoncturel (rapidement comblé) et déficit structurel (qui s'agrège au fil des décennies). Rarement une autocritique aura été aussi nette :

Où l'on aura compris que fixer le projecteur sur le déficit d'une année donnée n'a guère de sens ; et que le rapporter au PIB de cette même année lui en fait perdre un peu plus. Le ratio déficit sur PIB peut au mieux servir d'indication, de jauge : il situe un ordre de grandeur, il soupèse une ampleur, et fournit une idée – mais guère plus – immédiate, intuitive de la dérive. Mais en aucun cas il n'a titre à servir de boussole ; il ne mesure rien : il n'est pas un critère. Seule a valeur une analyse raisonnée de la capacité de remboursement, c'est-à-dire une analyse de solvabilité : n'importe quel banquier (ou n'importe quel marché, ce qui revient au même) vous le dira[1].

Mais l'histoire ne s'arrête pas là. Le tableau étant presque achevé, il restait à lui apposer sa touche finale : un chiffre. À défaut de résulter d'un calcul inattaquable, celui-ci devra avoir l'air présentable. À lui seul, il devra exprimer la notion de déficit acceptable. Souvenons-nous de l'heure tardive de l'appel du chef de l'État. La journée de travail touchant à sa fin, nos deux hommes sont pressés d'en finir. Ainsi, le chiffre qu'ils vont proposer n'aura pas grand-chose à envier aux nombres avec lesquels jonglaient jadis les partisans de la numérologie. Écoutons Guy Abeille nous raconter comment il a pris sa décision :

1 % serait maigre, et de toute façon insoutenable : on sait qu'on est déjà largement au-delà, et qu'en éclats a volé magis-

1. Guy Abeille, « À l'origine du déficit à 3 % du PIB, une invention 100 %… française », *La Tribune*, 1er octobre 2010.

tralement ce seuil. 2 % serait, en ces heures ardentes, inacceptablement contraignant, et donc vain ; et puis, comment dire, on sent que ce chiffre, 2 % du PIB, aurait quelque chose de plat, et presque de fabriqué. Tandis que trois est un chiffre solide ; il a derrière lui d'illustres précédents (dont certains qu'on vénère) [1].

Les deux employés du ministère des Finances rentrent chez eux, ignorant que la saynète tragi-comique qu'ils viennent de jouer connaîtrait un jour un épilogue triomphal. Dix ans après cette soirée mémorable, le traité de Maastricht va en effet se pencher sur différents critères de convergence afin d'harmoniser les économies des États membres de l'Union européenne. Il est alors exclu qu'un pays laisse filer sa dette publique au risque de menacer la stabilité de l'euro. Les États devront donc respecter à la lettre certaines règles. L'une d'elles – sans doute la plus célèbre – exige que le déficit public annuel n'excède pas 3 % du produit intérieur brut (PIB).

1. *Ibid.* Guy Abeille conclut d'ailleurs son article sur une citation partielle de Virgile (*Bucoliques*, VIII, 75) dont l'intégralité est : « D'abord j'entoure ton image de trois bandeaux de diverses couleurs, et je la promène trois fois autour de cet autel : le nombre impair plaît aux dieux. » Guy Abeille rappelle que la fin de cette citation, « *numero deus impare gaudet* », est parfois mal traduite, comme Gide s'en amuse dans *Paludes* : « Tu me rappelles ceux qui traduisent *Numero Deus impare gaudet* par : "Le numéro Deux se réjouit d'être impair" et qui trouvent qu'il a bien raison. » Si les 3 % sont devenus une terreur pour les États, Guy Abeille ne manque pas d'en rire avec l'humour délicat qui est le sien.

Cette règle ne sera suspendue qu'à l'occasion de la clause dérogatoire adoptée au mois de mars 2020, en pleine crise du Covid-19.

De la mesure du bonheur au moral des ménages

Cette anecdote illustre le peu de crédit accordé à la pertinence de leurs indicateurs par ceux-là mêmes qui en sont les auteurs. Pour eux, il importe souvent de répondre à un problème politique mal posé car les gouvernants veulent disposer de chiffres de référence afin d'en surveiller les mouvements à la hausse ou à la baisse. Et qui dit indicateurs socio-économiques dit nécessairement objectifs quantifiés, comme faire baisser le chômage, augmenter le nombre de jeunes diplômés ou gagner un point de croissance. Le chiffre n'est plus alors qu'un repère qu'il convient de surveiller de près car il est lié à un autre indicateur : celui de la popularité des responsables politiques.

Voici comment les gouvernants ressemblent de plus en plus à des capitaines de vaisseau ayant enclenché le pilotage automatique, et qui gardent le nez sur leurs tableaux de bord, étrangers à ce qui se passe réellement à l'extérieur. Peu importe au fond si leurs indicateurs échouent à capter le réel et ne reflètent que très partiellement une situation sociale ; peu importe qu'ils soient biaisés, voire irrationnels comme nous l'avons vu plus haut. Du moment que les voyants sont au vert, l'objectif est atteint, l'action publique validée. Et puisque la mathématique politique est devenue l'alpha et l'oméga de toute stratégie étatique, tout ce qui peut se jauger dans une société doit figurer sur un tableau de bord. À commencer par le bonheur.

À vrai dire, l'idée n'est pas nouvelle. Suivant l'exemple d'un comptable enregistrant les gains et les pertes d'une entreprise, Jeremy Bentham (1748-1832) a jadis eu l'idée d'additionner et de soustraire des joies et des peines afin d'obtenir un indice de bonheur : il venait de créer le *calcul félicifique*. Si Bentham n'est pas le penseur anglais le plus connu du grand public, il est sans doute l'un des plus influents, père de l'utilitarisme et précurseur du libéralisme ; ses œuvres ont pesé et pèsent encore sur une grande partie de la politique ainsi que sur la pensée économique contemporaine.

À trente-deux ans, Jeremy Bentham signe une *Introduction aux principes de la morale et de la législation*[1] dans laquelle il définit l'utilitarisme, une doctrine qui demeure le fondement méthodologique de la science économique contemporaine. Contrairement à ce que l'on pourrait croire, il ne s'agit aucunement de distinguer les choses utiles de celles qui ne le sont pas, mais de quantifier l'utilité de chaque chose en fonction du degré de satisfaction qu'elle apporte. Ainsi, manger un sandwich au jambon ou faire une sieste sont deux activités considérées comme parfaitement utiles,

1. *An Introduction to the Principles of Morals and Legislation*, T. Payne & Fils, Londres, 1789. L'ouvrage fut écrit en 1780 et publié seulement neuf ans plus tard.

au même titre qu'écrire un poème. Le programme de Bentham peut se résumer ainsi :

> La Nature a placé l'humanité sous la gouverne de deux maîtres souverains, douleur et plaisir. [...] Le principe d'utilité reconnaît cette sujétion et s'en sert pour fonder un système dont le but est d'élever le tissu de la félicité entre les mains de la raison et du droit.
> On peut alors dire qu'une action est conforme au principe d'utilité ou, pour abréger, à l'utilité (c'est-à-dire vis-à-vis de la communauté en général) lorsque sa tendance à augmenter le bonheur de la communauté est plus grande qu'à le diminuer.
> Ainsi, les plaisirs et l'évitement des douleurs sont les fins visées par le législateur ; il lui appartient donc de comprendre leur valeur[1].

Selon Bentham, le gouvernement a pour mission de rendre le peuple heureux. Pour cela, il lui faut quantifier le bonheur. L'intention est plus que louable et, afin de rendre le bonheur calculable, l'auteur propose de le décomposer en sept « circonstances » :

- intensité (plus un plaisir est fort, plus il est utile) ;
- durée (plus un plaisir est durable, plus il est utile) ;
- certitude (plus un plaisir est probable, plus il est utile) ;

1. *Ibid.*, I, I, p. i ; I, VI, p. iii ; IV, I, p. xxiv (traductions par nos soins).

– proximité (plus un plaisir est proche dans le temps, plus il est utile[1]) ;
– fécondité (plus un plaisir en entraîne d'autres, plus il est utile) ;
– pureté (plus un plaisir n'entraîne pas de déplaisirs, plus il est utile) ;
– étendue (plus un plaisir est partagé par d'autres personnes, plus il est utile).

Dès lors, il devient aisé d'évaluer les actions humaines : on donne une note à chacune des sept « circonstances » et on fait la somme des points pour en déduire une morale ; si la somme des plaisirs entraînés par une action est supérieure à la somme des peines qu'elle provoque, l'action sera considérée comme bonne. Dans le cas contraire, elle sera dite mauvaise. Voilà comment une simple addition permet non seulement de créer une morale objective mais aussi de donner au gouvernement une méthode infaillible !

L'idée de Bentham semble aussi géniale qu'absurde. Géniale, parce qu'elle permet de réduire la politique à des éléments quantitatifs tout en lui donnant un but d'une grande noblesse : le bonheur. La méthode consistant à décomposer une notion qualitative n'est toutefois pas nouvelle : la première tentative remonte aux philosophes atomistes de l'Antiquité, en particulier Leucippe et

1. Au sens où l'on se réjouit davantage de gagner dix mille euros à la loterie aujourd'hui qu'un million dans vingt ans car l'éloignement dans le temps rend le plaisir moins palpable.

Démocrite[1]. Tous deux influencèrent notamment Galilée[2] lorsqu'il développa l'idée que le monde était écrit en langage mathématique et qu'il nous appartenait de le *déchiffrer*, c'est-à-dire de comprendre les chiffres qu'il nous donnait à lire. En fondant l'utilitarisme, Bentham ne fait rien d'autre que s'inscrire dans cette lignée en *atomisant* le bonheur en plusieurs éléments quantifiables.

Il convient donc d'attribuer au calcul félicifique, et à l'utilitarisme en général, une base philosophique très ancienne et très sérieuse. Pourtant, il semble que quelque chose cloche. Tout d'abord, la possibilité même de résumer le bonheur à des indicateurs quantifiés pose problème : tout le monde n'a pas la même échelle de valeurs et le législateur se retrouverait très vite avec des nombres qui ne seraient pas vraiment comparables. Ensuite, les sept « circonstances » choisies par Bentham sont discutables : tout le monde accepterait-il ces différents items ? Pourquoi ne pas en ajouter d'autres ? Enfin, et c'est peut-être là le problème majeur que pose le calcul félicifique : Bentham appuie son raisonnement sur un choix idéologique qu'il ne justifie à aucun moment.

1. Pour eux, on pouvait tout réduire non pas à sept « circonstances » mais à trois différences : la figure, l'ordre et la position (cf. Aristote, *Métaphysique*, 985b, 13-15). Il est d'ailleurs amusant de constater que, dans l'un et l'autre cas, ce sont des nombres très symboliques qui sont choisis : trois pour les atomistes, sept pour les utilitaristes.

2. Par l'intermédiaire de sa lecture des *Éléments selon Hippocrate* de Galien (pour cette note et la précédente, cf. Lucio Russo, *Notre culture scientifique*, traduction Antoine Houlou-Garcia, Les Belles Lettres, 2020, p. 74).

L'économiste anglais propose en effet d'additionner les points correspondant aux sept items pour l'ensemble des personnes concernées. Ainsi, une action qui obtient davantage de points qu'une autre est considérée comme plus utile à l'ensemble de la société. Voilà où le bât blesse. Considérons un exemple que nous simplifierons à l'extrême, soit une entreprise de cent employés, lesquels, à travail égal, touchent tous un même salaire de 1 000 €. Soudain, il est décidé arbitrairement que l'un des employés gagnera 11 000 € et que les 99 autres ne seront plus rémunérés qu'à hauteur de 910 €. La situation semble injuste car une personne va gagner onze fois plus qu'avant tandis que toutes les autres perdront 9 % de salaire. Contre toute attente, l'algorithme de Bentham conclurait pourtant que l'utilité et le bonheur global ont ici progressé car la somme des salaires est passée de 100 000 € dans la première situation à 101 090 € dans la deuxième : en d'autres termes, le salaire global a augmenté.

Ce petit exemple paraît absurde à première vue. C'est pourtant ce genre de calcul qui est effectué pour mesurer la croissance : peu importe la répartition de la richesse, la croissance ne s'occupe que de l'évolution globale. Dans notre exemple, l'augmentation des salaires est de 1,1 %, ce qu'un pays comme la France rêverait d'atteindre régulièrement en tant que conséquence de la hausse de son PIB. Mais comme ce dernier indicateur ne concerne pas les salaires mais la création de richesses, reconsidérons notre exemple en remplaçant les salariés par des entreprises. 99 % d'entre elles accusent un déficit de 9 % par rapport à l'année précédente, sauf une qui gagne onze fois plus. Bien sûr, si cette dernière embauche tous ceux qui se font licencier par les entreprises déficitaires, tout va bien. Mais cette probabilité est très faible dans le monde réel. Au final, une telle situation sera toutefois considérée comme bénéfique car, malgré une augmentation du chômage, la croissance sera au rendez-vous.

Comment se fait-il qu'en partant d'une idée louable – rendre les gens heureux – on en arrive à l'exact opposé ? Cela s'explique par le fait que la statistique est trop souvent porteuse d'une idéologie politique. Bentham a ainsi choisi la somme, qui est peut-être la fonction la plus simple que l'on puisse utiliser. La somme est en effet très pertinente pour offrir une représentation de l'ensemble de la société, c'est pourquoi elle est utilisée pour calculer le PIB – et donc la croissance – d'un pays. Mais lorsque l'on agrège une myriade de nombres en un seul, on crée un résumé de la situation qui est certes beaucoup plus maniable qu'un million de chiffres épars, mais rend difficilement compte de leurs caractéristiques. La somme ne s'embarrasse pas de la question de la répartition des chiffres qu'elle a additionnés : en d'autres termes, elle se moque de savoir si les richesses sont ou non équitablement réparties. Ce n'est pas que la somme soit pernicieuse par nature ou bien antisociale, mais elle a ses limites : elle ne peut tout dire. La question devient donc : à quoi faudrait-il s'intéresser pour gouverner et quel indicateur statistique serait le plus apte à établir une mesure ?

Tel que défini par Bentham, le bonheur est difficilement mesurable ; il nécessiterait pour cela une enquête systématique auprès des citoyens pour savoir si telle décision les rend plus ou moins heureux qu'avant. Les États préfèrent donc s'en remettre à des indicateurs statistiques plus éloignés des états d'âme de la population. Taux de chômage, croissance, indice de confiance des entreprises et des consommateurs, indice des prix à la consommation, indice du coût de la construction, etc. : voici les nouveaux noms des sept « circonstances » que Bentham envisageait pour gouverner en mesurant le bonheur.

Dans cette optique, plutôt que de demander aux citoyens s'ils sont heureux et s'ils ont des perspectives d'avenir, l'État enquête sur les composantes économiques et financières qui régissent leur vie quotidienne. Le gouvernement se fie alors à l'indicateur de confiance des ménages – que les médias nomment plus volontiers les chiffres du moral des ménages – ainsi qu'à l'indice de confiance des consommateurs tel que l'établit l'OCDE, car, après tout, un citoyen, un ménage, un consommateur, c'est la même chose.

Les enquêtes diligentées auprès des citoyens examinent leur situation financière, leur capacité d'épargne, leur niveau de vie, leurs perspectives professionnelles et l'évolution des prix. Vous avez dit bonheur ? Vous avez dit moral ? On en est loin ! Il ne s'agit plus de savoir si les ménages sont heureux mais s'ils vont *consommer*. Alors que le bonheur était considéré par Bentham comme le but du gouvernement, la confiance n'est plus qu'un moyen pour parvenir à la véritable fin assumée : faire tourner l'économie. L'équation du capitalisme se résume dès lors ainsi : plus nombreux sont les biens de consommation acquis, plus élevé est le taux de bonheur individuel. Voilà comment les gouvernants applaudissent la hausse du chiffre du moral des ménages, croyant sans doute, ou feignant de croire, que l'existence n'a de valeur que matérielle. Si l'on se fie à ce seul indicateur, les acheteurs compulsifs nageraient dans le bonheur, et les foyers surendettés ayant cédé aux sirènes de la consommation à crédit seraient les plus heureux au monde.

Les chiffres aléatoires du chômage

La question du bonheur est loin d'être la seule à faire les frais d'une statistique douteuse ; d'autres aspects de la vie quotidienne vont déboucher sur les trois indicateurs phares que sont les chiffres du chômage, ceux du pouvoir d'achat et de la croissance, soit la sainte trinité de la vie politique tant il semble qu'elle s'y soit dissoute.

Considérons tout d'abord le spectre du chômage, dont personne semble-t-il ne sait vraiment ce qu'il est au sens statistique, et donc politique, du terme. Il en existe pourtant une définition très précise, adoptée par le Bureau international du Travail en 1982, selon laquelle un chômeur est une personne en âge de travailler (15 ans ou plus) qui répond simultanément aux trois conditions suivantes :

- être sans emploi, c'est-à-dire ne pas avoir travaillé au moins une heure durant une semaine de référence ;
- être disponible pour prendre un emploi dans les 15 jours ;
- avoir cherché activement un emploi dans le mois précédent ou en avoir trouvé un qui commence dans moins de trois mois.

La première condition implique que si vous êtes sans emploi mais que vous faites du baby-sitting de temps à autre pour survivre, vous avez tout intérêt à travailler au noir, sans quoi vous n'aurez aucune chance d'être reconnu comme chômeur. La deuxième condition signifie que si vous vous êtes cassé la jambe durant votre recherche d'emploi et que vous êtes immobilisé pendant deux semaines, vous ne serez plus considéré comme chômeur. La troisième condition est plus difficile à interpréter : chercher activement un emploi commence-t-il lorsqu'on consulte les offres d'emploi sur Internet ou quand on dépose un CV chez McDonald's ? Pour compléter le chiffre officiel publié trimestriellement, l'Insee propose de nombreux indicateurs rendant compte de situations qui n'entrent pas dans la stricte définition du chômage. L'institut donne ainsi une quantification de ce que l'on appelle le halo du chômage : il s'agit des personnes qui ne sont pas disponibles sous quinze jours parce qu'elles suivent une formation, souffrent d'un problème de santé ou doivent s'occuper de leurs enfants, ainsi que de celles qui n'ont pas cherché activement un emploi durant les quatre dernières semaines, comme peuvent l'être des chômeurs découragés par la litanie des lettres de refus. L'Insee étudie également les situations de sous-emploi, notamment le temps partiel subi. Ainsi, en ajoutant le halo du chômage à la définition internationale, on augmenterait le nombre de chômeurs de moitié. En prenant en compte le sous-emploi, on le doublerait.

Les chiffres qui parlent du chômage sont donc beaucoup plus complexes qu'il n'y paraît. Lorsqu'ils arrivent sur le bureau d'un ministre, celui-ci peut choisir parmi divers indicateurs, insistant sur l'un plutôt que sur l'autre, publiant et commentant alors des résultats qui représentent la réalité non pas vécue mais modélisée. D'autant plus que les chiffres de la statistique internationale ont de la concurrence : en France, ceux de l'Insee sont en perpétuelle contradiction avec ceux de Pôle emploi. Comment est-ce possible ? Les deux institutions ne savent-elles pas compter ? Considérons plutôt qu'elles n'ont pas la même définition de ce qu'est un chômeur. Si celle retenue par l'Insee pour des raisons d'harmonisation des statistiques internationales reste complexe, celle de Pôle emploi l'est beaucoup moins : pour être considéré comme chômeur, il suffit d'être inscrit à Pôle emploi. En général, c'est ce chiffre qui est repris par le gouvernement et les médias. Sans doute parce qu'il fait « plus vrai » : il exprime une démarche individuelle qui colle davantage à la réalité que les statistiques de l'Insee dont le grand public ignore les modalités de calcul. Cet institut étant par ailleurs accusé de tous les maux alors que, s'il existe une manipulation des chiffres, c'est en dehors de ses murs qu'il faut aller la chercher.

Manipulation, disions-nous… le mot n'est pas trop fort lorsqu'il s'agit de faire disparaître des chômeurs comme par enchantement. La journaliste d'investigation Florence Aubenas a ainsi révélé comment Pôle emploi convoquait régulièrement des chômeurs à une réunion d'information[1] ; le jour J, comme escompté, une partie de ces personnes ne

1. Florence Aubenas, *Le Quai de Ouistreham*, L'Olivier, 2010, p. 251-252.

se présentait pas au rendez-vous, ce qui permettait de les radier. Évidemment, les individus exclus pouvaient se faire réintégrer quelques jours plus tard. Mais, pendant ce temps, le nombre de demandeurs d'emploi diminuait ! Et si, par un formidable hasard, cette petite manipulation tombait précisément la veille de la publication des chiffres du chômage, un taux systématiquement plus bas que la réalité était alors rendu public.

Mais pourquoi se compliquer l'existence alors qu'il existe une astuce toute simple pour parvenir à de bons résultats : demander aux gens de ne pas travailler ! Le taux de chômage consiste en effet à diviser le nombre de demandeurs d'emploi par la population active, avant de multiplier ce résultat par 100. Ce que l'on entend par « population active » regarde l'ensemble des personnes disponibles sur le marché du travail, qu'elles soient au chômage ou non. Il suffit donc d'inciter les chômeurs qui n'ont pas un besoin vital de travailler à ne plus chercher d'emploi, en leur suggérant par exemple de compter davantage sur le haut salaire d'un conjoint ou, plus insidieusement, en complexifiant à l'envi leur inscription à Pôle emploi. Voilà comment la baisse du taux de chômage en France publiée par exemple au second semestre 2019 était due essentiellement à une baisse du taux d'activité, qui ne reflétait en réalité aucune amélioration sur le marché du travail. Mais tant que tout le monde se satisfait de chiffres devenus opaques, pourquoi perdre du temps à faire des analyses plus fines ?

Enfin, comme nul n'est jamais à l'abri d'une bonne surprise, il arrive dans certains pays que les statistiques ne soient pas manipulées. Mais encore faut-il comprendre ce qu'elles signifient concrètement. En Allemagne par exemple, le taux de chômage gravite autour de 5 %, une situation plus qu'enviable pour de nombreuses nations. Ce chiffre flatteur masque cependant deux réalités : l'inégalité croissante entre les bas et les hauts salaires et la part toujours plus grande des faibles rémunérations :

> Entre 1995 et 2015, alors que les 20 % de salariés les moins bien payés connaissaient une baisse de salaire réel de 7 %, les 30 % de salariés les mieux payés bénéficiaient d'une hausse allant de 8 % à 10 %.
> [...] Les emplois mal payés représentaient à peu près 16 % de l'emploi au milieu des années 90 ; ce chiffre était monté à 22 % ou 23 % dans les années 2010[1].

Composez votre panier

Bien souvent, au lieu d'avouer simplement qu'ils n'ont pas suffisamment d'argent pour partir en vacances, les citoyens parlent de leur faible pouvoir d'achat. Cette locution technique, assez mystérieuse au demeurant, est devenue un tel lieu commun que beaucoup y rangent leur désarroi financier. À première vue pourtant, le pouvoir d'achat semble plutôt facile à définir : il correspond à ce qui reste

1. Bruno Amable, « Allemagne : moins de chômeurs, plus de pauvres », *Libération*, 26 mars 2018.

dans le porte-monnaie une fois que l'on a perçu ses revenus (salaire, prestations sociales, revenu du patrimoine) et que l'on a payé ses impôts et cotisations sociales. L'évolution du pouvoir d'achat est donc corrélée à celle du revenu disponible des ménages, à laquelle on retranche l'évolution des prix pour tenir compte de l'inflation. Rien de plus simple, nous direz-vous. Pourtant, le calcul du pouvoir d'achat est à la fois le théâtre des pires incohérences et des pires turpitudes.

Il se trouve qu'en France, les dépenses définies comme préengagées (loyer, eau, gaz, électricité, abonnement auprès des opérateurs téléphoniques ou des transports publics, assurances, cantine scolaire…) sont passées de 12 % du revenu disponible dans les années 1960 à plus de 30 % aujourd'hui. D'après une étude publiée par la Direction de la recherche, des études, de l'évaluation et des statistiques (DREES) en 2018 [1], ce chiffre moyen masque toutefois de grandes disparités : les ménages les plus modestes préengagent 38 % de leurs dépenses (ce chiffre monte même à 65 % chez les célibataires ou monoparentaux les plus précaires), contre 26 % pour les foyers les plus aisés.

Le chiffre du pouvoir d'achat moyen échoue à refléter cette diversité de situations économiques et sociales. Pourtant, c'est bel et bien cet indicateur qui est retenu par la classe politique comme révélateur de la situation du pays.

---

1. Michèle Lelièvre et Nathan Rémila, « Dépenses préengagées : quel poids dans le budget des ménages ? », *Les Dossiers de la DREES*, n° 25, mars 2018.

L'obtention de résultats fins et détaillés par tranche de revenus, par situation géographique (les loyers sont plus élevés dans les grandes villes), par âge, par situation familiale demande du temps. Beaucoup de temps. Et la classe politique a besoin de chiffres immédiats que la statistique n'est pas capable de lui donner : si l'indice des prix à la consommation est publié mensuellement, ce qui est cohérent avec le temps politique, les chiffres détaillés de la DREES mentionnés plus haut ont quant à eux sept ans de retard ! La publication de 2018 analyse en effet les résultats de l'enquête Budget de famille 2011, car il faut du temps pour recueillir les déclarations des personnes interrogées, nettoyer la base de données, rendre compte des premiers résultats généraux, analyser les chiffres en profondeur et enfin publier une analyse plus poussée. Le temps de la statistique fine, c'est le temps de la recherche et des délais dont le politique ne dispose pas. Cette incohérence entre les deux sphères rend particulièrement problématique l'utilisation des chiffres du pouvoir d'achat, certes rapides, mais particulièrement imprécis.

Nous retrouverons par ailleurs cette problématique dans le dernier chapitre, consacré aux différentes crises sanitaires, où, une fois encore, le temps de la recherche et le temps politique sont le plus souvent antinomiques.

Errances et incohérences de l'indice des prix

En outre, le chiffre du pouvoir d'achat se fonde sur l'évolution des prix, que les instituts statistiques se chargent d'estimer en notant la valeur de milliers d'articles en magasin. Ce relevé permet de créer le panier du consommateur moyen, calculé en fonction de ses achats courants. Mais les produits changent très vite, impliquant parfois des modifications dans les habitudes de consommation. Ce fut notamment le cas aux États-Unis où, en 1996, pas moins de 47 millions de personnes utilisaient un article relativement récent sur le marché : le téléphone portable[1]. Mais ce n'est qu'en 1998 que l'US Bureau of Labor Statistics intégra cet article au calcul du Consumer Price Index (CPI). Cela signifie que durant plusieurs années, l'indice des prix à la consommation ne correspondait plus à la réalité de millions d'Américains. N'en déduisons surtout pas que les statisticiens soient particulièrement lents ou réfractaires à l'innovation. Le problème est tout autre : la statistique d'État analyse le passé récent. Elle n'est pas censée rendre compte des événements immédiats d'un pays. La classe politique cependant, affamée de données sans cesse actualisées, n'a de cesse de projeter le passé dans le présent, détournant au passage la vocation même de la statistique.

Mais l'incohérence majeure de l'indice des prix est ailleurs. Elle concerne l'estimation des loyers. Si l'on en croit les indicateurs, la part moyenne des dépenses engagées par les ménages français pour se loger, locataires et propriétaires confondus, est de 6 %. Il semble évident que ce chiffre est

1. Si le premier téléphone mobile commercial, conçu par Motorola, est lancé le 6 mars 1983 aux États-Unis, il fallut attendre les années 1990 pour que son usage se démocratise.

dénué de fondement : soit on dépense 0 % (en général lorsqu'on est propriétaire), soit on dépense entre 30 % et 50 % de ses revenus. Mais il y a une explication : l'indice des prix ne tient pas compte des remboursements d'emprunt liés à l'achat d'un logement. Pourquoi ? Car ils ne sont pas considérés en comptabilité nationale comme des dépenses mais comme des opérations financières. Cela ne change absolument rien pour vous car, quelle que soit sa typologie, c'est une somme que vous dépensez ; mais au niveau des comptes nationaux, cela change tout. Ce chiffre de 6 % n'a donc clairement aucun sens.

Mais si cet indicateur est déficient, il n'en demeure pas moins particulièrement sensible : toucher à l'indice des prix, c'est remettre en question la vie de millions de gens. C'est ce qui arriva en 1996 aux États-Unis lorsque le Sénat indiqua que l'inflation avait été surestimée annuellement d'environ 1 % pendant plusieurs années à cause de possibles biais dans l'évaluation de l'indice des prix. Cela impliquait que le budget fédéral accusait un déficit considéré comme indu (car non causé par l'inflation) s'élevant à 150 milliards de dollars. Cet épisode illustre la limite de cet indicateur et le danger d'en faire à la fois un outil d'indexation et un objectif politique. Car imaginez que vous soyez retraité ou chômeur, que vous ayez des économies placées sur un livret dont les intérêts sont indexés sur l'inflation, et que l'on vienne vous dire que l'indice des prix a été surestimé ; cela implique que vos revenus diminueront, ou que vos impôts augmenteront. Outre les difficultés que rencontreraient alors les foyers les plus modestes, imaginez l'embarras de la classe politique, prise en étau entre la volonté de vous faire plaisir pour se faire réélire et la nécessité d'équilibrer les comptes – également pour se faire réélire.

L'argent n'a pas d'odeur, le PIB non plus

Plus encore que l'indice des prix, la croissance est sans doute l'indicateur qui focalise le plus l'attention des politiques. Mais qu'est-ce donc au fond que cette fameuse croissance qu'appellent de leurs vœux les gouvernements du monde entier ? D'un point de vue technique, son taux désigne l'évolution en pourcentage du produit intérieur brut d'une année à l'autre. Ainsi, aux yeux du grand public, l'augmentation du PIB serait un excellent indicateur du redressement économique dont il conviendrait de se réjouir béatement. Mieux : il serait synonyme de progrès, de réussite, de bien-être. Ces affirmations sont parfaitement exactes tant qu'on se limite à une appréciation purement quantitative de la production de la richesse nationale. Mais allez donc soulever le couvercle du PIB et vous vous apercevrez que les États y entassent toutes sortes de produits et de services qui sont loin de refléter la bonne santé d'un pays.

Imaginons un instant un gouvernement qui, anticipant une guerre civile, multiplierait par dix le nombre de ses prisons et décuplerait sa production de véhicules blindés, d'armes à feu, de gaz lacrymogène, de gilets pare-balles, de barbelés, voire d'anxiolytiques et d'antidépresseurs ; eh bien, d'un point de vue purement mathématique, tout cela ferait grimper en flèche les chiffres du PIB, participant du même coup à un regain de croissance, un indicateur, nous dit-on, de parfaite santé économique ! Mieux encore : un tremblement de terre, un tsunami ou même un accident nucléaire sont des événements qui font grossir le PIB : après le désastre, il faut bien reconstruire, ce qui crée de l'activité économique !

Le chiffre de la croissance d'un pays serait-il donc aveugle et sourd à la qualité de vie de sa population ? Voilà l'une des questions que se sont posées les économistes Jean Gadrey et Florence Jany-Catrice dans un ouvrage publié en 2005, où ils se penchent sur la pertinence des indicateurs de richesse actuels. Afin de réfuter leur légitimité, ils imaginent notamment ceci :

> Si un pays rétribuait 10 % des gens pour détruire des biens, faire des trous dans les routes, endommager les véhicules, etc., et 10 % pour réparer, boucher les trous, etc., il aurait le même PIB qu'un pays où ces 20 % d'emplois (dont les effets sur le bien-être s'annulent) seraient consacrés à améliorer l'espérance de vie en bonne santé, les niveaux d'éducation et la participation aux activités culturelles et de loisir [1].

Certes, cette mise en scène d'employés rémunérés pour détruire le pays et le reconstruire n'est qu'une image. Mais

1. Jean Gadrey et Florence Jany-Catrice, *Les Nouveaux Indicateurs de richesse*, La Découverte, 2005, p. 21.

dans le cadre des politiques du chiffre, la réalité dépasse bien souvent la fiction. C'est précisément ce qui est arrivé en Europe lorsque plusieurs États ont intégré dans leur PIB deux activités qui génèrent chacune de forts volumes d'argent : le trafic de drogue et la prostitution ! L'initiative en revient à Eurostat, soit l'office de la Commission européenne chargé des informations statistiques. Afin de produire des chiffres officiels, cet organe collecte et harmonise les données publiées par les instituts statistiques de chaque pays membre. En 2013, c'est justement dans le cadre de ces travaux d'harmonisation qu'Eurostat invite les différents États à intégrer dans leur PIB les activités liées à la drogue et à la prostitution. Pour motiver sa décision, l'organisme avance que le calcul des contributions des États au budget de l'Europe se fonde sur les revenus générés au sein de chacun des États. Or, certains États comme les Pays-Bas, où la drogue et la prostitution ne sont pas hors la loi, intègrent logiquement les revenus qui y sont liés dans le calcul du revenu national brut (RNB), ce qui les conduit à contribuer davantage que leurs voisins au budget de l'Europe.

C'est donc à la fois pour harmoniser les indicateurs nationaux et dans un souci d'équité qu'Eurostat a demandé à l'ensemble des pays européens d'intégrer la création de richesse liée à la drogue et à la prostitution dans le RNB et le PIB[1]. Dès 2014, l'Espagne et l'Italie par exemple mesurent

1. Il faut remarquer cependant qu'Eurostat n'a pas demandé aux Pays-Bas (représentant 5 % de la population européenne) d'exclure la

leur croissance en y intégrant le volume d'affaires lié à la consommation de cannabis ou de cocaïne. En France, l'Insee a opté pour un système mixte : en 2017, afin que la contribution française au budget de l'Europe soit équitable, cet institut a accepté de prendre en compte le trafic de stupéfiants dans une estimation du RNB envoyée à Eurostat, ainsi rehaussé de 2 milliards d'euros. Ce trafic n'a néanmoins pas été inclus dans la publication officielle des chiffres du RNB et du PIB. Pour justifier ce choix, l'Insee a tout d'abord avancé que la prostitution et la drogue concernaient des consommateurs en situation de dépendance, empêchant ainsi le libre arbitre et la notion d'accord mutuel. Par la suite, relativement isolé au sein du petit monde des instituts statistiques européens qui avaient presque tous franchi le pas, l'Insee a balayé son propre argumentaire en considérant que l'idée de dépendance pouvait tout autant s'appliquer à d'autres consommations (alcool, tabac, jeux de hasard) pourtant légales et intégrées dans la comptabilité nationale. Pour autant, l'Institut refuse toujours d'y inclure la prostitution.

Outre la question de l'harmonisation méthodologique, il est possible qu'une dimension plus symbolique ait pesé dans le ralliement de la France à ce calcul. En 2013, ce pays était en effet la cinquième économie mondiale, devançant le Royaume-Uni de 249 milliards de dollars. Un an plus tard, le Royaume-Uni lui chipait la cinquième place pour 68 mil-

---

drogue et la prostitution de son PIB pour s'aligner sur la majorité des pays restants, mais a fait l'inverse !

liards de dollars, sachant qu'environ 20 milliards relevaient de l'intégration de la drogue et de la prostitution dans le PIB. Certes, la France aurait de toute façon été dépassée, mais il est possible que l'orgueil gaulois, piqué au vif, ait contribué à la décision d'intégrer les stupéfiants à son calcul, non seulement pour harmoniser les statistiques mais aussi pour booster le PIB et la croissance.

Cycles vertueux du pognon de dingue

Il en va des indicateurs comme des modes vestimentaires. Ainsi, dans les années 1960, les indicateurs vedettes étaient le PIB, le taux d'inflation et le taux de hausse des salaires. Si l'on parle aujourd'hui encore du PIB, il faut reconnaître que le taux d'inflation et celui de la hausse des salaires sont beaucoup moins d'actualité. Les indicateurs au goût du jour sont désormais ceux du déficit budgétaire, du poids de la dette, des indices boursiers, sans oublier le plus pernicieux de tous sans doute, qui fait l'objet de tous les fantasmes et de toutes les manipulations : celui de la part des prélèvements obligatoires dans le PIB. Cette part, qui atteint 50 % de nos jours en France, est le plus souvent présentée – à tort, nous allons le voir – comme le symbole de la charge insupportable que les impôts feraient peser sur la population. Aussi cet indicateur est-il systématiquement invoqué pour justifier des mesures politiques comme la suppression de l'impôt sur la fortune, la diminution de l'impôt sur les bénéfices, la restriction des services publics, la limitation des dépenses d'éducation, de santé, de recherche ou encore la réduction drastique du nombre de fonctionnaires. On voit aussi cet indicateur ressurgir à des fins de dénonciation de la lourdeur des charges sociales, ou dans des plaidoiries sur la nécessité de baisser les allocations chômage ou de réformer le système des retraites. Enfin, plus indirectement, ce taux a été mis en avant pour justifier les privatisations qui apporteraient des ressources à l'État sans augmenter les prélèvements obligatoires abusifs.

Sur toutes ces questions, il importe d'observer en premier lieu que, contrairement à ce qu'assure généralement le discours politique ou médiatique, les prélèvements obligatoires ne se confondent nullement avec les impôts. En réalité, ces derniers ne représentent qu'une partie minoritaire de ces prélèvements, dont l'essentiel est constitué des cotisations sociales. Mais la destination de ces sommes est très différente de celle des impôts : car à peine ont-elles été prélevées sur les ménages qu'elles leur sont quasi intégralement restituées sous forme de prestations sociales (remboursement de frais de maladie ou d'accident du travail, pensions de vieillesse, allocations familiales ou de logement, prestations chômage). Globalement, vis-à-vis de la population prise comme un tout, ces prélèvements obligatoires ne constituent nullement une charge sociale mais apparaissent plutôt comme un instrument de redistribution, dont l'effet stabilisateur se révèle particulièrement utile lors des périodes de récession, voire de crise, comme en 2008.

Seuls les impôts proprement dits peuvent être considérés comme pesant globalement sur la population, en ce sens qu'ils ne peuvent pas être ramenés à de simples transferts de revenus transitant entre les différentes composantes de cette même population. Aujourd'hui, en France, ils sont de l'ordre de 20 % du PIB, ce qui est déjà nettement moins impressionnant que les 50 % déplorés à propos des prélèvements obligatoires. Quant au coût de fonctionnement de l'État, il peut être estimé aux alentours de 18 % du PIB et – contrairement à une idée reçue – tendrait plutôt à diminuer sous l'effet cumulé des politiques d'austérité, comme peuvent en témoigner celles et ceux qui travaillent dans les écoles, les tribunaux, les universités, et dont les conséquences dans le domaine de la santé sont apparues au grand jour au moment de la crise provoquée par le coronavirus.

Dans ces conditions, l'indicateur des prélèvements obligatoires dans le PIB est une aberration conceptuelle car son contenu est beaucoup trop hétérogène pour se parer d'une quelconque signification. Certaines sommes, lorsque l'on considère la population dans son ensemble, ne sont en rien des prélèvements mais circulent parmi les citoyens afin d'amortir les difficultés liées aux inégalités sociales. Les autres vont à un appareil d'État qui assure d'une part des services publics apparus progressivement depuis le XIXe siècle et assume d'autre part les fonctions régaliennes. L'usage politique de cet indicateur ne peut donc conduire qu'à la confusion et, à partir de là, favoriser toutes les manipulations idéologiques.

Malgré ces arguments, certains gouvernants déterminés à réduire coûte que coûte la part des cotisations sociales dans le système étatique mettent en avant les fraudes dont les prestations sociales font régulièrement l'objet. Les abaisser semble alors un moyen de les rendre moins attractives aux yeux des fraudeurs. Mais s'il est absurde de nier l'existence de malversations (certaines se déroulant même à grande échelle comme dans le cas des fausses cartes Vitale à l'étranger), il importe de garder à l'esprit cette formule pleine de sagesse issue du droit romain : *abusus non tollit usum*, « l'existence d'abus ne discrédite en rien l'usage normal ». En outre, la fraude qui coûte le plus cher à l'État, c'est-à-dire au portefeuille du citoyen, n'est pas celle des plus modestes mais de très loin celle des plus aisés. Dissimuler des revenus pour recevoir une centaine d'euros en plus de temps à autre n'a pas le même impact économique que masquer des dizaines de millions à l'administration fiscale[1]. Depuis la préhistoire, et de nos jours encore dans les différentes tribus vivant aux confins du monde dit civilisé, les individus blessés, malades ou bien tout simplement trop âgés pour participer à la chasse, à la pêche ou à la cueillette ne sont pas pour autant abandonnés à leur sort. Le système de cotisations sociales tel qu'il existe aujourd'hui n'est pas autre chose que l'expression même de ce principe : faire en sorte que les accidentés du travail, les familles nombreuses, les femmes enceintes ou les anciens puissent vivre dignement. Et si, au nom de prélèvements prétendument abusifs,

1. En 2015 par exemple, la fraude sociale représentait en France environ 1 milliard d'euros (dont 60 % pour les prestations sociales) tandis que la fraude fiscale s'élevait à environ 21 milliards d'euros !

ou bien de l'existence de fraudeurs, certaines politiques projettent d'affaiblir ce système de redistribution, cela reviendrait à nier sur une grande échelle le principe même d'humanité.

Tant qu'on aura le nez dans les chiffres plutôt que sur la réalité, le risque est grand d'arriver à de telles extrémités. Car en écartant des indicateurs comme celui de la hausse des salaires pour les remplacer par ceux, moins significatifs pour la population, du déficit budgétaire ou de cette fameuse part des prélèvements obligatoires dans le PIB, les gouvernements s'éloignent lentement mais sûrement des préoccupations concrètes des individus. Ces chiffres toujours plus abstraits ne doivent par ailleurs rien au hasard. Si les indicateurs reflètent de moins en moins les préoccupations quotidiennes du peuple, c'est qu'ils sont liés aux directives des marchés financiers, à celles de structures telles que le FMI ou l'OMC, ou encore aux règles des organes supranationaux comme l'Union européenne. À côté de ces géants, l'opinion publique pèse bien peu.

Voilà comment se fait jour un puissant sentiment d'impuissance parmi la population, symbolisé par le fameux TINA, « There is no alternative », que Margaret Thatcher opposait invariablement à ses contradicteurs. Et cette aliénation, cette frustration des individus face aux puissances de plus en plus étrangères à leur réalité dureront tant que les systèmes économiques seront dominés par cette « chose » toujours plus abstraite qu'est l'argent, et dont les chiffres des indicateurs ne sont en quelque sorte que la métaphore.

Additionner les chiffres ne suffit plus ? Maquillez-les !

Les statistiques sont devenues un tel enjeu économique, politique et symbolique qu'elles en feraient perdre la raison à certains États. Parce qu'il faut réussir à entrer dans les clous des mécanismes internationaux fondés sur des indicateurs, parce qu'il faut montrer au monde qu'on fait mieux que le voisin ou que son prédécesseur, parce que l'action politique n'est plus évaluée sur le terrain mais en termes quantifiés, il arrive que certains franchissent la ligne jaune et gonflent artificiellement les chiffres.

Un exemple d'un tel comportement nous vient de Chine. Paradoxalement, maquiller le résultat des indicateurs pour faire mieux que son voisin est une pratique qui concerne surtout la politique intérieure de ce pays : les provinces chinoises se battent en effet entre elles à coups de croissance à deux chiffres. L'enjeu est simple : plus un gouverneur local obtient une croissance importante, plus il a de chances d'être récompensé par une promotion au sein de l'administration d'État. Mais dans la mesure où ce sont ces mêmes personnes qui publient les statistiques locales, la tentation est grande de gonfler les chiffres. En réalité, non seulement les gouverneurs mais encore l'ensemble des administrations régionales ont intérêt à truquer les résultats, par ambition professionnelle, intérêt financier ou ferveur patriotique.

En ce qui concerne ces pratiques douteuses, une province s'illustre tout particulièrement : le Liaoning. Surnommée la « Ruhr de l'Orient » en raison de ses industries lourdes, cette région côtière de près de cinquante millions d'habitants est située à la frontière avec la Corée du Nord. En 2007, d'après des révélations de WikiLeaks, son ancien gouverneur, Li Keqiang, a avoué à l'ambassadeur américain à Pékin que de nombreux chiffres de l'économie chinoise étaient « fabriqués artisanalement » et qu'il ne s'y fiait pas lui-même : pour connaître la situation réelle de sa province, il préférait regarder la consommation d'électricité, le niveau du fret ferroviaire et le volume de crédits émis. « Tous les autres chiffres, en particulier les statistiques sur le PIB, peuvent être seulement consultés à titre informatif », concluait-il. De fait, la moyenne des taux de croissance de l'ensemble des provinces chinoises est largement supérieure au taux de croissance national, ce qui est mathématiquement impossible !... À moins de truquer les chiffres des provinces.

En 2013, Li Keqiang est devenu Premier ministre, poste qu'il occupe encore aujourd'hui. Un an plus tard, le gouvernement central épinglait cette province pour ses statistiques frauduleuses. Car l'État, souhaitant naturellement pouvoir compter sur des données fiables, a dû dégonfler la somme des statistiques provinciales pour tenter de se rapprocher de la réalité. Le Bureau national des statistiques chinois travaille donc dans un environnement complexe, presque en opposition avec ses provinces, chose difficile à imaginer en Europe. Quant aux trois indicateurs fétiches de Li Keqiang, ils ont été regroupés par *The Economist* sous le nom de « Keqiang index » et sont aujourd'hui considérés comme beaucoup plus fiables que le PIB pour évaluer la santé de l'économie chinoise.

Un exemple plus malheureux de truquage nous vient cette fois de Grèce. Le 1er janvier 2001, le pays fait sa grande entrée dans la zone euro. Il est ainsi récompensé pour sa remarquable gestion du déficit budgétaire, passé de 10 % en 1995 à 1,6 % en 1999. Une incroyable prouesse ! Tellement peu crédible en réalité qu'elle ne repose sur rien. Le gouvernement grec a bel et bien maquillé ses statistiques : en 1999, le véritable déficit s'élevait à 5,8 % ! Impossible d'intégrer la zone euro avec un tel score. Le gouvernement décide alors de truquer ses chiffres et l'Europe, très heureuse d'accepter la Grèce pour des raisons géopolitiques, ne s'étonne pas de ce miracle budgétaire.

À ce petit jeu de dupes s'est mêlé un troisième larron : la banque Goldman Sachs, mandatée par le gouvernement grec pour l'aider à réduire sa dette, c'est-à-dire grosso modo l'accumulation de son déficit. Pour permettre au pays d'emprunter de l'argent, la banque propose un montage financier qui n'est pas interdit à l'époque : un swap de devises. Cela consiste à échanger une dette libellée dans une devise contre une dette libellée dans une autre devise. L'astuce tient au fait que ce montage n'est plus considéré comme une dette mais comme une opération de trésorerie. Il s'agit donc d'un emprunt qui n'alourdit pas le déficit ! Un pays comme l'Italie a lui aussi eu recours à cette pratique : en 1996, grâce à l'appui de la banque JP Morgan, le gouvernement italien effectue un swap à taux de change favorable pour lui afin d'éviter d'une part de sortir des indicateurs européens et, d'autre part, d'étaler un remboursement en faveur de l'établissement bancaire. Toutes ces opérations étant bien sûr parfaitement transparentes.

Le swap de Goldman Sachs a consisté à donner immédiatement de l'argent en devises à la Grèce en échange du versement de ses futures taxes d'aéroport et de loterie nationale. Accessoirement, la banque a aussi empoché quelques centaines de millions d'euros au titre de son activité de conseil. Tout cela coûtait cher et risquait d'obérer l'avenir du pays, mais les apparences politiques étaient sauves... au moins à court terme. Ce qu'Athènes ignorait en revanche, c'est qu'en marge de ses opérations, Goldman Sachs boursicotait en pariant sur le défaut de la Grèce, son propre client !

Mais voilà qu'en 2004 le nouveau gouvernement grec révèle le pot aux roses ! Tandis que la Banque centrale européenne est sous le choc, Eurostat rappelle qu'il a toujours nourri des doutes sur les statistiques grecques. L'Union s'inquiète. Pourtant, la Grèce n'est nullement sanctionnée. Sans doute parce que l'euro n'en est qu'à ses balbutiements et que certains États membres, dont l'Irlande et l'Allemagne, ont aussi des affaires pas très nettes sur la conscience. Certes, la pratique du swap devient illégale en 2004, ce qui n'empêche d'ailleurs pas Goldman Sachs de vendre en 2005 le swap de 2001 à la National Bank of Greece. Mais la crise mondiale de 2008 passe par là et Athènes la prend de plein fouet. En 2009, Goldman Sachs et la National Bank of Greece créent une société financière pour étaler le remboursement jusqu'en 2039 – ce qui revient à reculer pour mieux sauter – et, épinglée par la Commission européenne, la Grèce révise le chiffre de son déficit qui bondit soudain à 12,7 %.

La suite de l'histoire est bien connue : la Grèce demande de l'aide à l'Europe mais la crise de sa dette souveraine soulève la question de son exclusion de la zone euro. L'Allemagne souhaite faire de la Grèce un exemple pour mettre un terme à ce genre de jeu : le pays reste dans la zone euro, il est aidé, mais à des conditions très dures. La situation économique et sociale empire chaque jour : le paludisme fait son retour en Grèce, ce qui témoigne des conditions sanitaires délabrées ; suicides, homicides, séropositivité, prostitution : voilà les indicateurs statistiques qui augmentent le plus. Souvenez-vous de l'idée de mesurer le bonheur des populations ! Nous en sommes loin…

De la perversité à la perversion des chiffres

Les chiffres jouent-ils contre nous ? Contre l'humanité, contre la connaissance ? C'est la question que nous sommes en droit de nous poser en examinant la manière dont est mesuré le PIB. Pour ce qui regarde les activités monnayées (échanges de biens et services, commerce…), rien de plus simple : on évalue la création de richesse en fonction de l'argent qui circule. En revanche, lorsqu'il n'y a pas d'échanges monétaires, comme c'est le cas pour l'enseignement public par exemple, il est beaucoup plus difficile d'estimer la richesse créée par un professeur : certes, celui-ci transmet un savoir à des élèves, mais ils ne pourront le convertir en espèces sonnantes et trébuchantes que bien des années plus tard, lorsqu'ils auront un travail. En forçant un peu le trait, pourquoi ne pas considérer par exemple que les enseignants contribuent au PIB à 100 % ? S'ils n'étaient pas là en effet, personne ne saurait lire, écrire ni compter, et l'économie serait en panne sèche. Mais sans doute cette conception poserait trop de problèmes de comptabilité nationale… Une solution plus simple a donc été adoptée au niveau international : lorsqu'un emploi ne génère aucun échange monétaire (ce qui est le cas entre un professeur de l'enseignement public et son élève), la création de richesse est assimilée à la rémunération de la personne qui fournit le travail. Plus simplement : les enseignants contribuent au PIB à hauteur de leur salaire.

Cette solution a le mérite de simplifier une question épineuse. Seul problème : à niveau de diplôme égal, le salaire des enseignants (de l'école primaire à l'université) reste inférieur à celui d'autres employés. Un État focalisé sur les chiffres de la croissance ne sera donc jamais enclin à investir dans l'éducation car la contribution des enseignants à celle-ci, mesurée par des salaires modestes, restera toujours très faible.

Cet exemple, comme celui de la Grèce, montre la perversité induite par les indicateurs statistiques : alors qu'ils étaient conçus initialement pour modéliser et comprendre la réalité, ils rétroagissent au final sur la réalité et finissent par l'infléchir. La décision politique ne repose plus alors sur le réel (faut-il plus d'enseignants pour améliorer la formation des élèves ?) mais sur l'indicateur statistique (augmenter le nombre d'enseignants ne contribuera pas significativement à la croissance). Tant que l'indicateur est dans le vert (quitte à intriguer avec une banque pour l'infléchir discrètement), la réalité de terrain et les conditions de vie des citoyens ne seront pas prises en compte.

En 1935, Paul Valéry donnait une conférence intitulée *Le Bilan de l'intelligence*. Il y dénonçait le diplôme comme « l'ennemi mortel de la culture », lui reprochant de focaliser sur lui l'attention des étudiants au détriment du plaisir d'apprendre. Pire encore, à cause de la quête effrénée du diplôme, les élèves en viennent à développer des stratégies pour s'adapter aux attentes de l'examinateur, et ce, au détriment du véritable savoir.

> D'ailleurs, si je me fonde sur la seule expérience et si je regarde les effets du contrôle en général, je constate que le contrôle, en toute matière, aboutit à vicier l'action, à la pervertir… Je vous l'ai déjà dit : dès qu'une action est soumise à un contrôle, le but profond de celui qui agit n'est plus l'action même, mais il conçoit d'abord la prévision du contrôle, la mise en échec des moyens de contrôle. Le contrôle des études n'est qu'un cas particulier et une démonstration éclatante de cette observation très générale[1].

1. Paul Valéry, *Le Bilan de l'intelligence*, université des Annales, 16 janvier 1935 ; reproduite dans *Variété III*, Gallimard, 1936.

Malgré sa pertinence et son caractère éminemment prophétique, le discours de celui qui fut un poète majeur mais aussi un philosophe et un grand amateur de mathématiques, tomba dans un relatif oubli. Il allait toutefois revenir au goût du jour quarante ans plus tard. C'est en 1975 que Charles Goodhart, alors économiste à la Bank of England et qui deviendrait plus tard professeur à la London School of Economics, énonce une loi qui allait marquer l'Histoire : « Toute régularité statistique observée devient fausse si une pression est exercée sur elle à des fins de contrôle », ou plus simplement : « Quand une mesure devient une cible, elle cesse d'être une bonne mesure[1]. » La loi de Goodhart, appliquant la leçon valéryenne à la politique économique, explique pourquoi le taux de chômage, le pouvoir d'achat, l'indice des prix, le PIB et la croissance, étant désormais des enjeux économiques et sociaux, des cibles politiques, des fins en soi, sont devenus de piètres indicateurs statistiques.

Ce propos pourrait d'ailleurs s'étendre au classement de Shanghai des universités : pour y figurer en bonne place, les établissements se focalisent sur les critères d'évaluation au détriment de la qualité de leur enseignement et de leur recherche. Voilà comment on en arrive aujourd'hui à une masse de publications universitaires qui n'a parfois que bien

1. Pour l'histoire de cette loi et en particulier l'histoire de sa formulation sur la période 1975-1981, cf. Alec Chrystal et Paul D. Mizen, *Goodhart's Law : Its Origins, Meaning and Implications for Monetary Policy*, 2001.

peu d'intérêt : les chercheurs subissent la pression de leur hiérarchie pour publier toujours plus en sorte que leur université gagne des points au classement ; ils sont soumis à une logique quantitative qui les pousse à faire plus tout en faisant, nécessairement, moins bien car la recherche demande du temps. Elle ne peut se soumettre à la pression d'un indicateur quantifié qu'en perdant de sa qualité. Certes, objectera-t-on, les revues scientifiques pourraient alors refuser de publier des contenus moins aboutis afin de conserver une stature internationale... Eh bien non ! Ce serait oublier l'*impact factor*, ce calcul qui consiste à additionner le nombre de citations relatives aux articles publiés par une revue donnée. Plus celle-ci publie d'articles signés par des chercheurs reconnus, plus ses articles seront cités par d'autres publications, plus son *impact factor* augmentera, plus son prestige grandira sur la scène internationale, plus les chercheurs qui auront signé ces articles seront reconnus et plus leurs universités d'appartenance grimperont dans les classements.

Vous comprendrez aisément qu'il s'agit là d'un système qui s'autoalimente grâce à un indicateur statistique devenu une fin en soi et qui ne tient plus du tout compte de la qualité intrinsèque des articles publiés. Soyons clairs : cela ne rend pas nécessairement la recherche moins pertinente ; mais c'est la soumettre à une logique qui lui est étrangère et ne tend pas obligatoirement à l'améliorer. En somme, on crée une masse de recherches dans laquelle il est plus difficile de distinguer ce qui a de la valeur de ce qui n'en a pas : un article d'une personnalité reconnue, issue d'une université de classe mondiale et publié par une revue prestigieuse n'est plus nécessairement un bon article ; c'est peut-être seulement un article qu'il *fallait* faire pour maintenir les indicateurs dans le vert.

L'exemple de la recherche académique est loin d'être isolé : les mécanismes de l'économie mondiale sont soumis aux mêmes règles. Les critères de convergence établis en 1991-1993 par le traité de Maastricht imposent la maîtrise de l'inflation, de la dette souveraine et du déficit public, ainsi que la convergence des taux d'intérêt et la stabilité du taux de change. Soit autant d'indicateurs statistiques sur lesquels la loi de Goodhart va évidemment s'appliquer : les États n'ont de cesse de jouer avec les chiffres, allant même jusqu'à les truquer afin de respecter leurs exigences !

Sommes-nous les paramètres d'une équation qui nous échappe ?

Quand les chiffres prennent le pas sur le réel, avec leur cortège de situations ubuesques liées au chômage, au pouvoir d'achat, au PIB ou au déficit, la société devient le théâtre d'une véritable gouvernance par les nombres[1]. Il y a plus de soixante ans, le politologue suédois Herbert Tingsten nous alertait déjà :

1. Pour reprendre un titre d'Alain Desrosières (*Gouverner par les nombres. L'Argument statistique II*, Presses de l'École des Mines de Paris, 2008), repris ensuite par Alain Supiot (*La Gouvernance par les nombres*, Fayard, 2015).

> Les critères généraux présidant à l'évaluation des politiques créant désormais consensus, les fonctions de l'État atteignent un tel niveau de technicité que la politique en vient à se résumer à de la statistique appliquée[1].

Ce constat couronnait la géniale intuition de Tocqueville énoncée un siècle plus tôt :

> La notion de gouvernement se simplifie : le nombre seul fait la loi et le Droit. Toute la politique se réduit à une question d'arithmétique[2].

À ce stade, il convient sans doute de nous demander si nous gouvernons par les nombres ou bien si nous *sommes gouvernés* par les nombres. Car si les chiffres deviennent le but de toute politique préétablie par des indicateurs statistiques, ce sont bien eux qui dictent leur loi. Or, le chiffre est tantôt conçu de façon peu rationnelle, comme ce fut le cas pour les fameux 3 % de déficit, tantôt incapable de retranscrire la réalité, comme c'est le cas du chiffre du pouvoir d'achat, celui du chômage, du PIB et de la croissance. Voilà pourquoi de nombreux organismes sont en quête de nouveaux indicateurs, comme l'indice de développement humain proposé par les Nations unies, qui prendrait en

---

1. Herbert Tingsten, « Stability and Vitality in Swedish Democracy », *Political Quarterly*, vol. 26, 1955, p. 147 (traduction par nos soins).
2. Alexis de Tocqueville, *Considérations sur la révolution*, in *Œuvres*, Gallimard, « Bibliothèque de la Pléiade », 2004, tome III, p. 492.

compte la santé, l'éducation et le niveau de vie. Dans cette optique, divers indicateurs de bien-être ont été avancés pour dépasser le simple chiffre du PIB. Mais, au final, ne sommes-nous pas condamnés à quantifier une nouvelle fois la société, au risque de raviver la loi de Goodhart qui a mis en lumière les limites des indicateurs statistiques ?

Il est sans doute temps de sortir de la notion de gouvernement héritée de la métaphore maritime : le terme dérive en effet du grec *kybernaô* qui signifie tenir le gouvernail (le lien de parenté entre gouvernement et gouvernail est évident). Aujourd'hui, les pilotes dirigent leur appareil (que ce soit un bateau ou un avion) grâce à un tableau de bord affichant les paramètres utiles à la navigation. Mais est-il souhaitable d'agir de même avec un État ? Qui plus est, un État démocratique ? Voilà trop longtemps déjà que les gouvernements, les yeux rivés sur leurs données chiffrées, ne se posent plus la question de la direction prise par le navire. Or, une démocratie n'a pas vocation à contrôler des paramètres ; elle se doit d'établir collectivement un cap à suivre, soit une idée que la société se fait d'elle-même. Cela signifie que l'on devrait d'abord clarifier des lignes politiques non quantifiées, fondées sur les notions intrinsèques à la politique que sont la justice, l'être-ensemble, le bonheur et l'élaboration d'un avenir commun.

Le passé a prouvé que cela était possible. Certes, des voix se sont toujours élevées pour décourager chaque initiative : « les chiffres contredisent vos idées et vos aspirations ! », comme ce fut le cas par exemple lorsque s'est posée la question des congés payés. « Vous allez ruiner le pays, nos calculs prouvent que la productivité va s'effondrer, etc. » Au final, et malgré des arguments soigneusement quantifiés, des avancées sociales ont émergé. Car les chiffres se soumettent toujours à la volonté politique… Du moins, tant que la volonté politique ne se soumet pas aux chiffres.

8.

Dérèglements de compte

« Tout le monde ment. »

Docteur House

Un seul être vous ment... et tout est dépeuplé

Ce 9 août 1945, la plupart des Américains sont rassemblés autour de leur poste de radio. Voilà quelques minutes déjà que leur président leur annonce qu'une bombe atomique vient de raser la ville d'Hiroshima. Harry Truman conclut son allocution par ces mots :

> Nous l'avons utilisée [la bombe] pour écourter l'agonie de la guerre, pour sauver les vies de plusieurs milliers de jeunes Américains. Nous continuerons à l'utiliser jusqu'à ce que nous ayons complètement détruit les forces qui permettent au Japon de faire la guerre. Seule une capitulation japonaise nous arrêtera.

Depuis ce jour, le débat sur le recours à l'arme atomique ne s'est jamais éteint. Les défenseurs des deux bombardements d'août 1945 assurent que ces derniers ont permis la capitulation de l'ennemi, évitant ainsi les lourdes pertes qu'aurait nécessitées une invasion du Japon. Les opposants au feu nucléaire soutiennent au contraire que cette décision était non seulement inutile à ce moment précis du conflit mais qu'elle relève d'un crime de guerre. S'il n'est pas question ici d'entrer dans cette controverse, il nous importe en revanche d'examiner un aspect précis autour duquel se sont articulés les débats : l'omniprésence des chiffres.

Si le président Truman a eu recours aux frappes nucléaires, c'est, suivant ses mots, pour épargner la vie de milliers d'Américains. Mais combien d'entre eux exactement auraient été sacrifiés dans une opération terrestre ? Là est la question. En amont de la décision de rayer deux villes de la carte du monde, il semble que nul n'ait calculé objectivement le nombre de pertes liées au projet d'invasion du Japon[1]. Certes, plusieurs estimations furent réalisées, mais elles variaient considérablement suivant que les calculs émanaient de sources favorables ou non à l'opération terrestre.

Voici quelques-uns des résultats les plus significatifs. Le 15 juin 1945, le *Joint War Plans Committee*[2] informe l'état-major qu'une invasion du Japon coûterait la vie à 40 000 sol-

1. Soit l'opération *Downfall*, elle-même divisée en deux phases : l'opération *Olympic* et l'opération *Coronet*.

2. Comité mixte d'études de guerre.

dats américains. Trois jours plus tard cependant, ce même comité remet au président Truman un nouveau rapport où il évalue les pertes à 250 000. Plus de six fois plus ! Mais la valse des chiffres n'est pas près de s'arrêter. Au mois de juillet de cette même année, le département de la Défense charge le scientifique William Shockley de procéder à un nouveau calcul. Celui-ci remet alors au secrétaire américain à la Guerre un dossier qui évoque un nombre de morts compris entre 400 000 et 800 000. Enfin, dans son rapport soumis à Truman, Herbert Hoover (qui fut président entre 1929 et 1933) mentionne pour la première fois la possibilité d'atteindre un million de morts[1]. Voilà un chiffre qui – si l'on peut dire – fait l'effet d'une bombe. Les dés sont jetés désormais. En effet, aucun chef de guerre ne donnerait son aval à une opération aussi coûteuse en vies humaines. Mais ce résultat était-il juste ? L'ordre de bombarder Hiroshima et Nagasaki aurait-il été donné si l'estimation des pertes américaines liées à l'invasion du Japon s'était maintenue autour de 40 000 ? Nul ne le saura jamais. Cependant, il est permis d'imaginer que la mention du nombre effroyable d'un million de morts n'a pas été pour rien dans la décision finale de recourir à l'arme atomique.

Ces différents calculs, réalisés en plein conflit, vont se poursuivre en aval de la capitulation japonaise. Soucieux de légitimer le recours à la force nucléaire, les responsables

1. Cf. Dennis M. Giangreco, « Casualty Projections for the U.S. Invasions of Japan, 1945-1946 : Planning and Policy Implications », *Journal of Military History*, n° 61, juillet 1997, p. 521-582.

politiques continuent d'avancer des chiffres qui gravitent pour la plupart autour du million de morts causés par une offensive terrestre. Les Alliés entrent alors dans la danse et brandissent à leur tour de nouveaux chiffres. Churchill est de ceux-là. Dans un discours prononcé devant la Chambre des communes britannique le 16 août 1945, il évoque pour la toute première fois un nombre supérieur au million de victimes potentielles :

> Des voix font valoir que la bombe n'aurait jamais dû être utilisée. Je ne peux pas m'associer à de telles idées. [...] Je suis surpris que des personnes dignes d'intérêt, mais qui dans la plupart des cas n'avaient pas l'intention de se rendre elles-mêmes sur le front japonais, adoptent la position selon laquelle, plutôt que de lancer cette bombe, nous aurions dû sacrifier un million d'Américains et un quart de million de vies britanniques dans le désespoir des batailles et des massacres d'une invasion du Japon.

Cette surenchère n'a rien d'anecdotique. Cette année-là, les mathématiques ont clairement été sollicitées pour influencer une décision politique ; puis, en aval de l'*executive order*, pour la légitimer aux yeux du monde. Mais quelle a été la méthode utilisée pour parvenir à de tels résultats ? Difficile de le savoir puisque la plupart des calculs prospectifs furent aussi confidentiels que subjectifs. Il semble toutefois que les premières estimations aient reposé sur l'examen des précédentes batailles terrestres menées au Japon. Après avoir évalué le nombre de soldats tués par kilomètre carré au cours de celles-ci, les conseillers militaires ont rapporté ce nombre à la superficie des terrains d'opération à conquérir.

Mais comment expliquer qu'un même calcul, effectué par plusieurs états-majors distincts, ait pu déboucher sur des résultats aussi différents ? Difficile d'imaginer que le fait de passer de 40 000 à un million relève d'une simple marge d'erreur.

Au sortir de la guerre, les opposants aux frappes nucléaires portent alors le débat sur le terrain de la légitimité morale, juridique et même religieuse, comme en 1946, où le Conseil fédéral des Églises évoque une « décision militaire irresponsable ». Par ailleurs, de nouvelles questions se posent. La décision de Truman cachait-elle simplement une volonté de prouver à la face du monde la puissance de feu des États-Unis ? S'agissait-il de précipiter l'issue de la guerre pour empêcher Staline d'envahir la Chine ? Face à ces différentes controverses, les tenants de l'arme atomique ont campé sur leur position et n'ont eu de cesse de brandir le nombre de victimes qu'aurait entraîné une opération terrestre. Un nombre, rappelons-le, qui a varié en quelques semaines de 1 à 25. Avant de faire parler la force, sans doute était-il nécessaire de faire parler les chiffres…

Qui veut gagner des millions ?

Deux hommes s'entretiennent dans un luxueux bureau de l'Ouest londonien. Les sièges rembourrés, les tables en bois précieux, le parquet luisant : tout y respire l'argent et le bon goût. Et encore, ce n'est là qu'une pièce parmi d'autres. Le joyau, c'est la salle du Conseil : garnie d'un tapis de Turquie, d'un buffet et d'un portrait du président de la compagnie, c'est un lieu où seuls les clients les plus fortunés ont le privilège d'entrer. Là, le président explique à son futur investisseur comment fonctionne son entreprise :

> B. est un petit marchand, un commis, un ecclésiastique, un artiste, un auteur, en un mot, ce que vous voudrez. [...] B. a besoin d'emprunter. Disons cinquante ou cent livres sterling ; peut-être davantage, mais n'importe. B. s'appuie sur deux cautions. B. est accepté. Les deux cautions s'engagent. B. assure sa vie pour le double du chiffre ordinaire, et procure deux assurances d'amis, pour patronner l'office. [...] B. est fanatisé, mon cher, et il fera tout ce qu'on voudra. [...] En conséquence, nous mettons à la charge de B. l'intérêt régulier : nous gagnons la prime de B. et celle des amis de B., et nous imputons à B. les frais du traité ; [...] et, de plus, nous faisons payer à B. quelque chose pour le secrétaire. En résumé, mon cher ami, nous poussons B. par monts et par vaux, et il nous constitue sur sa personne un petit revenu diablement gentil. [...] Alors, nous accordons des annuités aux termes les plus bas et les plus avantageux qu'on connaisse sur le marché ; et les vieilles dames, les vieux gentlemen du pays les achètent. Ah ! ah ! ah ! Et nous les payons... peut-être. Ah ! ah ! ah !

L'investisseur est aux anges : voilà de l'argent facile qui lui tend les mains, et spolier de braves gens ne lui pose aucun problème. Ce qu'il ignore, c'est que lorsque la compagnie fera faillite – et plus tôt qu'il ne le pense ! – il va lui aussi y laisser sa fortune. Seul le président ne semble pas s'émouvoir de la perspective de déposer le bilan : le jour venu, il changera une fois encore de nom, comme il l'a déjà fait en passant de Montague Tigg à Tigg Montague, habile subterfuge qui montre à quel point le monde de la finance retombe aisément sur ses pieds.

Rassurez-vous : tout cela n'est qu'une fiction née sous la plume de Charles Dickens. Dans son roman *Martin Chuzzlewit*, paru en 1844, l'auteur anglais prend un malin plaisir à dénoncer les compagnies d'assurance frauduleuses. Quelques lignes avant le passage cité plus haut[1], Dickens emploie une locution latine, « *Bis dat qui cito dat* » : « Qui donne vite donne deux fois ». Ce proverbe résume à merveille la clé de l'escroquerie et préfigure ce qui advint soixante-dix ans après la sortie du roman. Et une fois encore, la réalité a dépassé la fiction.

3 août 1920. Des milliers de personnes se pressent devant le 27 School Street à Boston. Leur cible : Carlo Pietro Giovanni Guglielmo Tebaldo Ponzi, plus connu sous le nom américanisé de Charles Ponzi, directeur d'un petit établissement censé vous rendre riche. Ponzi, un immigré italien qui fit fortune en un éclair, vous propose en effet de déposer de l'argent chez lui, qu'il vous rendra sous trois mois avec 50 % de bénéfice. Le plus beau, c'est que ça marche !

1. Tiré du chapitre 27 : Charles Dickens, *Vie et aventures de Martin Chuzzlewit*, traduction d'Alfred des Essarts, Hachette, 1866, tome II, p. 41.

Voilà plus d'un an qu'il a ouvert son guichet et les premiers à flairer le bon coup n'ont pas été déçus. Depuis, la nouvelle d'un placement miracle s'est répandue comme une traînée de poudre.

Le secret de Ponzi ? Il spécule sur les coupons-réponses internationaux, une invention de l'Union postale universelle qui consiste à envoyer un courrier à l'étranger, auquel le destinataire pourra répondre gratuitement en acquérant des timbres dans son pays – à hauteur du montant indiqué sur le coupon. Lorsque ce système est promulgué, en 1906, les monnaies sont relativement stables : la conversion de francs en livres sterling par exemple n'évolue pratiquement pas durant l'acheminement du courrier. Mais, au lendemain de la Première Guerre mondiale, les devises deviennent extrêmement instables ; si vous joignez à votre lettre un coupon-réponse équivalant à une livre sterling, il se peut qu'une fois en Angleterre il vaille trois fois moins, ou trois fois plus, en raison de la volatilité des taux de change.

C'est là-dessus que Ponzi entend jouer. Et ses talents de spéculateur semblent faire merveille puisque voici un an déjà que ses clients font d'énormes bénéfices. Mais, ce matin d'août 1920, les choses tournent mal : un trop grand nombre de personnes en même temps réclament leur argent. Ponzi se voit incapable d'honorer ses engagements. Il refuse même à ses clients de leur restituer leur mise de départ. Comment a-t-il pu en arriver là ? La réponse est plus simple qu'il n'y paraît : l'idée de génie de Ponzi n'est pas d'avoir spéculé sur les coupons-réponses, mais de n'avoir strictement rien fait. Sa machination consistait tout simplement à promettre à ses premiers clients un retour sur investissement mirifique sous trois mois ; au terme de cette période, il prouvait le bien-fondé de son système en leur rendant leur mise de départ augmentée de 50 %. Dès lors, flairant la bonne affaire, les investisseurs ont accouru de toutes parts, déposant des sommes toujours plus élevées. Les intérêts des premiers clients étaient alors réglés grâce aux dépôts des nouveaux venus. Et ainsi de suite. Seul problème : lorsque les investisseurs viennent à manquer, il devient impossible de payer tout le monde. Après avoir vécu comme un roi jusqu'à la découverte du pot au roses, Ponzi se retrouva tout naturellement en prison. Maigre consolation : sa petite machination lui permit de passer à la postérité puisqu'elle est désignée encore aujourd'hui sous le nom de chaîne (ou pyramide) de Ponzi.

Si l'Histoire a retenu le nom de cet escroc de haut vol, celui-ci ne fut pas le premier à avoir élaboré un tel système. Entre 1869 et 1872, Adele Spitzeder, une ancienne comédienne, devint la première fortune de Bavière grâce à l'une des premières banques de ce type, qui promettait à ses clients 10 % de gains tous les deux mois. Environ trente mille personnes y déposèrent l'équivalent de 400 millions d'euros et sa faillite provoqua une vague de suicides parmi les investisseurs. Quelques années plus tard, cela n'empêcha pas une certaine Sarah Howe d'ouvrir à Boston la Ladies' Deposit Company, une banque promettant aux femmes célibataires 8 % d'intérêt par mois. Quant à la France, elle ne fut pas en reste avec l'affaire Marthe Hanau, en 1928, ainsi que l'affaire Stavisky en 1934, qui conduisit à la terrible manifestation antiparlementariste du 6 février 1934, entachée d'une dizaine de morts.

Pourtant plus proches de nous, certaines affaires demeurent moins connues du grand public. La crise albanaise de 1997 est l'une d'elles ; provoquée par l'effondrement de plusieurs chaînes de Ponzi, elle a ruiné des millions d'habitants et précipité le pays au bord de la guerre civile. Dans l'effervescence de l'après-dictature d'Enver Hoxha, l'économie est en pleine croissance et des taux de rémunération très attractifs encouragent l'épargne des ménages albanais. De nombreuses sociétés frauduleuses en profitent pour appliquer les méthodes de ce bon vieux Ponzi. Mais le système s'écroule très vite. Les victimes accusent alors l'État d'avoir profité de cette manne et leur colère éclate quand le gouvernement refuse de les indemniser. De violentes émeutes font deux mille morts. Quant à l'économie du pays, elle connaît une terrible crise accompagnée d'une chute du pouvoir d'achat et du PIB, assortie d'une hausse du chômage.

Mais cela est encore peu de chose comparé à l'ampleur de l'affaire Sergeï Mavrodi. Celle-ci débute en 1989 lorsque ce financier russe crée la société MMM, à une époque où le pays est encore peu au fait des rouages du capitalisme. Arrêté en 1994 pour fraude fiscale, Mavrodi se fait élire à la Douma quelques semaines à peine après sa sortie de prison, obtenant ainsi l'immunité parlementaire. En 1997, il déclare sa société en faillite et disparaît de la circulation avant d'être rattrapé par la justice en 2003. En 2011, à nouveau libre, il crée la société MMM Global pour viser les marchés asiatique et africain en promettant 1 % d'intérêt par jour. Profitant de la misère de la population, l'homme d'affaires élabore alors la plus grande pyramide de Ponzi de l'Histoire, abusant de la confiance d'une dizaine de millions de Russes et, semble-t-il, d'une trentaine de millions de personnes à travers le monde. Quant aux montants mis en jeu, ils sont inestimables. Décédé en 2018, Mavrodi aurait même bénéficié d'un enterrement aux frais des investisseurs de MMM Global !

Si la particularité des pyramides de Ponzi réside dans la manipulation du chiffre, celles-ci reposent également sur le mur porteur des pratiques frauduleuses : l'opacité des comptes. À la suite du krach boursier du début des années 2000 ainsi que de la faillite retentissante de géants comme Enron ou WorldCom, où la manipulation des comptes se trouva au cœur du scandale, la loi Sarbanes-Oxley vit le jour. Ce texte ambitieux, adopté en 2002 aux États-Unis, obligeait les entreprises à publier leurs comptes, afin d'empêcher de tels cataclysmes de se reproduire. Mais existe-t-il un moyen de lutter efficacement contre la manipulation des données comptables ? Les plus ingénus en sont convaincus… Toujours est-il que, si l'intention de la loi Sarbanes-Oxley était bonne, elle ne permit nullement d'éviter la crise des subprimes, celle des dettes souveraines ni même l'affaire Madoff.

Ce dernier scandale fut sans doute l'un des plus retentissants de l'Histoire. Mais, à la différence de Charles Ponzi, le très médiatique Bernard Madoff plaçait bel et bien l'argent de ses clients dans des fonds à haut risque ; cependant, lorsque les rendements n'étaient pas assez élevés pour garantir ses promesses auprès de ses investisseurs, il appliquait la bonne vieille méthode consistant à prélever l'argent des nouveaux clients pour payer les anciens. Ce système mixte lui permit de poursuivre son activité durant quarante-huit ans, un record en la matière, mais aussi de devenir président du NASDAQ, le deuxième plus grand marché d'actions au monde. Cet autodidacte new-yorkais, petit-fils d'immigrés, symbolisait ainsi le rêve américain, lui qui, à l'âge de 22 ans, avait fondé une société d'investissements avec 5 000 dollars. En 2008, il est un milliardaire adulé lorsque la crise économique pousse ses clients à récupérer en masse leur argent. Il lui est hélas impossible de rembourser tout le monde : en décembre de la même année, il devait restituer sept milliards de dollars alors qu'il n'avait qu'un « petit » milliard à sa disposition. En juin 2009, il est condamné à cent cinquante ans de prison. Un an plus tard, l'un de ses fils, accusé d'avoir bénéficié des malversations de son père, se suicide.

D'étranges erreurs sur tableur Excel

Si ces différentes affaires concernaient des opérateurs privés, prêts à tout pour s'enrichir, que dire des manipulations issues d'organismes publics qui semblent a priori au-dessus de tout soupçon ? Et comment peuvent-elles perdurer sans éveiller les doutes ? La réponse tient en quelques mots : lorsque les chiffres mis en avant par un gouvernement s'appuient sur de prestigieuses études scientifiques, ils sont rarement contestés. C'est pourtant ce qui s'est passé récemment dans une université américaine.

Thomas Herndon n'est qu'un étudiant parmi d'autres. Il suit des cours d'économie à l'université du Massachusetts et rien ne le distingue encore de ses pairs. Rien non plus ne le prédestine à faire bientôt la une des médias. Pourtant, lorsque l'un de ses professeurs demande à ses étudiants de choisir une étude économique et d'en analyser les résultats, la vie de Thomas est sur le point de prendre un nouveau tour. Le jeune homme s'intéresse depuis longtemps aux politiques d'austérité, en particulier à leur impact sur la vie quotidienne des citoyens. En son for intérieur, il n'est pas convaincu qu'elles soient efficaces pour redresser la situation d'un pays. Voilà pourquoi il décide d'analyser un document de référence en la matière, publié en 2010 par la très prestigieuse *American Economic Review* et qui a conduit de nombreux États à opter pour des politiques de rigueur budgétaire. Cette étude, signée par Reinhart et Rogoff, s'intitule « La croissance en temps de dette [1] ».

Carmen Reinhart et Kenneth Rogoff sont d'éminents professeurs de Harvard ; tous deux sont passés par le Fonds monétaire international, dont Reinhart a même dirigé un

1. Carmen M. Reinhart et Kenneth S. Rogoff, « Growth in a Time of Debt », *American Economic Review*, vol. 100, n° 2, mai 2010, p. 573-578.

temps le département de la recherche. À partir d'une étude empirique, leur article montre que, si la dette extérieure brute d'un pays dépasse 60 % de son produit intérieur brut, alors la croissance annuelle diminue d'environ deux points de pourcentage ; et si elle dépasse 90 %, le taux de croissance peut devenir négatif. Plus clairement, cela signifie que la dette a un impact direct et majeur sur la croissance. Cet article, paru dans un contexte économique de récession mondiale, trouva une formidable audience non seulement au niveau académique mais également dans la sphère politique, offrant une légitimité scientifique aux politiques d'austérité qui frappaient la plupart des pays en difficulté.

Ce document, qui prouve que la relance économique passe nécessairement par le désendettement des États, intéresse tout particulièrement Thomas Herndon. Il reprend alors chacun des calculs sans toutefois parvenir aux mêmes résultats que Reinhart et Rogoff. Très tôt, il a le sentiment que quelque chose ne tourne pas rond. Il a beau faire et refaire les calculs liés à la croissance et à l'endettement des pays développés, il arrive toujours à cette même conclusion : au-dessus d'une dette de 90 % du PIB, la croissance moyenne des pays étudiés par Reinhart et Rogoff est non pas négative de 0,1 %, mais bel et bien positive de 2,2 % !

Stupéfait par sa découverte, Thomas Herndon alerte Michael Ash et Robert Pollin, deux de ses professeurs. Quand il leur présente ses conclusions, ceux-ci restent prudents. Ils n'imaginent pas un instant qu'une étude d'une telle portée puisse comporter une erreur de cette envergure. À leur tour, ils font et refont les calculs de Reinhart et Rogoff pour découvrir à quel moment leur étudiant s'est trompé. Mais ils parviennent très vite aux mêmes conclusions que lui : un article qui pèse depuis trois ans sur les politiques du monde entier s'avère erroné !

Le 15 avril 2013, tous trois publient alors une contre-étude intitulée « Une forte dette publique freine-t-elle substantiellement la croissance ? Une critique de Reinhart et Rogoff[1] ». L'étudiant et ses professeurs pointent une à une les erreurs dans le traitement des données, comme ces années manquantes durant lesquelles certains pays ont justement connu une forte croissance malgré un taux d'endettement élevé, des pondérations parfois plus que discutables ou encore l'« oubli » des performances économiques de l'Australie, de la Nouvelle-Zélande et du Canada au sortir de la Seconde Guerre mondiale. En marge de la mystérieuse disparition de certaines informations qui ne cadraient pas avec leur thèse, l'anomalie la plus stupéfiante reste cependant l'absence, sur tableur Excel, d'une pleine ligne comportant cinq pays pris par ordre alphabétique : l'Australie, l'Autriche, la Belgique, le Canada et le Danemark. Face à de telles négligences, Herndon, Ash et Pollin accusent leurs collègues de Harvard d'avoir écarté volontairement certaines cellules du tableur. Mais, que ces erreurs de calcul soient intentionnelles ou non – la question à ce jour n'est pas

1. Thomas Herndon, Michael Ash et Robert Pollin, « Does High Public Debt Consistently Stifle Economic Growth ? A Critique of Reinhart and Rogoff », *Political Economy Research Institute – Working Paper Series*, n° 322, 2013.

tranchée –, une chose est sûre : une fois corrigé, le document rejette clairement l'idée qu'au-delà d'un seuil de 90 %, l'endettement public nuirait fortement à la croissance d'un pays.

Tout d'abord mise en ligne, la contre-étude connaît un tel succès que l'hébergeur n'est plus en mesure d'en assurer la diffusion. Les médias prennent alors le relais et c'est bientôt le monde entier qui s'empare de l'affaire. Du jour au lendemain, Thomas Herndon est assailli de demandes d'interviews. Comme on pouvait s'y attendre, Carmen Reinhart et Kenneth Rogoff ne tardent pas à réagir. Dans plusieurs droits de réponse publiés par le *Financial Times* ou le *Wall Street Journal*, ils démentent avoir sciemment mis de côté certaines données. Tous deux reconnaissent cependant que certains de leurs résultats ont été faussés par des erreurs techniques sur tableur Excel. Dans une maladroite tentative de minimiser les conséquences de leurs négligences, les deux économistes ajoutent qu'ils n'ont fait qu'évoquer une corrélation et non une causalité entre endettement et récession. Mais leurs arguments ne convainquent personne. Et surtout pas Paul Krugman, prix Nobel 2008 d'économie, qui ne leur trouve aucune circonstance atténuante. Persuadé qu'une dette publique élevée n'est pas la cause d'une croissance molle mais plutôt sa conséquence, Krugman écrit en substance sur son blog qu'en réalité peu d'économistes avaient réellement adhéré aux conclusions de Reinhart et Rogoff. Cependant, il avoue qu'à aucun moment il n'avait imaginé que les conclusions de l'étude pussent résulter d'erreurs mathématiques aussi grossières. Il s'en amuse d'ailleurs publiquement dans un article publié par le *New York Times* le 18 avril 2013, titré ironiquement « The Excel Depression » :

> En cette ère de l'information, des erreurs mathématiques peuvent provoquer des désastres. Le robot Mars Orbiter s'est crashé parce que les ingénieurs de la NASA ont oublié de convertir leurs données en système métrique. Le trader de la banque JP Morgan surnommé London Whale a provoqué des pertes record parce que des modélisateurs ont confondu somme et moyenne. De la même manière, une erreur de codage sur tableur Excel a-t-elle détruit l'économie des pays occidentaux ?

Mais l'erreur est humaine. Et, en fin de compte, comme le suggère ce même Paul Krugman, « les vrais coupables sont tous ceux qui se sont emparés de ce résultat controversé ». Nombreux sont en effet les apôtres de la rigueur qui ont considéré cette étude comme l'une des tables de la Loi. C'est ainsi qu'en 2010 l'article fut cité par George Osborne, à peine nommé chancelier de l'Échiquier[1], comme un argument massue pour tailler dans les finances publiques. Membre du parti conservateur, Osborne avait prévenu qu'il serait plus intransigeant que Thatcher concernant le déficit britannique. En 2012, l'article fut utilisé par Paul Ryan comme base scientifique de la proposition de budget émanant du parti républicain à la Chambre des représentants,

1. Équivalent britannique du ministre des Finances.

qui fut acceptée sous le nom ambitieux de « The Path to Prosperity : Restoring America's Promise[1] ». De même, en 2013, le Finlandais Olli Rehn, alors commissaire européen aux Affaires économiques et devenu depuis gouverneur de la Banque de Finlande, cita les conclusions de l'article pour infléchir la politique européenne en faveur de l'austérité. Quant à la Grèce, pour son malheur, elle traversa la crise économique que nous évoquions plus haut au moment même où cette étude faisait autorité. C'est précisément en se réclamant des conclusions de Reinhart et Rogoff que la fameuse troïka – Commission européenne, Banque centrale européenne et FMI – conditionna son aide à l'adoption par Athènes de mesures d'austérité.

Mais il ne serait pas tout à fait exact d'affirmer que des erreurs de calcul soient les seuls responsables des conséquences de telle ou telle politique économique. La vérité est plus complexe. Le plus souvent, ce ne sont pas des études – correctes ou non – qui sont à l'origine de décisions politiques, mais bel et bien des gouvernements qui justifient leurs choix par des études. Les modélisations mathématiques servent alors de parfait alibi à une décision politique. Entre 2010 et 2013, celle de Reinhart et Rogoff tombait à pic : les deux économistes n'ont fait que mettre en équation ce que certains gouvernements voulaient entendre. Et quoi de mieux que d'obtenir la caution de deux professeurs de Harvard, anciens cadres du FMI, qui,

1. « La route de la prospérité : restaurer la promesse de l'Amérique ».

au dire de la Commission européenne, s'étaient livrés à de « sérieuses recherches » ?

Des torchons et des serviettes

Dans le débat public, l'un des grands problèmes posés par différents calculs résulte de leur relative incompréhension, ce qui conduit nombre de citoyens, journalistes et politiques à amalgamer des nombres totalement hétérogènes ou à les interpréter de façon abusive. L'évocation des pourcentages ne fait pas exception à la règle. Très populaires au moment des soldes notamment, ces derniers ne semblent pas a priori une donnée mathématique difficile à appréhender. Pourtant, lorsqu'on prend la peine de s'y arrêter, ce fameux signe % engendre toutes sortes d'erreurs ou de manipulations. Ainsi, en 2013, lorsqu'un consultant en économie démontre sur le plateau d'un journal télévisé comment 6 % d'augmentation des tarifs d'EDF par an, sur cinq ans, correspondent tout naturellement à une augmentation de 30 % au bout de cinq années, nul autour de lui n'y trouve à redire. L'intuition cependant est inexacte. Car augmenter un nombre de 6 % revient à le multiplier par 1,06. Par conséquent, une augmentation de 6 % pendant cinq ans équivaut à multiplier ce nombre par $1{,}06^5$ soit 1,338. Ainsi, puisque 1,338 = 1 + 33,8 %, l'augmentation sur cinq ans n'est pas de 30 % mais de 33,8 %.

Il s'agit là toutefois d'une erreur bénigne qui révèle une parfaite incompréhension du calcul des pourcentages mais ne change pas radicalement le résultat. En revanche, imaginons un candidat à une élection régionale qui, afin de critiquer le bilan d'un concurrent, additionnerait allègrement les 28 % de hausse de la taxe d'habitation avec les 50 % d'augmentation de l'impôt foncier pour affirmer que la fiscalité locale a bondi de 78 %. Cette fois, l'erreur serait d'une tout autre ampleur. Imaginons pour simplifier notre propos que la taxe d'habitation soit passée de 100 euros à 128 euros (augmentation de 28 %), et l'impôt foncier de 100 € à 150 € (augmentation de 50 %), alors, le total des deux est passé de 200 à 278 €, ce qui constitue une augmentation de 39 %, soit moitié moins qu'annoncé par notre candidat ! Un pourcentage ne mesure en effet que le rapport d'une partie à un ensemble donné, il n'est en rien un nombre existant dans l'absolu qu'il conviendrait d'additionner avec un autre nombre.

Un autre terrain de prédilection des approximations liées aux pourcentages est celui des résultats électoraux, les journalistes ou les personnalités politiques les interprétant parfois de manière erronée. Comparer par exemple le résultat d'un parti politique à deux élections différentes en considérant le pourcentage obtenu par celui-ci n'a aucun sens. Un candidat à l'élection présidentielle qui obtiendrait 3 millions de voix puis 3,5 millions au scrutin suivant pourrait très bien voir son score passer de 12 % des votes à 10 %. Tout dépend en effet du nombre d'électeurs qui se rendraient aux urnes. Prendre en compte le pourcentage par rapport au nombre d'inscrits (moins variable que le taux de participation) aurait en revanche davantage de sens. Ainsi, selon que vous voudrez encenser ou déprécier le résultat d'un candidat, vous mentionnerez le nombre de voix qui lui sont attribuées ou bien le pourcentage de celles-ci au regard des votes exprimés. Et si vous souhaitez tout particulièrement déconsidérer son score, vous le diminuerez en recalculant cette fois le pourcentage de voix obtenues par rapport au nombre d'inscrits sur les listes, soit le corps électoral dans son ensemble.

Mais le rapport entre dialectique et mathématique peut s'avérer plus pernicieux encore. Conscients des confusions fréquentes engendrées par le calcul des pourcentages, les responsables politiques ont vite compris le bénéfice qu'ils pouvaient tirer de ces ambiguïtés. Certains termes, en effet, permettent de minimiser considérablement le montant d'une augmentation d'impôt. Comme un grand nombre de contribuables pensent d'instinct que passer de 5 % à 10 % revient à une augmentation de 5 %, et non de 100 %, d'habiles communicants se sont mis à jouer de cette erreur commune sans pour autant risquer d'être accusés de mensonges. Pour cela, ils utilisent le concept bien commode de *point de pourcentage*.

Prenons l'exemple de M. X qui, sur son salaire de 2 000 euros, s'acquitte chaque mois d'un prélèvement obligatoire Z à hauteur de 100 euros. Quand, en écoutant la radio d'une oreille distraite, il apprend de la bouche d'un ministre que le prélèvement Z va augmenter de 2 points de pourcentage, passant ainsi de 5 % à 7 %, il ne s'en émeut pas outre mesure. À la fin du mois cependant, en découvrant que ce n'est pas 102 euros mais 140 euros qui sont désormais prélevés sur son salaire, il se demande si on ne lui a pas menti. Eh bien non. Le ministre a simplement joué à son avantage de certains termes afin de minimiser l'effet d'annonce. Au lieu d'avouer que le prélèvement au titre de la taxe Z augmenterait de 40 %, ce qui aurait fait bondir plus d'un salarié, il a préféré évoquer une hausse de 2 points de pourcentage, une expression qui rend la pilule moins amère, même si cela ne change absolument rien à la somme que ce bon M. X va débourser.

Bien d'autres termes encore restent teintés d'ambiguïté, comme *fortune*, *patrimoine*, *revenus*, qui, lorsqu'ils sont pris les uns pour les autres, engendrent parfois des erreurs considérables. Rappelez-vous Guy Abeille, alors jeune conseiller du ministère des Finances qui, critiquant sa propre règle relative au ratio déficit sur PIB, affirmait qu'elle revenait à additionner des choux et des carottes[1]. Il s'agit là en effet de l'une des erreurs mathématiques les plus fréquentes : comparer des données qui n'ont rien en commun. Voilà comment on en arrive à énoncer des absurdités qui n'ont que le vernis de la cohérence. L'une d'elles prétend par exemple que la fortune de Bill Gates équivaut au PIB du Portugal. Difficile de savoir d'où provient cette formule, publiée depuis de nombreuses années et dans plusieurs pays sur les réseaux sociaux, et reprise – à moins qu'il en soit l'auteur – par l'écrivain Frédéric Beigbeder dans son roman *99 francs*, paru en 2000.

Certes, cette affirmation, avec ses variantes qui évoquent tantôt le PIB de la Bulgarie, tantôt celui de l'Afghanistan, ne

1. Voir chapitre 7.

porte pas à conséquence car elle n'entraîne aucune décision politique ni judiciaire. Elle est révélatrice cependant d'une tournure de pensée biaisée. Car comparer la fortune d'un homme d'affaires au PIB d'un État n'a guère de sens ; cela revient à mettre un patrimoine personnel dans un plateau de la balance et la richesse créée annuellement par un État dans l'autre. Cela n'a rien à voir. Mais sans doute faut-il chercher derrière cette annonce une insinuation insidieuse : Bill Gates serait plus riche à lui tout seul que le Portugal, ou tel autre pays. Ce qui est archifaux. Pour nous en convaincre, comparons ce qui est comparable, soit le patrimoine de l'homme d'affaires américain, ses villas, ses immeubles, ses voitures, ses terrains, à celui du Portugal, avec ses sites archéologiques, ses palais, ses châteaux, ses cathédrales millénaires, ses toiles de maîtres, ses statues, ses églises, ses vignobles, son industrie, ses forêts ou ses différents sites classés au patrimoine mondial de l'Unesco. Si l'on estimait l'ensemble du patrimoine de Bill Gates et l'ensemble du patrimoine du Portugal, lequel des deux, selon vous, aurait le plus de poids dans la balance ?

Enfin, une dernière ambiguïté lexico-mathématique concerne le concept de salaire moyen, qui est très différent du salaire médian. Le salaire médian correspond au salaire qui sépare la population en deux moitiés égales : 50 % des gens gagnent moins que le salaire médian et 50 % des gens gagnent plus. Cette propriété n'est pas vérifiée par la moyenne. Le salaire moyen lui-même peut par ailleurs changer suivant la manière dont il est calculé : comme nous l'avons vu plus haut avec Pythagore[1], il existe une moyenne arithmétique mais aussi une moyenne géométrique ainsi qu'une moyenne harmonique (et beaucoup d'autres encore !). Et comme ces modes de calcul sont différents, leurs résultats divergent tout naturellement, ce qui laisse la possibilité à chacun, suivant le sens qu'il souhaite donner à son calcul, d'opter pour l'une de ces méthodes : la médiane, la moyenne arithmétique ou la moyenne géométrique.

Pour y voir plus clair, considérons une entreprise qui compte 10 salariés ; 9 d'entre eux touchent 1 500 euros par mois tandis que le directeur s'adjuge un traitement de 6 550 euros mensuel. Afin de prouver qu'il est généreux avec ses employés, ce dirigeant annonce que la rémunération moyenne de sa société dépasse les 2 000 euros par mois (2 005 € exactement). Libre à lui en effet d'avoir additionné les 10 salaires puis divisé le tout par le nombre d'employés, lui y compris, pour avancer un nombre qui lui convient. Cependant, ce résultat ne rend pas vraiment compte de la nette disparité des revenus dans l'entreprise. En utilisant la méthode de la médiane, le salaire s'élèverait en effet à 1 500 euros. Quant à la rémunération calculée suivant la moyenne géométrique, chère à Pythagore, et qui consisterait ici à multiplier le montant des revenus de chacun avant d'en extraire la racine dixième, elle s'élèverait cette fois à 1 738 €.

Trois méthodes, trois résultats et trois significations qui prouvent qu'il importe toujours de savoir de quoi l'on parle

1. Voir chapitre 1.

exactement quand il est question de salaire moyen, qu'il s'agisse d'une entreprise mais aussi d'une nation. Car comparer le salaire moyen de tel ou tel fonctionnaire à celui de ses homologues étrangers est devenu un exercice récurrent dans le champ médiatique. Nos médecins, nos policiers, nos professeurs, nos militaires, nos pompiers, nos députés sont-ils mieux ou moins bien payés que ceux de nos voisins ? Voilà le type de question auquel se proposent de répondre certains journalistes, et même le gouvernement lorsqu'il s'agit par exemple d'éteindre la grogne de telle catégorie professionnelle qui réclame une hausse de salaire. A priori, le calcul est à la portée de tous : il suffit d'effectuer la moyenne des salaires hors de nos frontières pour une profession donnée et de la comparer aux grilles de rémunération nationale. Sauf que la simplicité n'est ici qu'apparente. De nombreux pièges menacent en effet les enquêteurs, qui commettent (trop) souvent toutes sortes de confusions – à moins qu'il ne s'agisse d'une manipulation volontaire destinée à stigmatiser une profession…

Pour éclaircir ce point, examinons une enquête qui affirmerait haut et fort que les scaphandriers français – ou, si vous préférez, les goûteurs d'eau ou encore les gardiens de phares – sont mieux payés que leurs voisins puisqu'ils gagnent 2 000 euros par mois quand ces derniers touchent en moyenne 1 700 euros. Il faudra bien entendu s'assurer dans un premier temps que les comparaisons considèrent bien le salaire net ou brut de part et d'autre, ce qui est loin d'être le cas. Ensuite, comme nous venons de le voir, il conviendra de savoir si le montant affiché des salaires étrangers résulte du calcul d'une moyenne ou d'une médiane. Enfin, et nous touchons ici à la principale source d'ambiguïtés de ce genre d'étude, il faut s'interroger sur ce qu'implique le fait de confronter deux pays. Plusieurs consultants économiques évoquent en effet une comparaison avec les pays *voisins*, alors que l'enquête sur laquelle ils s'appuient prend en compte l'ensemble des pays de l'OCDE. En pareil cas, suivant l'adage, comparaison n'est pas raison. Mettre en parallèle le salaire d'un Français et celui d'un Chilien n'a aucun sens. Le plus souvent pourtant, les enquêteurs effectuent une conversion en euros à partir du taux de change courant avec le peso, le dollar, la livre sterling, le rouble, le yen ou le yuan. Mais le salaire n'est qu'un chiffre : ce qui compte réellement, c'est ce que l'on peut en faire concrètement pour avoir un toit et de quoi manger. Or, le pouvoir d'achat d'un salarié dépendant du coût de la vie dans son pays, cette simple conversion fausse considérablement le débat. Le salaire du gardien de phare de Cordouan, en Gironde, est certes plus élevé que celui de son collègue qui officie en mer Rouge, au large du Soudan, mais les prix des biens de consommation sont très différents suivant que vous faites vos courses à Soulac-sur-Mer ou à Tokar ! Voilà pourquoi, afin d'obtenir une estimation plus juste, il convient plutôt de considérer le taux de parité de pouvoir d'achat (PPA), une méthode qui n'est certes pas parfaite (de fortes variations de prix existant à l'intérieur même d'un pays : il suffit de considérer la différence des loyers entre Paris et Lorient) mais qui s'efforce néanmoins de donner davantage de sens à la comparaison.

Polluer moins pour polluer plus (et inversement)

Comme nous l'avons vu dans le chapitre précédent, tout indicateur statistique, en devenant une fin en soi, est susceptible d'être manipulé : certains aspects sont présentés sous leur meilleur jour quand d'autres sont masqués. C'est exactement ce qui s'est produit avec le « Dieselgate ». Pour pouvoir être commercialisés, les véhicules automobiles doivent subir une batterie de tests dont certains ont trait à la pollution générée par le moteur. Comment faire, se sont alors demandé les constructeurs d'une voiture particulièrement polluante, pour qu'un véhicule choisi au hasard devienne soudain beaucoup plus propre le jour du test ? Le défi était de taille...

Mais les ingénieurs ont plus d'un tour dans leur sac. Aux États-Unis, Volkswagen avait remarqué que l'Environmental Protection Agency (EPA), l'agence chargée des tests, utilisait un protocole identique durant ses contrôles : le volant était immobile, la vitesse régulière, le capot relevé, les roues arrière restant fixes. Pourquoi, dans ce cas, ne pas modifier le code informatique du moteur afin qu'il sache repérer ces différents éléments avant d'activer au maximum le dispositif antipollution ? Aussitôt dit, aussitôt fait. Voilà comment l'agence de contrôle tomba dans le panneau et décréta que les véhicules testés étaient parmi les plus propres du marché. Mais puisqu'un tel dispositif existe, vous direz-vous, pourquoi ne pas l'utiliser tout le temps ? Tout simplement parce qu'il augmente la consommation de carburant et diminue les performances du moteur. Or, le client lambda s'intéresse davantage à son portefeuille et à la puissance de son bolide qu'à l'environnement. Il est donc plus pertinent, toujours du point de vue du constructeur, de pousser au maximum le dispositif antipollution en phase de test, et de le réduire le reste du temps. Le client dépense moins d'argent et l'EPA mesure une faible pollution : tout le monde est content. Voilà comment, de 2009 à 2015, Volkswagen est parvenu à promouvoir son « Clean Diesel » qui n'était réellement « clean » que lors des tests. Au point même que, grâce à ce subterfuge, la Volkswagen Jetta fut élue en 2009 « Green Car of the Year » !

Tout allait donc pour le mieux dans le meilleur des mondes lorsqu'une ONG, l'International Council on Clean Transportation (ICCT), se mit à jouer les trouble-fête. En 2012, elle lance une étude sur la pollution induite par une dizaine de voitures européennes. Les normes américaines étant plus drastiques que celles en vigueur en Europe, l'ICCT souhaite également comparer la pollution des voitures européennes avec celle de trois voitures produites aux États-Unis, dont la Volkswagen Jetta, une référence en la matière. Malheureusement pour le célèbre constructeur allemand, l'ICCT n'use pas du même protocole que l'EPA : les tests sont menés ici en condition de conduite réelle. Le moteur n'est alors plus en mesure de détecter qu'il est soumis à un contrôle. Les résultats réels ne tardent pas à tomber et ils sont effarants : la Jetta émet vingt fois plus d'oxyde d'azote que le seuil maximal autorisé en Europe, pourtant moins drastique que le seuil américain. Volkswagen feint l'étonnement : il doit y avoir un problème technique. Des tests complémentaires sont aussitôt diligentés et accablent le constructeur : en septembre 2015, le scandale éclate. Il provoque la démission du président du directoire qui nie avoir eu vent de cette fraude organisée ; deux jours plus tard, le nouveau directeur général porte plainte et annonce une enquête interne. Ce sont au final plus de 11 millions de véhicules qui s'avèrent concernés par la fraude. Entre l'indemnisation de ses clients et les procès qui lui sont intentés par les autorités américaines, Volkswagen débourse environ 23 milliards de dollars pour réparer sa bévue. Aux États-Unis, l'un des dirigeants de la marque est même condamné à sept ans de prison et 400 000 dollars d'amende.

Ce scandale, le plus gros de l'histoire de l'industrie automobile, est riche d'enseignements. Il prouve une fois encore que, face à des tests quantifiés, la tentation est grande de manipuler les contrôles afin de rendre les chiffres vides de sens. Il nous apprend également qu'établir un même protocole pour un test est certes pertinent pour la confrontation des résultats (tous les moteurs auront subi exactement le même contrôle) mais facilite d'autant l'adaptation et la manipulation. Imaginez une interrogation écrite dont vous connaîtriez le sujet à l'avance : vous sauriez aisément quel type d'antisèche mettre dans votre trousse. L'effet de surprise – Sun Tzu et Machiavel nous l'ont suffisamment répété ! – demeure la meilleure des armes : c'est grâce à un nouveau protocole que la supercherie des moteurs Volkswagen a été dévoilée. Ainsi, face à un adversaire qui nous connaît par cœur, il s'avère parfois judicieux de ne pas décider soi-même du prochain coup : abandonner la décision à un tiers rendra par exemple notre action tout à fait imprévisible. C'est ce qu'a fait astucieusement le fantasque Nick Kyrgios en 2019, lors du tournoi de tennis de Washington, en demandant à une spectatrice où servir sa balle de match ; plus imprévisible que jamais, il a ainsi remporté le tournoi.

Tout cela s'apparente à un jeu du chat et de la souris. Et parfois, la souris peut prendre des allures de tigre. Mais si Volkswagen a joué à truquer à la baisse les chiffres mesurant la pollution de ses moteurs, il semble que les constructeurs les truquent désormais… à la hausse ! Le Joint Research Center (centre d'études scientifiques) de la Commission européenne a en effet révélé en juillet 2018 que les émissions de CO_2 déclarées par des constructeurs étaient supérieures à la réalité. Quelle mouche a donc bien pu piquer l'industrie automobile pour déclarer de tels chiffres ? L'idée est bigrement astucieuse : puisque l'Europe exige des industriels qu'ils réduisent leurs émissions de CO_2, il leur suffit de gonfler leurs chiffres pour se voir assigner des objectifs plus faciles à atteindre ! Si vous annoncez être actuellement à 100, on vous demandera d'atteindre 80. Mais si vous prétendez être à 110, on ne vous demandera d'atteindre que 90. L'objectif étant par ailleurs moins élevé, la dépense pour y parvenir sera tout naturellement moindre. Pour l'instant, aucune marque en particulier n'a encore été officiellement pointée du doigt. Mais peut-être découvrirons-nous bientôt un nouveau scandale…

Une dernière astuce pour réduire artificiellement la pollution consiste à l'exporter. Un État va ainsi diminuer son empreinte carbone et faire disparaître de ses indicateurs statistiques écologiques des millions de tonnes de polluants. Si exporter ses déchets relève parfois de la bonne cause (les téléphones portables contiennent par exemple des métaux rares que seules certaines entreprises étrangères sont capables de recycler), ce sont le plus souvent des matières plastiques que l'on expédie à l'autre bout du monde pour ne pas avoir à subir les fumées toxiques qu'implique leur traitement.

Depuis quelques décennies, le commerce des déchets est devenu un marché porteur qui permet de reverdir les pays occidentaux au détriment des pays dits en voie de développement. En 2010, les États-Unis représentaient à eux seuls 26 % des exportations mondiales de déchets, sachant qu'ils n'en importaient que 4,4 %. À l'inverse, la Chine en importait 27,7 % et n'en exportait que 3 %[1]. Et encore, il ne s'agit là que de statistiques officielles : l'ONG Basel Action Network a en effet équipé de traqueurs des imprimantes vendues aux États-Unis afin de suivre leur trajet une fois mises à la poubelle. Un tiers d'entre elles s'est retrouvé illégalement en Asie.

Depuis 2018, la Chine a fermé ses portes à de nombreux déchets afin d'endiguer le désastre écologique qui gangrenait le pays. Depuis des années en effet, l'horizon des Chinois était saturé par des montagnes de plastique et des nuages toxiques, une situation que la classe bourgeoise

1. Cf. Centre d'études prospectives et d'informations internationales, *L'Économie mondiale 2013*, La Découverte, « Repères », 2012.

émergente n'est plus encline à supporter. À Bruxelles, le directeur du Bureau international du recyclage, le Français Arnaud Brunet, confiait à ce propos :

> C'est un séisme [...]. Cela a mis notre industrie en situation de stress car la Chine est tout simplement le premier marché mondial pour l'exportation de matières recyclables[1].

Nous ne voudrions pas, nous Français, Américains, Allemands, habiter à côté d'une décharge où le monde entier viendrait déverser des millions de tonnes de plastique. Alors, nous exportons discrètement nos déchets loin de chez nous, rassurés par le fait que les maladies causées par ces dépôts ne nous affecteront pas. Par ailleurs, comble de l'hypocrisie, cette démarche nous permet non seulement de rendre nos pays plus verts, mais également de gonfler nos indicateurs statistiques et notre performance écologique ! Alors, quand la Chine se rebiffe, c'est le monde entier qui tremble. Mais, fort heureusement pour nous, d'autres pays sont prêts à prendre la relève : Hong Kong semble être une destination très prisée pour l'exportation illégale de matières polluantes, le Nigéria accueille de nombreux équipements électroniques usagés, etc. Soit autant de pays prêts à prendre le relais sans toutefois émouvoir le reste du monde.

---

1. « Déchets : la Chine ferme sa poubelle, panique dans les pays riches », *Le Point*, 21 janvier 2018.

Chiffrer l'opinion pour mieux l'orienter

Une empreinte carbone à la baisse, une performance écologique à la hausse : truquer les indices porte décidément ses fruits. Mais lorsque la manipulation des chiffres ne suffit plus, certains s'amusent alors à en créer de toutes pièces. Ces derniers sont tout à la fois vrais et faux, ce qui les place dans une zone grise particulièrement complexe à appréhender. Un exemple très répandu aujourd'hui consiste à générer des milliers de faux profils sur les réseaux sociaux pour « créer du *like* ». Cette technique n'a pas attendu Internet pour émailler la vie publique. Dans son *Jules César*, William Shakespeare évoquait déjà cette méthode par la voix de Cassius :

> César a une dent contre moi, mais il aime Brutus. Là, si j'étais Brutus et lui Cassius, il ne flatterait pas mon humeur. Je vais cette nuit, signés par des mains différentes, jeter par ses fenêtres, comme provenant de divers citoyens, ses écrits, portant tous sur la haute opinion que Rome tient de son nom, mais où des traits voilés seront décochés contre l'ambition de César[1].

C'est exactement ce que va subir au milieu des années 1980 le sénateur du Texas Lloyd Bentsen (1921-2006). Sur le modèle imaginé par Cassius, des centaines de

---

1. Derniers mots de la scène 2 de l'acte I, traduction Jérôme Hankins, *Tragédies*, tome I, Gallimard, « Bibliothèque de la Pléiade », 2002.

lettres lui sont adressées par des expéditeurs fantômes : derrière ces plis se cache le lobbying des compagnies d'assurance désireuses de défendre leurs intérêts. Mais le sénateur ne tombe pas dans le piège de ces faux *grassroots movements*[1] ; il s'en amuse même en filant la métaphore : « Un Texan sait faire la différence entre de la vraie herbe et de l'AstroTurf[2]. » De cette petite histoire est né le terme *astroturfing*, également employé en français, qui consiste à faire du chiffre en simulant l'activité d'une foule inexistante.

Les grands prêtres du marketing ont très tôt perçu l'intérêt qu'il y avait à jouer avec de faux chiffres afin de promouvoir un produit. Parmi les secteurs qui se sont emparés de ce filon, le plus inattendu est sans doute celui de l'édition. Au début des années 2000, plutôt que de mettre en avant les qualités d'un roman, sa portée, sa profondeur, de grandes maisons décident d'affubler certains de leurs livres d'un bandeau mentionnant le nombre de ses lecteurs. Le message sous-jacent est limpide : la quantité prime désormais sur la qualité. Ou plutôt, l'intérêt d'un roman se réduit au nombre de ceux qui l'ont lu. Nous voilà bien loin en tout cas du « *To the happy few* » ajouté par Stendhal à la fin de *La Chartreuse de Parme.*

Outre cette triste *reductio ad numerum* d'une œuvre

---

1. Expression anglophone qui désigne les mouvements issus des « racines d'herbe », c'est-à-dire les mouvements citoyens spontanés.

2. L'AstroTurf est une pelouse synthétique utilisée dans les stades de football américain.

romanesque, ce procédé pose problème : celui de sa véracité. Car le nombre d'ouvrages réellement écoulés par une maison d'édition est parfois aussi impénétrable que les livres de comptes d'un banquier suisse. Et quand il est rendu public, il reste invérifiable. Lorsqu'il s'agit de savoir à combien d'exemplaires s'est vendu un titre donné, la réponse de l'éditeur confond parfois volontairement ce chiffre avec celui du tirage, ou bien avec celui de la mise en place en librairie, duquel il faudrait en réalité retrancher les retours (ou invendus) pour obtenir un résultat plus probant. Par ailleurs, certains exemplaires restés en magasin, et qui constituent le fonds d'un libraire, sont considérés de manière comptable comme des ventes alors que ce sont encore des livres sans lecteurs. Ajoutons à ce flou artistique que les chiffres sortis de leurs chapeaux par les éditeurs sont étonnamment ronds. Sans être particulièrement suspicieux, il est permis d'imaginer que ceux-ci ont été arrondis à la hausse plutôt qu'à la baisse, sans savoir toutefois à quelle hauteur s'est effectuée cette opération. Lorsqu'un bandeau, le plus souvent rouge vif, annonce : « Déjà 200 000 lecteurs », s'agit-il en réalité de 198 974 ou bien de 149 072 ? Nul ne le saura jamais…

Mais comme nous l'avons vu avec les faux courriers reçus par le sénateur Bentsen, c'est principalement dans la sphère politique que s'épanouit l'astroturfing. Bien avant le scandale du Watergate qui le poussa en 1974 à la démission, le président Richard Nixon s'était illustré, à peine élu, dans une curieuse entreprise de manipulation. Entre 1969 et 1971 il se faisait envoyer des télégrammes de soutien par de prétendus citoyens qui n'étaient autres que des membres de sa propre équipe, une opération destinée à exagérer artificiellement le nombre des partisans de la guerre au Vietnam et renverser l'opinion publique en sa faveur.

Gonfler artificiellement le chiffre de ses soutiens spontanés est toutefois loin d'être une spécialité américaine. En 2010 et 2012, le Service national de renseignement sud-coréen a mis en place une trentaine d'équipes recrutant des citoyens pour soutenir et propager sur la Toile l'action du gouvernement en place, tout en dénonçant les opinions adverses comme des tentatives d'ingérence nord-coréenne. Cette stratégie a mené à la victoire du parti au pouvoir lors de la campagne présidentielle de 2012 avec l'élection de Park Geun-hye, première femme à la tête du pays. Ce n'est donc pas la qualité ni la pertinence d'un propos qui compte, ni même qu'il soit étayé ou non, seul le chiffre lui confère un crédit.

Les autorités chinoises ont également pris conscience de l'intérêt stratégique qu'il y avait à multiplier de manière exponentielle le chiffre des partisans du régime. Voilà comment le gouvernement rémunère des dizaines de milliers d'individus pour poster sur différents forums des commentaires favorables à sa politique. On appelle cette armée le « 50 Cent Party » ou Parti des 50 centimes, en référence au montant, en yuans, attribué en échange de chaque message. Ainsi, lorsqu'un internaute se plaint par exemple des violences policières, il ne faut que quelques minutes pour que des dizaines de commentaires favorables à la police apparaissent comme par magie et que l'auteur du premier message devienne la cible des critiques. Tout cela est par ailleurs très cohérent avec la Constitution chinoise dont l'article 15 énonce : « L'État interdit, conformément à la loi, à toute organisation ou individu de perturber l'ordre socio-économique. » Le gouvernement a bien perçu qu'Internet représentait le plus grand espace de liberté en Chine ; il s'y est donc attaqué en l'infiltrant afin que les internautes puissent se laisser librement influencer.

Sommes-nous plus vertueux en matière d'astroturfing ? Il ne semble pas. L'image que nous avons aujourd'hui de la démocratie pourrait presque – et à tort – se résumer à l'opinion publique, ou du moins à ce que l'on croit qu'elle véhicule. Dans ce cadre, il est fondamental de se faire remarquer en créant de faux chiffres : cela permet notamment de donner une légitimité à une posture politique. De plus en plus souvent, les journaux télévisés prennent en effet quelques minutes pour présenter les tweets les plus partagés. Par ailleurs, les médias traditionnels se font un plaisir de montrer la « vidéo du jour », ainsi qualifiée parce qu'elle a généré un million de vues en moins de vingt-quatre heures. Mais imaginez que ce million de vues ait été aidé, si ce n'est fabriqué de toutes pièces, par une foule imaginaire ; eh bien, cela ne changerait absolument rien à la donne, car le chiffre des vues importe bien plus que leur réalité.

Rien en effet ne permet de différencier un vrai *like* d'un faux *like* sous une publication, une image, une vidéo. Voilà pourquoi les vendeurs de clics abondent sur Internet. Des masses de *followers* sortis de nulle part aux milliers de *retweet* artificiels, en passant par une foule de nouveaux fans de votre page Facebook, tel est leur fonds de commerce. Et le discours de ces marchands de chiffres est bien rodé : si votre compteur de vues et de petits pouces levés tourne à plein régime, vous obtiendrez davantage de crédibilité, davantage de trafic sur vos pages, un meilleur référencement de votre site… voire l'estime de vos amis, puisque rien ne semble aujourd'hui flatter davantage l'ego qu'une publication qui s'emballe sur les réseaux sociaux. Le tout, en vous garantissant un complet anonymat : nul ne saura jamais que vous aurez fait appel à un service payant. Pour cela, 1 000 nouveaux fans Facebook ou Instagram vous coûteront en moyenne entre 30 € et 50 €, quant aux *likes* sous vos vidéos, ils se monnaient généralement autour de 30 € les 1 000.

Plutôt qu'un discours politique étayé et convaincant, vous avez donc tout intérêt à générer du *like* et du *retweet*. Tôt ou tard, les médias s'en feront l'écho car il est difficile de faire abstraction de l'avis d'un million de personnes sans renier une part de la démocratie. Ainsi, l'ère des petites phrases et des bons (ou mauvais) mots a aujourd'hui atteint son paroxysme : non parce que la petite phrase est plus facile à répéter – les petites phrases ont toujours existé – mais parce que les réseaux sociaux l'ont rendue quantifiable. Désormais, c'est moins la pertinence d'un propos qui décide de sa portée que le chiffre de sa portée qui décide de sa pertinence.

9.

Connais-toi toi-même (et surtout les autres !)

« Écoutez-moi : mon institut recourt aux méthodes scientifiques les plus modernes : graphologie, pathographie, hérédité, calcul des probabilités, statistique, psychanalyse, psychologique abyssal, etc. Nous recherchons les éléments scientifiques des faits ; car tous les événements du monde obéissent à des lois, à des lois éternelles ! [...] La science, la détectivistique moderne restreignent de plus en plus le domaine du hasard, du désordre, de la prétendue individualité. Il n'y a pas de hasard ! Il n'y a pas de faits ! Eh oui ! Il n'y a que des rapports scientifiques. »

Robert Musil,
Les Exaltés[1].

1. *Les Exaltés* (1921), traduction Philippe Jaccottet, Seuil, 1963, p. 58-59.

Du rêve de l'automate à la réalité de l'algorithme

Les algorithmes vont nous priver de liberté et bientôt nous détruire : voici l'un des principaux traits de la pensée dominante. Comment en sommes-nous arrivés à une telle conclusion ? C'est sans doute parce que nous ignorons ce qu'est véritablement un algorithme que nous y voyons une sorte d'intelligence artificielle maléfique.

En réalité, un algorithme est un processus : on y suit, étape après étape, des instructions dans un ordre précis afin d'aboutir à un résultat. Ainsi, une simple recette de cuisine est considérée comme un algorithme : une méthode séquencée et rien de plus. En mathématiques, les algorithmes ont semble-t-il toujours existé : compter, c'est procéder à un algorithme implicite consistant à prendre le premier nombre – zéro ou un – et à ajouter un à chaque fois pour obtenir le nombre suivant. C'est d'ailleurs sous cette forme que l'arithmétique fut axiomatisée par Giuseppe Peano à la toute fin du XIXe siècle. Il n'y a donc rien d'étonnant à ce que l'on trouve des algorithmes sur les tablettes babyloniennes, vieilles de quatre mille ans. Quant au célèbre algorithme d'Euclide, qui permet de savoir si deux nombres entiers sont premiers entre eux, il a été élaboré il y a deux mille trois cents ans. Le mot *algorithme* dérive d'ailleurs du nom du mathématicien perse Al-Khwarizmi (vers 780-vers 850), latinisé en Algoritmi dans les traductions occidentales du Moyen Âge[1].

1. Par ailleurs, le titre de l'ouvrage le plus célèbre d'Al-Khwarizmi,

Bref, on voit que les algorithmes n'ont rien d'une invention récente.

Alors, pourquoi nous font-ils si peur ? Sans doute jugeons-nous qu'ils deviennent de plus en plus performants et qu'ils nous touchent de plus en plus près. Mais, au risque de nous répéter, il n'y a rien là non plus de nouveau. Les affaires humaines sont complexes et l'ont toujours été ; voilà pourquoi, le plus souvent pour des raisons économiques, de grands esprits ont cherché à les modéliser, quitte parfois, comme le note Aristote, à les caricaturer :

> En effet, si chaque instrument pouvait, par ordre ou par pressentiment, accomplir son œuvre propre, si, pareilles aux statues légendaires de Dédale ou aux trépieds d'Héphaistos, qui, au dire du poète, « pouvaient d'eux-mêmes entrer dans l'assemblée des dieux », les navettes tissaient d'elles-mêmes et les plectres jouaient de la cithare, alors le maître d'œuvre n'aurait nul besoin de manœuvres, ni les maîtres, d'esclaves [1].

C'est précisément ce qui se produit lorsque les premiers métiers à tisser mécaniques voient le jour, dont le fameux métier Jacquard mis au point en 1801 avec ses cartes perforées qui permettent de guider les crochets en soulevant les fils de laine. C'est d'ailleurs en grande partie en se fondant

---

Abrégé du calcul par la restauration et la comparaison, contient le terme *al-jabr* (qui signifie restauration, connexion, mise ensemble) et a lui-même donné le terme *algèbre*.

1. Aristote, *Politique*, I, 4, 1253b, traduction Jean Aubonnet, Les Belles Lettres, 1960.

sur ce mécanisme qu'Ada Lovelace (1815-1852) crée le premier véritable programme informatique, allant bien au-delà des calculateurs numériques imaginés notamment par Leibniz puis Babbage. Mais Aristote n'avait pas imaginé que, lorsque les machines s'animeraient, elles seraient en butte à la colère des ouvriers dont elles confisqueraient les emplois. L'invention du métier à tisser va mettre en effet bon nombre d'artisans au chômage. Ceux-ci rejoignent alors le mouvement luddiste – tirant son nom d'un mystérieux Captain Ludd – qui vise à la destruction pure et simple des machines. Ce conflit social particulièrement violent voit le jour dans les années 1811-1812 au nord de l'Angleterre, à Nottingham précisément, la ville de Robin des Bois ! La problématique sociale de ce mouvement est d'ailleurs toujours d'actualité si l'on pense à l'automatisation des centres commerciaux qui met en péril l'emploi des agents de caisse.

Mais si les algorithmes sont aujourd'hui perçus comme une menace, c'est moins pour leur aspect antisocial que par peur qu'ils finissent par gouverner l'humanité. Cette crainte est loin d'être irrationnelle. Mieux : elle épouse le sens de l'Histoire. Voir nos vies pilotées par des algorithmes constitue même l'aboutissement d'un long cheminement intellectuel et technique qui a commencé dès la fin du Moyen Âge avec la construction des premières horloges mécaniques [1].

1. Dès le IIIe siècle avant notre ère, les Anciens avaient mis au point des horloges hydrauliques : l'eau s'écoulait d'un récipient à l'autre tandis qu'un flotteur indiquait l'heure. En l'an 807, les ambassadeurs du calife

Mesurer le temps est, déjà à cette époque, une affaire importante pour quantité de raisons matérielles mais aussi pour respecter l'heure de la prière, une problématique partagée par le christianisme et l'islam. La règle de saint Benoît par exemple, rédigée au milieu du VIe siècle et dont l'influence marqua l'ensemble du Moyen Âge, indique les heures auxquelles les moines doivent se lever, prier, déjeuner, travailler, etc. À cette époque, c'était le rythme du lever et du coucher du soleil qui dictait la journée. L'islam, très attaché aux rythmes de la lune et du soleil afin d'établir les mois et les années, a d'ailleurs maintenu les horaires des cinq prières quotidiennes en fonction du cycle solaire. Et si le christianisme s'est peu à peu détourné de la course des astres, c'est qu'il a été le témoin de nombreuses réformes calendaires n'ayant aucun rapport avec les cycles luni-solaires. Ce fut le cas par exemple lorsque le jeune Empire romain modifia son calendrier sans lien avec les phénomènes naturels, tandis que les empereurs changeaient le nom des mois pour des raisons strictement personnelles[1].

Aussi, au XIVe siècle, avec la mise au point des premières horloges mécaniques, le christianisme fixe sans aucun état d'âme les heures canoniales indépendamment des cycles du soleil. Pour la toute première fois, l'horloge devient *la* référence pour indiquer l'heure, dissociant ainsi les événements

---

Haroun Al-Rachid en offrirent une à Charlemagne. Le problème de ce type d'horloge est qu'il nécessite un débit d'eau constant et qu'il faut chaque jour changer l'eau des récipients.

1. Néron changea par exemple *aprilis* en *neroneus.*

humains des phénomènes naturels. Un temps abstrait vient de naître, quantification pure et universelle[1] qui répandra l'idée que l'univers est réglé comme une horloge, suivant le modèle du monde mathématique de Pythagore. Voltaire en résume parfaitement l'image :

> L'univers m'embarrasse, et je ne puis songer
> Que cette horloge existe, et n'ait point d'horloger[2].

Si Dieu est horloger, nous sommes alors de petits chronomètres mus par un simple mécanisme. Les progrès de la technique n'auront de cesse d'entériner cette pensée. Ainsi, l'horloge devient très vite un automate, soit une machine qui crée son propre mouvement. Or, au XVIIIe siècle, les automates commencent eux-mêmes à ressembler à de petits êtres humains. Entre 1767 et 1774, la famille Jaquet-Droz parvient à créer trois automates[3] en mesure de faire des merveilles : la musicienne, capable d'enfoncer ses doigts sur les touches d'un clavier, possède un répertoire de cinq mélodies ; le dessinateur, qui souffle de temps en temps pour chasser les poussières laissées par la mine de son crayon, peut exécuter quatre dessins dont un petit chien ou le por-

1. Concernant l'importance de l'horloge mécanique dans la révolution industrielle, cf. Lewis Mumford, *Technics and Civilization*, Harcourt, Brace and Company, 1934, en particulier les premières pages.

2. *Les Cabales*, v. 111-112.

3. Ils sont exposés au Musée d'art et d'histoire de Neuchâtel. Il existait un quatrième automate, aujourd'hui perdu.

trait de Louis XV ; l'écrivain, le plus complexe des trois, est capable d'écrire n'importe quel texte de quarante signes sur trois lignes en trempant sa plume d'oie dans un encrier.

Si donc l'automate prend des allures d'être humain, l'être humain va très vite se confondre avec un automate[1]. Voilà comment, à partir du milieu du XXe siècle, le progrès scientifique aidant, nous nous représentons notre cerveau comme un ordinateur capable de stocker de l'information, avec ses propres fils (réseaux neuroniques) et sa mémoire vive ayant une activité binaire (envoi d'un signal ou non). L'image est tout à fait paradoxale si l'on considère que c'est notre cerveau qui a inventé l'ordinateur et non l'inverse ! Du fantasme de Pygmalion à la menace de la créature du docteur Frankenstein, nous considérons désormais le monde comme un vaste ordinateur, sur le modèle du film *Matrix* (1999), l'un des grands succès du box-office dont l'affiche représentait justement une pluie de chiffres.

Contrairement à ce que Nietzsche annonçait, Dieu n'est pas mort : il est devenu un algorithme informatique. La conséquence est immédiate : nous autres, êtres humains, sommes devenus des petits programmes réagissant aux stimuli du Grand Algorithme : on nous envoie un pop-up pour nous faire consommer, on crée de la monnaie pour nous faire dépenser, on nous envoie de l'information – vraie ou fausse – pour faire basculer notre vote. Mais il y a pire : nous nous mirons désormais dans les chiffres – combien de pas avons-nous faits

1. Pour plus de détails sur l'homme machine, cf. Alain Supiot, *La Gouvernance par les nombres*, *op. cit.*, p. 35 *sqq.*

aujourd'hui, combien de calories avons-nous perdues, à combien s'élève notre indice de masse corporelle, graisseuse ou musculaire, ou encore notre quotient intellectuel, combien de points avons-nous gagnés à un jeu addictif, combien de notifications avons-nous sur notre smartphone, combien de *likes* notre photo de vacances a-t-elle obtenus, combien comptons-nous d'abonnés sur les réseaux sociaux ? Le rêve de Pythagore est devenu une caricature : nous sommes désormais un ensemble de nombres, de petites datas qu'analysent les Big Data. Car, que nous le voulions ou non, ces mégadonnées scrutent en permanence nos comportements avant d'agencer leurs informations et de calculer leurs récurrences statistiques. Voilà comment elles connaissent des pans entiers de notre passé, les grandes lignes de notre présent… et les contours de notre futur.

Le cercle des prophètes

Jadis, à Delphes, lorsque les visiteurs du temple d'Apollon consultaient la Pythie pour connaître l'avenir, celle-ci rendait ses oracles dans une langue difficilement compréhensible aux oreilles des non-initiés et volontairement ambiguë pour couvrir le plus de cas de figures possible. Ses propos étaient alors interprétés par des grands prêtres qui rédigeaient une réponse avant de la remettre à celui qui était venu les consulter. Les choses ont-elles changé ? Il semble que oui… mais en apparence seulement ; car lorsqu'on y regarde de plus près, les États et les grandes entreprises, obsédés par l'adage « Gouverner c'est prévoir », n'entendent rien laisser au hasard.

Pour nous en convaincre, intéressons-nous à M. X, qui, durant les pauses qu'il s'accorde au cours de sa journée de travail, rédige des commentaires sous les publications Facebook de ses amis et en gratifie d'autres de quelques *likes*. Non loin de là, pendant sa pause déjeuner ou bien dans les transports en commun, sa compagne Y publie sur ce même réseau social quelques photos, elle accepte un nouvel ami, en refuse tel ou tel autre. Vers 19 heures, alors que X et Y se retrouvent dans l'appartement qu'ils partagent, un programme a déjà enregistré et digéré à leur insu l'intégralité de leurs navigations sur Facebook. Désormais, le géant américain connaît certains secrets de leur vie privée ainsi que leurs aspirations respectives ; mais il y a mieux – ou pire ! –, certaines fonctions du réseau social sont capables de prédire combien de temps va durer le couple XY : quelques semaines, quelques mois, voire plusieurs années.

Derrière ce programme se cachent deux hommes : Lars Backstrom, ingénieur chez Facebook, et Jon Kleinberg, professeur à la Cornell University ; ce dernier étant notamment connu pour avoir mis au point en 1999 l'algorithme HITS (Hyperlink-Induced Topic Search) qui assigne un score à chaque page web afin de la classer en fonction de sa pertinence. Pour parvenir à leurs fins, les deux hommes ont considéré un échantillon de 1,3 million de profils sélectionnés au hasard parmi les utilisateurs de Facebook, et ayant indiqué qu'ils vivaient en couple (mais pas avec qui !). En calculant dans un premier temps le nombre d'amis partagés par deux personnes, puis en élargissant cette mesure aux connexions existant avec leurs cercles d'amis respectifs, le programme créé par Kleinberg et Backstrom a tout d'abord permis d'identifier avec une faible marge d'erreur qui partageait sa vie avec qui. À partir de là, l'algorithme attribue un score à chaque couple, calculé sur la base du nombre de connexions existant entre un partenaire et le cercle de connaissances de l'autre. Il s'avère en effet que des individus dont le couple est engagé sur la durée sont généralement portés à présenter leur conjoint à leur cercle d'amis, avant de partager ensemble soirées et sorties, soit des échanges qui vont tôt ou tard se répercuter dans de nouvelles connexions sur Facebook. C'est donc en mesurant les liens (ou l'absence de liens) créés entre chaque partenaire et le cercle d'amis du conjoint que l'algorithme est en mesure de prédire un risque de rupture à court ou moyen terme. Et, dans le cas d'un fort risque de séparation, le programme affine sa mesure en considérant le nombre de fois où un individu visite le profil d'une personne autre que son conjoint. Eh oui, on aime bien regarder l'album « Vacances Été 2019 » de notre future cible avant de passer à l'action…

Dans quel but, se demanderont peut-être les plus ingénus d'entre nous, Facebook tient-il absolument à savoir qui partage sa vie avec qui et pour combien de temps ? La réponse se trouve étonnamment dans un passage prophétique de *La République*, dans lequel Platon encourage l'étude approfondie des mathématiques mais en prévenant qu'elle ne devra pas servir aux ventes ni aux achats[1]. Il semble toutefois que

1. *La République*, VII, 525b-c, traduction Émile Chambry, Les Belles Lettres, 1931. « Il conviendrait donc, Glaucon, de rendre cette

le conseil du philosophe n'ait pas été suivi scrupuleusement ; ainsi, développer des algorithmes pour connaître la situation conjugale de ses utilisateurs permet au réseau social de mieux cibler les publicités qui leur sont adressées. Suivant le score de chaque individu vivant en couple, des annonceurs lui soumettront par exemple des publicités concernant des séjours de vacances familiales ou un choix de cadeaux à offrir à la Saint-Valentin… ou bien ils feront la promotion d'un site de rencontres !

Dans cet exemple cependant, X et Y n'ont jamais eu accès aux prévisions sur la durée de leur couple. Dans d'autres circonstances en revanche, les intéressés ont pu apprécier la redoutable efficacité des algorithmes prédictifs. C'est ce que relate le *New York Times* en février 2012[1] lorsqu'il évoque la mésaventure du père d'une adolescente, furieux qu'une chaîne de supermarchés ait adressé à sa fille des coupons de réduction pour des produits destinés aux femmes enceintes. L'homme se rend alors dans le bureau du directeur du magasin le plus proche de chez lui et l'accuse d'inciter sa fille à avoir un enfant. Quelques semaines plus

---

science [les mathématiques] obligatoire, et de persuader à ceux qui sont destinés à remplir les plus hautes fonctions de l'État d'en entreprendre l'étude et de s'y appliquer, non pas superficiellement, mais jusqu'à ce qu'ils arrivent par la pure intelligence à pénétrer la nature des nombres, non point pour la faire servir, comme les négociants et les marchands, aux ventes et aux achats, mais pour […] faciliter à l'âme elle-même le passage du monde sensible à la vérité et à l'essence. »

1. Charles Duhigg, « How companies learn your secrets », *New York Times*, 16 février 2012.

tard, le père doit présenter des excuses : sa fille était déjà enceinte. Mais si, visiblement, tout le monde l'ignorait à la maison, l'algorithme de la boutique en ligne le savait déjà ! Les différentes recherches que la jeune fille avait effectuées sur Internet, ses commandes d'un certain type de vêtements, de produits de beauté, de compléments alimentaires ou de médicaments, correspondaient si bien au profil type des clientes qui attendent un enfant que le logiciel a fonctionné comme un test de grossesse. Pour la petite histoire, le magasin en question se nomme Target, soit « cible » en français, un nom tout indiqué !

D'autres fois, les prophéties des algorithmes portent en elles les conséquences de ce qu'elles annoncent… nous confrontant une fois encore à ces fameuses prophéties autoréalisatrices. Par exemple, quelqu'un qui ne cesse de se répéter « je ne vais pas y arriver, je ne vais pas y arriver » réunit les conditions de son échec et finit par échouer comme il l'avait prévu. Pour les algorithmes, un exemple significatif de prophéties autoréalisatrices concerne le classement des meilleures universités à travers le monde, dont nous avons déjà parlé en examinant la loi de Goodhart[1]. En entrant toutes sortes de paramètres dans un programme, en les triant et en identifiant leurs récurrences statistiques, un algorithme propose chaque année la liste des meilleurs – et forcément des pires – établissements supérieurs. Une fois publiée, celle-ci va très tôt engendrer des boucles de rétroaction. Les étudiants et les enseignants soucieux de leur

1. Cf. chapitre 7.

carrière vont naturellement éviter les universités placées en queue de classement, ce qui aura pour conséquences de briser la dynamique de celles-ci et de dégrader leur valeur intrinsèque. Bien entendu, le processus est similaire pour les universités classées en tête de liste, qui vont continuer d'attirer les meilleurs éléments, confortant ainsi leur rang. Dans ce cas précis, le résultat de l'étude agit comme une véritable prophétie. Difficile alors d'émettre des réserves quant à la pertinence de l'algorithme puisque les faits finissent par lui donner raison en tout point. La manipulation est ici bigrement subtile : ce sont moins les performances des universités qui prouvent le bien-fondé du classement, que la publicité donnée à la liste des meilleurs ou des pires établissements, qui rétroagit sur les performances de ceux-ci, confirmant insidieusement la publication initiale.

C'est alors qu'intervient une prodigieuse mise en abyme : la manipulation de la manipulation ! En 2014, dans son palmarès mondial des universités, le magazine *US News & World Report*, un titre phare de la presse américaine, classe en effet le tout nouveau département de mathématiques de l'université saoudienne du roi Abdulaziz au septième rang mondial, juste derrière Berkeley, Stanford, Princeton, UCLA, Oxford et Harvard, mais surtout *devant* l'université Pierre-et-Marie-Curie, la Hong Kong University, Cambridge ou encore le MIT (Massachusetts Institute of Technology). Pour un département scientifique qui avait à l'époque à peine deux ans d'existence, le fait a de quoi surprendre ! Il a tout particulièrement interpellé Lior Pachter, un diplômé de mathématiques du MIT qui enseigne la biologie computationnelle dans différentes universités américaines. Aussitôt après la publication des résultats, ce professeur, qui travaille pour le département de mathématiques de l'université de Berkeley, confie sur son blog[1] qu'après quinze années d'expérience dans son domaine, il n'a jamais rencontré ni entendu parler d'aucun collègue issu de l'université du roi Abdulaziz. Pachter cherche alors à découvrir ce que cache un tel classement. L'explication qu'il publie le 31 octobre 2014[2] s'avère toute simple. Puisque l'algorithme utilisé par le magazine *US News* fondait ses calculs sur le nombre et la portée de publications scientifiques associées à une université donnée, l'établissement saoudien a contacté de prestigieux mathématiciens. Il a offert à chacun d'eux 72 000 dollars afin qu'ils mentionnent dans leurs nouveaux articles qu'ils étaient professeurs associés à l'université du roi Abdulaziz ! Bien entendu, l'algorithme n'y a vu que du feu. Ses calculs n'ont pris en compte que ce qui intéressait ses concepteurs, soit le nombre de publications scientifiques de premier ordre relié au département de telle ou telle université. À aucun moment les programmateurs n'ont considéré le fait que ces mathématiciens de renom ne passaient en réalité que trois semaines par an en Arabie saoudite. Soit un simple alibi destiné à manipuler le classement.

1. Lior Pachter, « To some a citation is worth $3 per year », Liorpachter.wordpress.com, 31 octobre 2014.

2. *Ibid.*

L'ère des algotraders

L'utilisation massive des algorithmes dans la sphère sentimentale ou universitaire est certes critiquable mais elle est peu de chose comparée à la prise de pouvoir des algorithmes dans le domaine de la finance. Depuis plus d'une dizaine d'années, la majorité des opérations des grands marchés boursiers n'est plus effectuée par des êtres humains. Le travail de celles et ceux qui analysaient jusqu'alors une situation et prenaient une décision en fonction de leur intuition est désormais remplacé par des algorithmes. Le trading algorithmique permet de gagner du temps et d'optimiser les opérations en écartant tout risque d'erreur humaine concernant l'appréciation ou l'anticipation des cours.

En 2011, Robert Greifeld, alors président du NASDAQ, déclare laconiquement :

> C'est fini. Le commerce qui existait depuis des siècles est mort. Nous avons un marché électronique aujourd'hui. C'est le présent. C'est le futur[1].

Et la machine s'emballe : une part de plus en plus importante du trading algorithmique se joue à haute fréquence. Ces outils prennent désormais des décisions en quelques millionièmes de seconde : le temps, c'est de l'argent ! Ces

1. Graham Bowley, « Preserving a Market Symbol », *New York Times*, 25 avril 2011 (traduit par nos soins).

courses de vitesse entre les programmes permettent certes de rendre le marché toujours plus fluide, mais a-t-on besoin d'être aussi rapide pour boursicoter ? En réalité, cela permet aussi (surtout ?) de procéder à d'astucieuses manipulations sur le marché des actions, des matières premières, des changes, etc.

De fait, le *layering* (superposition) consiste à passer de très nombreux ordres sans avoir aucune intention de les exécuter ! Cette pratique vise à faire croire à une augmentation ou à une baisse soudaine de l'offre ou de la demande et donc à faire évoluer les prix dans la direction voulue. Si vous souhaitez par exemple acheter des actions à un prix inférieur à celui du marché, il vous suffit de passer de nombreux ordres de vente à un prix inférieur, ce qui forcera naturellement la concurrence à baisser ses prix pour s'aligner. Une fois que les prix auront bougé, il suffira d'annuler les ordres passés et vous pourrez faire main basse sur un paquet d'actions soldées. Il s'agit certes d'une manipulation interdite ; mais elle est particulièrement difficile à repérer car l'opération dure moins d'une seconde, la vitesse des algorithmes leur permettant d'échapper au contrôle. Néanmoins, en 2011, la société Swift Trade a été condamnée à une amende de huit millions de livres sterling pour avoir eu recours à cette technique. Le petit monde du trading algorithmique en a aussitôt déduit que la vitesse était un enjeu fondamental pour pouvoir continuer à opérer sans se faire prendre. Surgit alors une technique similaire, le *quote stuffing* (bourrage de cotes), qui consiste à inonder le marché en passant de très nombreux ordres avant de les retirer aussitôt après, dans le seul but de créer de la confusion.

Beaucoup de bruit pour rien, comme dirait Shakespeare ? Pas du tout : en déconcertant la concurrence, cette pagaille vous permet de saisir les opportunités issues du chaos.

Mais la confusion prend parfois une ampleur inattendue, comme ce 6 mai 2010 où le Dow Jones a perdu près de mille points avant d'en regagner six cents… en seulement quinze minutes ! Ce *flash crash*, provoqué par les manipulations du trading à haute fréquence, a donné l'impression d'une véritable crise financière entre 14 h 42 et 14 h 57, dont les conséquences ont finalement été limitées : une baisse en clôture mais rien de désastreux au regard du plongeon du début d'après-midi. D'autres *flash crash* ont en revanche eu un impact beaucoup plus violent sur le marché des matières premières (Intercontinental Exchange), faisant chuter en 2011 le prix du cacao et du sucre en quelques secondes.

Là où des êtres humains ralentiraient le mouvement en essayant de préserver la stabilité des prix, les algorithmes accélèrent la chute en ne pensant qu'au profit à court terme. Ce petit jeu d'optimisation a cependant des conséquences bien réelles dans l'économie, mettant alors en faillite des producteurs locaux qui n'ont que faire des algorithmes boursiers. Parfois, ce sont des milliards de dollars qui partent en fumée, comme ce fut le cas dans l'affaire Singapore Exchange en 2013. D'autres fois encore, le péril provient tout simplement d'erreurs dans la conception des logiciels, comme en a fait l'amère expérience le Knight Capital Group, une entreprise de services financiers qui a perdu 462 millions de dollars et frôlé la faillite à cause de quelques lignes erronées de code informatique.

De nombreuses voix s'élèvent contre ces manipulations algorithmiques, pointant du doigt les dangers qu'elles feraient courir à l'économie mondiale en provoquant un krach boursier hors norme. George Papanicolaou, enseignant à Stanford et membre de la National Academy of Sciences, ou encore Stéphane Jaffard, professeur à Paris XII et président de la Société mathématique de France, font partie de ces lanceurs d'alerte. « Tous ceux qui pensent que le marché est une bonne chose devraient réfléchir à cela[1] », dit Papanicolaou en évoquant le *flash crash* de 2010. Quant à Jaffard, il affirmait déjà en 2008 que « certains mathématiciens financiers sont horrifiés de l'utilisation qui est faite de leurs modèles[2] ».

Mais le terrain de jeu des algorithmes ne se limite pas à l'univers du marketing ou à celui de la finance. La sphère politique ne pouvait rester étrangère à la mainmise de tels outils mathématiques... au risque de menacer les fondations mêmes de la démocratie.

Démocratie versus *algocratie*

De plus en plus de travaux universitaires examinent notre activité sur les réseaux sociaux. Michal Kosinski, maître de

1. Papanicolaou a prononcé cette phrase devant ses étudiants, tandis qu'Olivier Peyon immortalisait la scène dans son film documentaire *Comment j'ai détesté les maths* (2013).

2. Interview dans *Le Figaro* (« Crise financière : les mathématiciens se défendent »), 29 octobre 2008.

conférences à la Stanford Graduate School of Business, s'est ainsi spécialisé dans la psychométrie : il s'intéresse à la manière de mesurer quantitativement certains aspects psychologiques de la population. En 2013, encore doctorant, il cosigne un article dans lequel il montre que

> les enregistrements numériques de comportement facilement accessibles, les *likes* sur Facebook, peuvent être utilisés pour prédire automatiquement et avec précision une gamme d'attributs personnels extrêmement sensibles, dont l'orientation sexuelle, l'appartenance ethnique, les opinions religieuses et politiques, les traits de personnalité, l'intelligence, le bonheur, l'utilisation de substances addictives, la séparation des parents, l'âge et le sexe. L'analyse présentée est basée sur un ensemble de données de plus de 58 000 volontaires qui ont fourni leurs *likes* sur Facebook, des profils démographiques détaillés et les résultats de plusieurs tests psychométriques [1].

En effet, dans 95 % des cas, l'algorithme parvient à déterminer si l'utilisateur a la peau noire ou blanche, dans 93 % des cas si c'est un homme ou une femme, dans 88 % des cas s'il est hétérosexuel ou homosexuel, dans 85 % des cas s'il est favorable au parti démocrate ou républicain, etc. Le plus étonnant dans cette histoire c'est que le modèle

1. Michal Kosinski, David Stillwell et Thore Graepel, « Private traits and attributes are predictable from digital records of human behavior », *Proceedings of the National Academy of Science of the United States of America*, n° 110, vol. 15, 9 avril 2013, p. 5802-5805 (traduit par nos soins).

économétrique utilisé est relativement simple : il s'agit de régressions linéaires ou logistiques qu'un étudiant en première année de statistiques est capable de mettre au point en utilisant un logiciel de traitement de données. Kosinski et ses coauteurs alertent l'opinion sur les dangers liés à l'utilisation de tels modèles : des entreprises, des gouvernements et même des particuliers pourraient facilement faire de même, non pas dans le cadre d'études psychologiques mais pour vendre des produits ou faire basculer des élections.

Justement. Si l'on sait depuis l'Antiquité que la publicité permet de remporter un scrutin, le développement des moyens de communication est lui aussi susceptible d'influencer les électeurs. En Italie, Silvio Berlusconi a ainsi utilisé l'arme télévisuelle pour convertir son audience à ses idées. Lorsqu'il fonde le groupe Mediaset, qui réunit notamment plusieurs chaînes de télévision, il entend non seulement partager une certaine vision du pays, mais également créer un terrain fertile à sa rhétorique populiste en proposant des émissions de divertissement qui sollicitent peu l'intelligence des téléspectateurs. Une étude très approfondie[1], conduite sur une période allant des années 1980 à la fin des années 2000, révèle une corrélation entre la propension à regarder les chaînes possédées par Berlusconi et la probabilité de voter pour son parti. Seule faiblesse de cette stratégie : les chaînes télévisées s'adressent en masse aux

1. Ruben Durante, Paolo Pinotti et Andrea Tesei, « The Political Legacy of Entertainment TV », *CEP Discussion Paper*, n° 1475, avril 2017.

téléspectateurs, sans faire aucune distinction entre les individus. Pour aller plus loin, il conviendrait de mettre en place une manipulation individuelle, adaptée à chaque électeur potentiel.

Voilà comment les travaux de Kosinski vont être repris, bien malgré lui, par deux hommes d'affaires : Steve Bannon et Robert Mercer. Tous deux lancent l'entreprise de conseil Cambridge Analytica au sein du groupe Strategic Communication Laboratories, qui se définit lui-même comme une agence mondiale de management des élections. La nouveauté de Cambridge Analytica, pour ne pas dire sa révolution, c'est qu'elle se fonde non plus sur la communication classique mais sur l'analyse fine des électeurs. En fonction de leurs caractéristiques psycho-sociales, elle leur adresse des annonces ciblées qui seront davantage à même de les convaincre. Si l'algorithme repère par exemple grâce à ses *likes* sur Facebook que tel individu-cible est gay, il suffira de lui adresser des publications axées sur les propositions faites par tel ou tel candidat à propos de l'homosexualité.

Revenons un instant sur les fondateurs de Cambridge Analytica. Robert Mercer, un ancien cadre d'IBM, est un informaticien devenu homme d'affaires ; conservateur et proche de l'extrême droite américaine, il soutient financièrement des fonds antienvironnementaux et les mouvements pro-vie. Quant à Steve Bannon, c'est un militant conservateur américain, président exécutif de Breitbart News entre 2012 et 2016, un média qu'il considère comme la plateforme de l'Alt-right, la droite alternative, qui n'est autre que l'extrême droite américaine, affichant des positions sexistes, conspirationnistes ou encore en faveur de la défense des Blancs.

Lorsque les deux hommes s'associent pour exploiter le Big Data à des fins politiques, ils entendent doter l'ultradroite de l'arme algorithmique. Ainsi, lors des primaires du Parti républicain, Cambridge Analytica se met au service de Ted Cruz, qui représente alors l'aile la plus conservatrice du parti. Leur société utilise des données psychologiques basées sur des recherches couvrant des dizaines de millions d'utilisateurs de Facebook – récoltées en grande partie sans leur permission – afin de leur soumettre des *news* – qu'elles soient *true* ou *fake* – valorisant Ted Cruz au détriment de Donald Trump. Pour ce faire, ses cadres rémunèrent des chercheurs de l'université de Cambridge afin qu'ils rassemblent des profils psychologiques détaillés concernant l'électorat américain. Kosinski s'en indigne aussitôt et aide le *Guardian* à dénoncer l'affaire[1].

Malgré ses victoires dans de nombreux États des États-Unis, et bien qu'il ait dépensé près de six millions de dollars chez Cambridge Analytica, Ted Cruz, finalement devancé par Trump, décide de se retirer de la course à l'investiture. Aussitôt, Mercer met son entreprise à la disposition de Donald Trump, tandis que Bannon devient directeur exécutif du futur président. Tout comme l'argent, il semble que la data n'ait pas d'odeur. Très vite, la violence verbale de Trump est optimisée par l'algorithme. Les électeurs noirs reçoivent

1. Harry Davies, « Ted Cruz using firm that harvested data on millions of unwitting Facebook users », *The Guardian*, 11 décembre 2015.

ainsi une petite vidéo, inspirée des films d'animation *South Park*, dans laquelle Hillary Clinton, lors d'un discours de 1996, qualifie les membres de gangs de « superprédateurs » ; ce que le texte de la vidéo réinterprète à sa manière en martelant : « Hillary pense que les Afro-Américains sont des superprédateurs. » Trump parvient ainsi à récupérer des électeurs sur Facebook tout en lançant des petites phrases sur Twitter, alliant ainsi sur deux réseaux sociaux l'ancienne communication de masse à la communication individualisée, tout en maintenant l'attention (et la tension) sur les chaînes télévisées. L'équipe de Trump est même allée jusqu'à déclarer que sans Facebook, et donc implicitement sans Cambridge Analytica, leur candidat n'aurait pas pu gagner.

Mais l'entreprise ne sévit pas seulement chez l'Oncle Sam. Ses activités se ramifient bien au-delà des frontières américaines : en Inde, le parti nationaliste Indian National Congress fait appel à ses services lors des élections législatives de 2010 dans l'État du Bihar. En 2013, Cambridge Analytica travaille au Kenya afin d'identifier les problèmes politiques à l'échelon local et national, le niveau de confiance dans les hommes au pouvoir, les comportements et intentions de vote ainsi que les canaux d'information privilégiés. L'Australie, le Mexique, Malte, le Nigéria, les Philippines : ce ne sont là que quelques pays où la société a œuvré.

En 2018, Christopher Wylie est celui par lequel le scandale arrive. Cet ancien directeur de la recherche de Cambridge Analytica transmet des documents sensibles au *Guardian*. Le grand public découvre alors comment les données des utilisateurs de Facebook sont exploitées à leur insu. Le rôle de Cambridge Analytica aurait même été crucial dans le vote en faveur du Brexit. Ces révélations font l'effet d'une bombe. Le scandale prend une telle ampleur que Mark Zuckerberg, invité à témoigner devant le Congrès des États-Unis, doit présenter des excuses et annoncer une refonte de la politique de confidentialité de Facebook.

La firme ne survivra pas à cette polémique : elle ferme ses portes et se déclare en faillite. Mais rassurez-vous, la majeure partie de ses cadres a été réengagée dans deux sociétés : Emerdata et Data Propria. Est-il utile de préciser que les activités de ces deux entreprises sont parfaitement identiques à celles qu'exerçait Cambridge Analytica ? Comme l'avait prévu Dickens lorsque Montague Tigg devient Tigg Montague[1], il suffit de changer de nom pour poursuivre ses petites affaires en toute tranquillité. D'autant qu'au final, le scandale est sans doute la meilleure publicité qui soit pour ce genre de méthode…

Les algorithmes vont-ils détruire le monde ?

Les algorithmes représentent un danger majeur de notre époque, risquant même, selon Bernard Stiegler, de tuer la singularité des individus[2]. Si ce philosophe les voit comme

1. Cf. chapitre 8.

2. Cf. Amaelle Guiton, « Bernard Stiegler : "L'accélération de l'innovation court-circuite tout ce qui contribue à l'élaboration de la civilisation" », *Libération*, 1er juillet 2016.

une porte ouverte sur la démission de la pensée, la mathématicienne Cathy O'Neil les considère quant à elle comme un outil de domination sociale et d'accroissement des inégalités ; pour elle, ils détiennent un pouvoir démesuré qui font d'eux des armes de destruction massive[1].

Considérons l'exemple de l'obtention d'un prêt. Comme les demandes de crédit peuvent aujourd'hui s'effectuer en ligne, il est crucial pour les banques de répondre très vite à leurs clients potentiels pour ne pas les voir filer vers la concurrence. Mais il importe tout autant pour elles de distinguer les clients solvables sur le long terme de ceux qui ne le seront pas. Le défi que doit relever l'algorithme s'articule alors autour de deux paramètres : vitesse de calcul et perspicacité. En ce qui concerne le second point, les programmes prennent en compte tout ce qui leur est fourni : les revenus déclarés par le client mais aussi son prénom et son adresse. Si, grâce à sa fonction d'analyse de proximité lexicale, l'algorithme identifie que les clients dont le prénom ressemble à Mohammed (Mohamed, Mohand, Mouhamed, etc.) ont été par le passé confrontés à des difficultés de remboursement, il abaissera alors automatiquement la note des candidats au crédit ayant un prénom proche de celui-ci. De la même manière, s'il repère que les prêts accordés à des personnes habitant Clichy-sous-Bois ont connu de faibles taux de remboursement,

1. Cathy O'Neil, *Algorithmes, la bombe à retardement*, Les Arènes, 2018. Le titre original, *Weapons of Math Destruction*, utilise un jeu de mots intraduisible en français entre « mass destruction » (destruction massive) et « math destruction » (destruction mathématique).

l'algorithme aura tendance à rejeter les demandes provenant de cette ville[1]. Mais si certains prénoms sont particulièrement répandus dans les couches modestes de la population, et si certaines agglomérations ont un revenu par habitant plus faible que la moyenne, cela ne signifie nullement que les individus portant ces prénoms ou habitant cette ville ne rembourseront pas leur prêt : cela pointe seulement les difficultés économiques rencontrées *en moyenne* par les personnes que désignent leurs caractéristiques socio-démographiques.

De tout cela, l'algorithme se moque : il se contente d'attribuer un score à chaque demande. Si donc vous vous appelez Mohammed et que vous venez de Clichy-sous-Bois, que vous êtes docteur en économie et que vous souhaitez obtenir un prêt pour créer votre entreprise, vous aurez moins de chances de l'obtenir que si vous vous étiez appelé Arthur et que vous viviez dans un appartement cossu du quinzième arrondissement de Paris. L'algorithme, pour le dire plus prosaïquement, intègre à son calcul le délit de faciès. Il refusera un prêt à un individu qui ressemble (au sens statistique du terme) à des clients qui ont eu des difficultés à honorer leurs traites. Les candidats sont donc jugés sur la base de ceux à qui ils s'apparentent, non sur qui ils sont.

Peut-on affirmer pour autant qu'un tel outil mathématique est cynique, injuste, voire dangereux ? Il n'est rien de tout cela. L'algorithme est à notre époque ce que fut jadis la poudre noire. Inventée en Chine au IIIe siècle de notre ère, celle-ci

1. Ces deux exemples sont véridiques et tirés de pratiques qui ont cours dans des banques françaises.

était alors utilisée pour ses propriétés médicinales. Mais lorsqu'elle arrive en Europe au XIIIe siècle, et dans la mesure où elle contient à la fois un combustible et un comburant, elle est surtout utilisée comme une poudre à canon qui révolutionne l'art de la guerre, faisant exploser le nombre de morts sur les champs de bataille et fragilisant peu à peu le modèle du château fort. Faut-il pour autant accuser la poudre noire, ou plutôt ceux qui l'ont détournée de son usage médicinal ?

Un algorithme ne fait que ce qu'on lui demande de faire : il n'émet aucun jugement de valeur en rejetant par exemple un prêt bancaire. Ce n'est pas lui qui refuse l'accès au crédit mais celui qui utilise ce programme pour l'aider à décider mieux et plus vite. Sans cela, le banquier finirait sans doute par prendre les mêmes décisions, à ceci près qu'il serait beaucoup moins rapide. Si l'algorithme est un outil, l'intelligence et la stratégie restent du côté de ceux qui le tiennent en main : demandons-lui d'attribuer une note à chaque demande de prêt, et de ne retenir que les demandes ayant un score supérieur à 80 % de probabilité de remboursement, le programme s'exécutera.

Si nous voulons que les algorithmes rendent le monde moins inégalitaire, c'est à nous de leur fixer des objectifs et des procédures différentes. Dans cette optique, certains *data scientists*, pour des motifs moraux et légaux, demandent à leurs algorithmes de ne pas prendre en compte le prénom des clients. La responsabilité de cette décision revient au concepteur, non à l'outil qu'il paramètre. Quant au banquier, il peut soit considérer que son objectif est d'optimiser le taux de remboursement de ses clients, soit contribuer à davantage de justice sociale en offrant une chance à un candidat dont le score est de seulement 60 %. Dans ce cas précis, il lui proposera par exemple un accompagnement individualisé, ou encore un type de prêt différent pour l'aider à le rembourser intégralement et faire évoluer les statistiques. Grâce au succès de cette initiative, les futurs clients qui ressembleront à ce client n'obtiendront plus alors un score de 60 % mais de 70 %.

Socrate et les Big Data

À l'heure où le fantasme d'un monde piloté par les algorithmes est de plus en plus partagé, il est bon de revenir deux mille cinq cents ans en arrière afin d'écouter la leçon des Anciens. Hippias d'Élis est un sophiste contemporain de Socrate. Ou, pour être précis, Hippias n'est pas *un* sophiste, il est *la* sophistique poussée à son paroxysme : doué d'une mémoire prodigieuse, il est considéré comme une encyclopédie vivante ; richissime, car adulé de ses disciples, il est capable de débattre de n'importe quel sujet. Il est passé maître dans tous les savoirs et dans toutes les techniques au point de ne porter que des objets qu'il a fabriqués de ses mains. Sachant tout sur tout, il n'a pas besoin de penser, il sait déjà. Posez-lui une question, il n'aura qu'à chercher dans ce que l'on appellerait aujourd'hui sa base de données et il vous répondra. Et, en bon sophiste, si vous lui posez la même question le lendemain, sa réponse sera probablement différente de la veille. Il se moque d'ailleurs de Socrate, lui reprochant de tenir les mêmes propos ennuyeux à longueur de journée tandis que lui, il change d'avis, se renouvelle sans cesse. Hippias ne vise pas la vérité mais l'accumulation d'informations.

Le plus étonnant, c'est que, dans l'espoir de résoudre la quadrature du cercle, Hippias serait parvenu à inventer une courbe mathématique, la quadratrice, qui sera finalement plus utile pour résoudre un autre grand problème de l'Antiquité : la trisection de l'angle. Ainsi, à force d'accumuler les connaissances, et presque malgré lui, Hippias a fait progresser la géométrie. Mais, le plus souvent, sa pensée est creuse, ses discours n'ont d'autre intérêt que le brio avec lequel il s'exprime. Cette prestance, c'est la marque d'Hippias : jeter à la face du monde une myriade d'informations sans construction, sans raisonnement clair afin de convaincre l'auditoire de son talent. Le deuxième dialogue que le jeune Platon va consacrer à son adversaire, l'*Hippias mineur*, traite du mensonge. Il s'ouvre sur une interpellation faite à Socrate :

> Mais toi, Socrate, pourquoi restes-tu ainsi muet, après qu'Hippias a si amplement discouru ? D'où vient que tu ne joins pas tes éloges aux nôtres [1] ?

Socrate, quant à lui, part du principe qu'il ne sait rien et qu'il faut interroger ses interlocuteurs par le biais d'une subtile dialectique afin d'espérer progresser sur le chemin philosophique. Sa démarche est fastidieuse et ne promet pas les

1. Platon, *Hippias mineur*, traduction Maurice Croiset, Les Belles Lettres, 1920, p. 26.

monts et merveilles des discours d'Hippias. Mais au petit jeu de la dialectique, Hippias se prend les pieds dans le tapis et n'arrive pas à tenir tête à Socrate ; il se trouve confronté à ses contradictions et à ses faiblesses, illustrant ainsi toute la vanité de son discours. Quant à Socrate, il a avancé en dialoguant avec Hippias ; il n'est certes pas parvenu à la vérité ultime, mais il en a consciencieusement exploré une petite partie. Pendant ce temps, Hippias, qui n'a fait que réagir face à son opposant, n'a pas évolué d'un pouce. Sans doute ne le souhaitait-il pas d'ailleurs.

Hippias, aujourd'hui, c'est le Big Data : une immense masse de données. Socrate, c'est l'exemple qu'il nous appartient de suivre : s'il nous est très utile d'exploiter les algorithmes et les masses d'informations que nous offre le Big Data, il nous revient néanmoins de savoir ce que nous voulons en faire. Quel monde souhaitons-nous bâtir avec cet outil qui, pour rester pertinent, devra sans cesse être soumis à notre questionnement philosophique et politique ?

Le champ des possibles est immense. Le calcul appliqué à la réalité jouit d'un potentiel considérable. De lui dépend l'incarnation d'un rêve partagé par tous et pour tous. Les mathématiques sont capables d'une telle prouesse car, comme le note Robert Musil dans « L'homme mathématique » :

> Nul homme, aujourd'hui, ne côtoie le fantastique de plus près que le mathématicien[1].

1. Robert Musil, « L'homme mathématique » (1913), in *Essais*, traduction Philippe Jaccottet, Seuil.

10.

Comptes d'apothicaires

> « Quelques-unes de ces prévisions s'appuyaient sur des calculs bizarres où intervenaient le millésime de l'année, le nombre des morts et le compte des mois déjà passés sous le régime de la peste. [...] Ce qui d'ailleurs restait commun à toutes les prophéties est qu'elles étaient finalement rassurantes. Seule, la peste ne l'était pas. »
>
> Albert Camus, *La Peste*[1]

Des malades et des chiffres

Certaines maladies endossent parfois le rôle d'une troupe de mercenaires. Au XVIe siècle, lorsque les conquistadors foulent le sol du Nouveau Monde, ils amènent

1. Albert Camus, *La Peste*, 1947, Folio Plus Classiques, 2018, p. 225.

dans leurs bagages la variole, qui va bientôt décimer des millions d'indigènes, rendant la conquête plus aisée, notamment sur les Aztèques. Un siècle plus tard, cette maladie devient si virulente en Europe que de nombreux États se mettent à dresser la liste des morts et des infectés afin d'en tirer des statistiques. Mais il faudra attendre le début du XVIIIe siècle pour que cette épidémie subisse son premier revers. C'est en 1715 plus précisément qu'une jeune Anglaise, lady Mary Wortley Montagu (1689-1762), contracte la variole. Elle y survivra cependant. L'année suivante, son mari est nommé ambassadeur de la Couronne britannique auprès de l'Empire ottoman, ce qui va permettre à lady Mary de faire le premier pas vers l'éradication de cette maladie, et ce, malgré l'opposition de médecins qui l'accuseront bientôt de charlatanisme, et du clergé qui jugeait alors que lutter contre cette épidémie, considérée comme un châtiment divin, était une preuve d'impiété.

Si la correspondance de Mary Wortley fait d'elle une sorte de Mme de Sévigné anglaise, elle fut également une poétesse majeure – ses descriptions de l'Orient inspireront des peintres comme Ingres – mais aussi une aventurière et un esprit curieux de tout. Ainsi, une fois à Constantinople, elle va s'intéresser à la méthode d'inoculation préventive de la variole, qui consiste à injecter dans les veines d'une personne saine un peu de pus prélevé sur un patient variolé; celui-ci sera ainsi immunisé contre cette maladie pour le restant de ses jours. Le rôle de lady

Wortley dans la transmission de cette pratique[1] en Europe occidentale est considérable. Seule ombre au tableau : si l'inoculation permet de lutter efficacement contre ce fléau, elle entraîne parfois la mort de personnes qui étaient jusqu'alors parfaitement saines. C'est là que le calcul intervient.

Dès 1724, le médecin anglais James Jurin (1684-1750) collecte des données statistiques sur les victimes de la variole ainsi que sur les personnes saines auxquelles on a inoculé l'agent infectieux de cette maladie. Il devient ainsi le pionnier de l'utilisation médicale des probabilités, un concept mathématique alors récent. La question qu'il pose est simple : « Le risque de l'inoculation est-il considérablement moindre que celui de la variole naturelle[2] ? » S'il reconnaît qu'il y a un risque à inoculer la variole, il veut estimer la probabilité d'en mourir artificiellement ou naturellement. À partir des tables statistiques comparant les personnes inoculées et le reste de la population, il conclut que « le risque de mourir de la variole inoculée doit être de 9 pour 440 ou 445, soit 1 pour 49 ou 50[3] », tandis qu'il estime à 1 pour 14 le risque de mourir de la variole naturelle. Aujourd'hui, nous dirions que le risque de l'inoculation

1. Qui était néanmoins connue depuis des siècles, en Chine par exemple.

2. *An Account of the Success of Inoculating the Small Pox in Great Britain*, J. Peele, 1724, p. 3. On traduit par « risque » l'anglais « hazard ».

3. *Ibid.*, p. 18.

plafonne à 2 % tandis que celui de la variole naturelle s'élève à 7 %.

En France, le débat autour de la quantification s'installe plus tardivement : l'inoculation est défendue par Voltaire[1], qui met en avant les calculs anglais, puis par Charles Marie de La Condamine[2], qui élabore des raisonnements probabilistes en faveur de l'inoculation. C'est finalement avec Daniel Bernoulli[3] (1700-1782), un médecin et érudit issu d'une grande famille de mathématiciens suisses, que la modélisation épidémiologique prend corps. Mais, à Paris, au sein de l'Académie royale des sciences, celle-ci se heurte à l'hostilité de D'Alembert, qui avance un argument moral : vaut-il mieux prendre un risque faible et immédiat avec l'inoculation, ou un risque plus grand mais différé, en espérant que la variole nous touche le plus tard possible, voire jamais ? Pourtant loin d'être hostile aux mathématiques, d'Alembert s'oppose à l'inoculation lorsqu'il s'agit de vies humaines. Contrairement à l'Angleterre, et pour des raisons morales, la France se montre ainsi réticente à l'application des probabilités en médecine[4]. Quant aux

1. Dans sa « Onzième Lettre sur l'insertion de la petite vérole », *Lettres philosophiques*, 1734.

2. Dans son *Mémoire sur l'inoculation de la petite vérole*, présenté à l'Académie royale des sciences en 1754.

3. *Essai d'une nouvelle analyse de la mortalité causée par la petite vérole et des avantages de l'inoculation pour la prévenir*, 1764.

4. Pour plus de détails sur l'histoire de l'utilisation des probabilités concernant la variole, voir Jean-Marc Rohrbasser, « Les hasards de la variole », *Astérion*, 9, 2011.

travaux de Bernoulli, s'ils n'ont pas eu un impact direct sur la maladie en France, ils permettront néanmoins de créer les conditions d'émergence d'une véritable quantification de la médecine.

La controverse morale entre Bernoulli et d'Alembert n'est rien de moins au fond que la préfiguration de certains débats contemporains à propos des vaccins, dont nous évoquerons l'un des aspects dans la suite de ce chapitre. Il importe d'ailleurs de relever le lien intime qui existe entre variole (*smallpox* en anglais) et vaccin : ce dernier terme dérivant en effet de la vaccine (*cowpox* en anglais), qui n'est autre que la variole de la vache, que l'on finira par inoculer en lieu et place de la variole humaine sous l'impulsion d'Edward Jenner, le père de l'immunologie. C'est donc bien avec la variole que les mathématiques font leur grande entrée en médecine ; cependant, il faudra patienter encore un peu pour assister à l'avènement de la quantification médicale.

Vers la mathématique médicale

Quand Pierre-Simon de Laplace (1749-1827) publie en 1812 sa *Théorie analytique des probabilités,* ce n'est qu'aux toutes dernières pages de son ouvrage qu'il se risque à modéliser mathématiquement les maladies. Deux ans plus tard, lorsqu'il fait paraître une nouvelle édition revue et augmentée, il n'hésite plus du tout à s'emparer de cette question :

> Le calcul des probabilités peut faire apprécier les avantages et les inconvénients des méthodes employées dans les sciences conjecturales. Ainsi, pour connaître le meilleur des traitements en usage dans la guérison d'une maladie, il suffit d'éprouver chacun d'eux sur un même nombre de malades, en rendant toutes les circonstances parfaitement semblables ; la supériorité du traitement le plus avantageux se manifestera de plus en plus, à mesure que ce nombre s'accroîtra, et le calcul fera connaître la probabilité correspondante de son avantage, et du rapport suivant lequel il est supérieur aux autres[1].

Pour mettre au point un traitement efficace, il faut désormais s'aider des probabilités : plus le nombre de cas observés sera élevé, plus on pourra en déduire la vérité du traitement, ce qui n'est autre qu'une application du théorème central limite[2] dû à ce même Laplace. Voici la pierre fondatrice des essais cliniques fondés sur la théorie des probabilités.

À la suite de Laplace, d'autres grands esprits vont s'engager sur cette voie. Ce sera le cas d'un certain Pierre Charles Alexandre Louis (1787-1872), qui, après des études de médecine à Reims, puis à Paris, exercera un temps en Russie et s'illustrera grâce à ses travaux sur la tuberculose et la fièvre typhoïde. Cet héritier des Lumières pourra aussi s'enorgueillir de s'être publiquement dressé contre l'un des plus

1. Laplace, *Théorie analytique des probabilités*, Courcier Imprimeur, 1814 (2e édition), Introduction, p. lxii.

2. Cf. chapitre 6.

célèbres chirurgiens de son temps : François Broussais (1772-1838), médecin de haut vol mais chantre de la saignée, dont on disait de lui qu'il avait fait couler davantage de sang à lui seul que toutes les campagnes napoléoniennes ! Louis, pourtant isolé[1], démontre en 1835 que la pratique des saignées, encore en vogue en cette première moitié du XIXe siècle, n'améliore nullement la santé des patients. Sa détermination et la pertinence de ses analyses sont telles que l'école médicale française va peu à peu abandonner cette pratique d'un autre âge, mettant involontairement à mal le commerce de sangsues, alors florissant.

Sa démonstration se veut mathématique : il étudie statistiquement les patients qui subissent la saignée et ceux qui en sont exempts, en consignant des tableaux chiffrés pour étayer son propos. Ce que le mathématicien Laplace imaginait, le médecin Louis le met en pratique, donnant ainsi l'impulsion à ce qu'il nomme la « méthode numérique ». Tout diagnostic, selon lui, devra se fonder sur un rapport quantitatif des symptômes liés à chaque maladie, ainsi que sur l'âge et le sexe du patient. Chaque cas est ainsi décortiqué pour être analysé, le médecin gardant par ailleurs à l'esprit l'expression suivante, régulièrement mentionnée dans son

1. « Le résultat de mes recherches sur les effets de la saignée dans les inflammations est si peu d'accord avec l'opinion commune que ce n'est pas sans une sorte d'hésitation que je me décide à les publier », *Recherches sur les effets de la saignée dans quelques maladies inflammatoires et sur l'action de l'émétique et des vésicatoires dans la pneumonie*, J.-B. Baillière, 1835, p. 7.

ouvrage : « toutes choses égales par ailleurs », afin qu'il ne soit plus soumis à la seule analyse des symptômes, mais puisse s'appuyer sur des données quantifiées laissant moins de place au doute. Dans un nouvel ouvrage, Pierre Louis avance que cette méthode numérique permettra de conférer à la médecine ses véritables lois :

> Sans cette méthode, en effet, il n'y a plus que des faits isolés, point de loi, point de science ; ou, si l'on veut s'élever aux faits généraux, on ne peut guère aboutir [...] qu'à des rêveries[1].

La médecine cesse alors d'être un art et s'affirme comme une science, où la statistique devient l'élément décisif de toute preuve. L'avancée est telle qu'en 1840 Casimir Broussais (1803-1847), fils du François Broussais cité plus haut, publie *De la statistique appliquée à la pathologie et á la thérapeutique,* un ouvrage dans lequel il célèbre Louis à de nombreuses reprises, tout en défendant son père des attaques que ce dernier lui avait portées à propos de la saignée[2]. Malgré cela, la méthode de Louis peine à s'imposer en France ; en revanche, elle va très tôt enthousiasmer les praticiens anglo-saxons qui, dès 1844, pourront compter sur une traduction de son ouvrage. Ces derniers vont alors systématiser le rai-

---

1. *Recherches anatomiques, pathologiques et thérapeutiques sur la phthisie*, J.-B. Baillère, 2e édition, 1843, p. xxii (la première édition date de 1825 mais ne contient pas ce passage qui conclut l'Avertissement de la deuxième édition).
2. *Op. cit.*, J.-B. Baillière, 1840, en particulier p. 89-90.

sonnement médical fondé sur les données statistiques, faisant de Pierre Charles Alexandre Louis le dernier représentant de la mathématique médicale et le précurseur[1] de ce que l'on nomme désormais l'EBM (*evidence-based medicine*).

Le paradoxe de Simpson ou la manipulation de bonne foi

Mais de quoi parle-t-on exactement lorsque l'on fait référence à la médecine basée sur la preuve ? Il s'agit principalement aujourd'hui d'essais cliniques systématiques, d'études randomisées à double insu (ou double aveugle), de méta-analyses, d'études transversales, autant de protocoles qui passent tôt ou tard par le crible des mathématiques. Et comme c'est le cas en politique ou dans le cadre d'un tribunal, les chiffres, une fois brandis, sont rarement contestés. Une fois encore, ils parlent d'eux-mêmes au lieu de faire l'objet d'un examen minutieux. Voilà comment des résultats chiffrés, qui semblent au-dessus de tout soupçon, entraînent des erreurs médicales. Des calculs rigoureusement exacts, établis à partir de données médicales inattaquables, peuvent en effet déboucher sur des conclusions erronées : c'est le cas par exemple lorsque des chercheurs mélangent des groupes de données hétérogènes.

1. Il fallut bien sûr du temps entre les deux et nous ne faisons ici que retracer les quelques points utiles au lecteur du présent ouvrage.

Prenons un exemple simple : à la fin du XIXe siècle, certains des crânes retrouvés dans les catacombes de Paris furent mesurés afin de savoir s'il existait une corrélation entre la largeur et la longueur de chacun d'eux, et ce dans l'idée d'identifier les caractéristiques de l'homme moyen[1]. Les crânes ont-ils tous la même forme, où largeur et longueur se répondent harmonieusement ? Répondre à cette question par l'affirmative permettrait de dessiner les contours du crâne idéal. Les crânes masculins et féminins présentant certaines différences notables, il fut décidé de les considérer séparément. On calcula ainsi, sur 806 crânes d'hommes, une corrélation de 8,7 %, ce qui tendait à faire penser que plus un crâne était long, plus il était large. À l'inverse, chez les 340 femmes, la corrélation s'élevait à – 4,2 % (la valeur négative signifie ici qu'un crâne un peu plus long est un peu moins large[2]) ; de façon très schématique, le crâne est plus ovale chez les femmes étudiées et plus rond chez les hommes. Ces deux valeurs restent néanmoins très faibles ; l'une étant positive et l'autre négative, elles invitent à penser que le lien entre longueur et largeur crâniennes est négligeable. En revanche, si l'on calcule la corrélation en mélangeant hommes et femmes, nous trouvons une valeur égale à 19,7 %, ce qui est bien supérieur aux deux nombres précédents et nous suggère (à tort !) qu'un lien existe bel et bien. Le fait de mélanger deux groupes hétérogènes produit ici un résultat contre-intuitif : la

1. Cf. chapitre 4.

2. Nous présentons ici les corrélations en pourcentages pour plus de clarté à l'intention du lecteur peu habitué aux statistiques.

corrélation affichée devenant alors bien supérieure à celle que l'on pouvait découvrir sur chacun des deux groupes respectifs.

Cet exemple, décrit par Karl Pearson[1] dans un article de 1899, est la première mise en évidence de ce qui sera baptisé plus tard « paradoxe de Simpson », en référence à Edward Simpson (1922-2019) qui décrivit[2] ce phénomène en 1951, ou encore « effet de Yule-Simpson », en hommage à Udny Yule (1871-1951), élève de Pearson, qui l'avait également explicité en 1903 afin d'identifier des erreurs d'interprétation dans les calculs concernant des caractéristiques héréditaires[3]. Le raisonnement de Pearson pouvant être reproduit avec deux groupes de cinq individus[4] : chez les femmes, les cinq points montrent une corrélation de – 4 %, chez les hommes de 8 % ; on obtient ainsi des droites de régression relativement plates (parallèles à l'axe horizontal). En revanche, lorsqu'on analyse les deux groupes ensemble, on

---

1. Que nous avons déjà rencontré au chapitre 4. L'exemple cité se trouve p. 278 de Pearson, Lee, Bramley-Moore, « VI. Mathematical contributions to the theory of evolution. —VI. Genetic (reproductive) selection: Inheritance of fertility in man, and of fecundity in thoroughbred racehorses », *Philosophical Transactions of the Royal Society of London*, Series A, vol. 192.

2. « The interpretation of interaction in contingency tables », *Journal of the Royal Statistical Society*, Series B, vol. 13, n° 2, 1951.

3. « Notes on the theory of association of attributes in statistics », *Biometrika*, vol. 2, n° 2, 1903.

4. Les valeurs ont été choisies pour obtenir les mêmes corrélations chez les hommes et chez les femmes séparément que dans l'exemple de Pearson.

obtient ici non pas 20 % de corrélation comme chez Pearson mais 95 % ! Cela se traduit par une droite de régression qui forme une diagonale quasi parfaite.

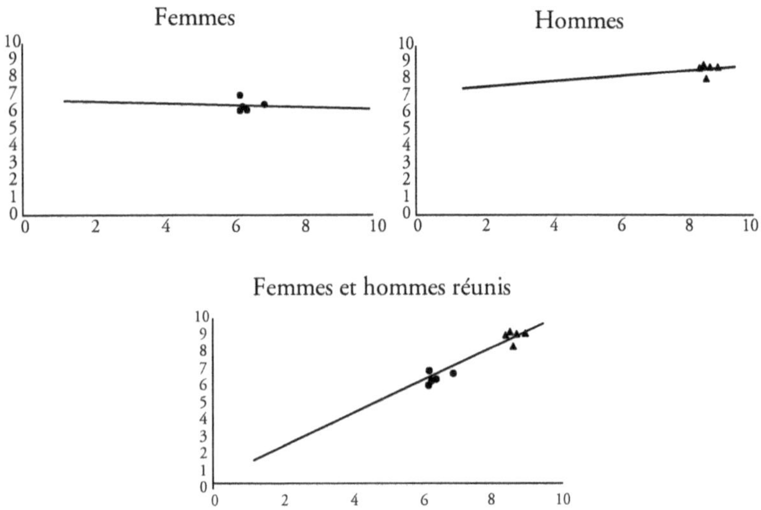

Nous constatons ainsi que réunir des données non homogènes peut amener à conclure strictement n'importe quoi, car les spécificités intrinsèques des groupes respectifs risquent de disparaître au profit de pseudo-conclusions, hâtivement suggérées par des chiffres qui ne sont pas suffisamment analysés. Dans le cadre médical, ce biais peut avoir des conséquences délétères en faussant notamment les taux de réussite d'un traitement. Malheureusement, les exemples en la matière ne sont pas rares.

Considérons le cas d'un médecin soucieux de délivrer le meilleur traitement à son patient qui souffre d'un calcul rénal[1]. Pour ce faire, il consulte les conclusions d'une étude qui compare l'intervention chirurgicale (traitement A) et la néphrolithotomie percutanée (traitement B). Le résultat semble sans appel : le traitement A n'affiche que 78 % de réussite (soit 273 individus guéris sur 350) contre 83 % de réussite pour le traitement B (soit 289 individus guéris sur 350). Le médecin, convaincu que ce résultat ne souffre d'aucune erreur et que les données recueillies à propos des guérisons sont incontestables, recommande donc le traitement B à son patient, pensant ainsi respecter les cadres de la médecine basée sur la preuve, si chère à notre ami Pierre Louis. Et c'est là qu'intervient le paradoxe de Simpson : en dépit des chiffres affichés, il se trouve que le traitement A est en réalité beaucoup plus efficace que le B ! Il ne suffit pas en effet d'un calcul de pourcentage exact et d'observations rapportées fidèlement pour qu'un résultat soit juste. Il faut également que celui-ci prenne en compte chaque aspect du problème. En l'occurrence, les conclusions consignées ici ont négligé le fait qu'il existe deux types de calculs rénaux : les gros et les petits (suivant qu'ils sont supérieurs ou non à 2 cm).

En effet, pour les petits calculs, le traitement A obtient

1. Il s'agit là d'un cas réel étudié médicalement par Charig *et al.*, « Comparison of treatment of renal calculi by open surgery, percutaneous nephrolithotomy, and extracorporeal shockwave lithotripsy », *British Medical Journal*, vol. 292, 1986, et analysé statistiquement par Julious et Mullee, « Confounding and Simpson's paradox », *British Medical Journal*, vol. 309, 1994.

93 % de réussite (81 cas sur 87) contre 87 % pour le traitement B (234 cas sur 270). De même, pour les gros calculs, le traitement A affiche 73 % de réussite (192 cas sur 263) contre 69 % pour le traitement B (55 cas sur 80). Nous remarquons donc que A est toujours meilleur que B, mais aussi que l'échantillon de 350 personnes qui a expérimenté le traitement A n'est en rien comparable avec celui qui a testé le traitement B : le traitement A étant davantage utilisé pour se débarrasser des gros calculs, qui se trouvent être plus difficiles à soigner. Sur le total des 350 cas, A est utilisé 263 fois sur des gros calculs, contre seulement 80 fois pour B. Ainsi, A obtient un taux de réussite plus faible car il est « plombé » par son utilisation pour un grand nombre de cas difficiles et à faible taux de réussite. À l'inverse, B est « boosté » par le grand nombre de cas à petits calculs dont le taux de réussite est plus élevé, d'où le succès en trompe-l'œil des résultats qui sont associés aux deux traitements.

	Traitement A		Traitement B	
Calculs de petite taille	93 %	(81/87)	87 %	(234/270)
Calculs de grosse taille	73 %	(192/263)	69 %	(55/80)
Total	78 %	(273/350)	83%	(289/350)

Lecture : Les chiffres entre parenthèses indiquent le nombre de patients guéris par rapport aux patients testés.

Comme dans l'exemple donné par Pearson, c'est la réunion artificielle de deux objets hétérogènes qui crée l'erreur d'interprétation. Ici, mélanger petits et gros calculs revient à mélanger les torchons et les serviettes, au risque de conseiller à un patient un traitement moins performant ! *Comparaison n'est pas raison*, nous enseigne non seulement la sagesse populaire mais aussi Pearson, l'un des plus grands statisticiens de l'Histoire.

Une nouvelle erreur très répandue en matière de lecture des statistiques consiste à confondre corrélation et causalité : X se produit en même temps que Y impliquerait que X est la cause ou la conséquence de Y. Commençons par un exemple simple : le nombre de coups de soleil est corrélé au nombre de glaces vendues sur la plage. Nous ne pouvons pas pour autant en déduire que la consommation de glaces soit une cause ni une conséquence du nombre de coups de soleil, mais plutôt que les deux phénomènes sont eux-mêmes la conséquence d'un autre phénomène, comme la température : plus il fait chaud, plus on mange de glaces et plus le soleil brûle notre peau. Si cet exemple prête à sourire, la confusion entre causalité et corrélation entache pourtant nombre d'articles scientifiques.

En 2018, une étude est publiée dans le très sérieux *JAMA Internal Medicine* qui pointe à la sixième place mondiale des revues scientifiques médicales en termes d'*impact factor*. Les auteurs[1] ont comparé, parmi près de 70 000 personnes,

---

1. Baudry *et al.*, « Association of frequency of organic food consumption with cancer risk », *JAMA Internal Medicine*, vol. 178, n° 12, 2018.

celles qui mangeaient régulièrement « bio » et les autres. Ils ont remarqué que chez les consommateurs de produits bio, le risque d'apparition d'un cancer diminuait de 25 % par rapport aux autres. La presse s'est immédiatement saisie de l'étude pour en faire ses gros titres. Toutefois, l'Académie de médecine invitait à la prudence en raison d'une relation trop hâtive de cause à effet :

> Cette étude est intéressante et les auteurs ont réalisé un important travail. Cependant il existe un certain nombre de biais méthodologiques qui ne permettent pas de soutenir les conclusions des auteurs. [...] En effet les deux groupes de personnes évaluées diffèrent non seulement par le fait que les uns consomment une alimentation « bio », mais également par d'autres facteurs : le sexe, l'âge de la première grossesse, facteur déterminant pour le risque de cancer du sein, la consommation de fruits et légumes, le niveau socio-économique, l'activité physique... tous facteurs susceptibles d'expliquer à eux seuls une différence. [...] L'Académie nationale de médecine considère qu'à ce jour, au vu de cette seule étude, le lien de causalité entre alimentation « bio » et cancer ne peut être affirmé et invite à la prudence dans l'interprétation trop rapide de ces résultats[1].

Choisir de manger bio est une décision qui est en effet liée à certaines caractéristiques socio-économiques (il faut tout

1. Communiqué de presse, *Rôle de l'alimentation « bio » sur le cancer, l'Académie nationale de médecine alerte sur l'interprétation trop rapide des résultats épidémiologiques*, 3 avril 2019.

d'abord en avoir les moyens financiers et disposer de davantage de temps pour faire ses courses) ; cette décision révèle également une certaine propension à s'occuper de sa santé (celles et ceux qui se préservent des pesticides sont généralement des non-fumeurs) : autant de facteurs contextuels qui expliquent à eux seuls la plus faible apparition de cancers chez ces consommateurs. Certes, l'étude indiquait certaines limites – d'ailleurs reprises par plusieurs journalistes – mais elle n'invitait pas à penser que ces limites remettaient en cause ses conclusions. Il est certes admis que le choix du bio est une bonne chose pour l'organisme et l'environnement, la publication de l'Académie de médecine ne remettait nullement cela en doute ; seulement, d'un point de vue statistique, en confondant corrélation et causalité, cette étude ne permet pas d'affirmer le rôle d'une telle alimentation dans la prévention du cancer, et encore moins de le quantifier. Il est possible par ailleurs que d'autres facteurs jouent un rôle bien plus important, comme le fait de travailler ou non en inhalant des particules fines, ou de consommer régulièrement ou non des plats chauds préalablement emballés sous plastique, etc.

Construire les statistiques n'est pas chose aisée. Les lire non plus. Contrairement à ce que l'on avance souvent, les chiffres ne parlent pas d'eux-mêmes. Il reste toujours possible de leur faire dire ce que l'on veut pour peu que leur véritable signification nous échappe. La statistique n'est pas non plus affaire de résultats spectaculaires mais d'une minutie à toute épreuve. Casimir Broussais célébrait ainsi la précision de son aîné :

> Louis [...] est celui qui a poussé jusqu'aux plus minutieux détails l'analyse numérique, premier élément de la statistique [1].

Les mots sur les maux

Une nouvelle source d'ambiguïté provient cette fois de la manipulation de certains termes utilisés dans le domaine médical. Rappelez-vous le flou qui entoure la notion de moyenne, et la possibilité de faire dire aux chiffres ce que l'on souhaite en utilisant, suivant le cas (mais en se gardant de le préciser !) la médiane, la moyenne arithmétique, géométrique ou harmonique (voire d'autres moyennes dont le calcul se révèle plus complexe encore). Nous avons également rencontré plus haut une équivoque sensiblement similaire lorsqu'un gouvernement, afin de minimiser la portée d'un pourcentage qu'il juge trop élevé, choisit plutôt de parler de *point de pourcentage*. De la même manière, la notion de risque (de développer par exemple une maladie) est régulièrement nimbée d'un flou artistique qui permet à celui qui l'utilise de lui conférer la signification souhaitée.

L'industrie pharmaceutique, dont il est permis de penser qu'elle ne renierait pas la fameuse pensée attribuée au général de Gaulle : « Il ne faut jamais mentir mais il n'est pas

1. *De la statistique appliquée à la pathologie et à la thérapeutique*, J.-B. Baillière, 1840, p. 50.

interdit de se montrer astucieux[1] », a très vite compris l'intérêt qu'il y avait à parler de risque, sans préciser cependant s'il s'agissait d'un risque absolu ou relatif. Pourtant, la différence est de taille ! Cette ambiguïté lexico-mathématique peut même fausser des conclusions prophylactiques, au risque de faire prendre au corps médical des vessies pour des lanternes. C'est ce que démontrent Jean-Pierre Thierry et Claude Rambaud dans leur ouvrage *Trop soigner rend malade*[2]. Pour ces deux auteurs, respectivement médecin et juriste, il importe en effet de distinguer le risque relatif (associé à un sous-groupe donné) du risque réel – ou risque absolu – qui concerne une population prise dans son ensemble. Tous deux considèrent alors le cas d'un médicament proposé à des patients ayant déjà subi un accident cardiaque, et censé réduire le risque de rechute de 28 %. Un tel résultat semble à première vue intéressant, et les médecins auxquels il est proposé le délivrent en toute bonne foi à leurs patients. Mais examinons à présent le dessous des cartes, soit les protocoles de recherche :

> Ce chiffre [de 28] exprimé en pourcentage correspond à ce que les statisticiens appellent un « risque relatif » – il ne dit rien en réalité du « risque réel » ou risque absolu de maladie. Il est le résultat de la comparaison de deux groupes de 100 personnes : dans le premier, les 100 patients ont été traités, et 5 d'entre

1. Cité par François Kersaudy, *Le Monde selon de Gaulle*, tome II, Tallandier, 2019, introduction.
2. Albin Michel, 2016.

eux ont présenté un accident cardiaque ; dans le second, les patients ont reçu un placebo et 7 d'entre eux ont présenté le même accident. On peut donc affirmer que la mise en œuvre du traitement a réduit le risque de maladie de 28 % si l'on ne tient compte que des patients qui ont effectivement fait un deuxième accident[1].

Tout comme c'était le cas plus haut avec les différents types de calculs rénaux, il importe une nouvelle fois de savoir de quoi l'on parle exactement. Le pourcentage brandi ici ne s'intéresse en effet qu'à 7 % des individus qui ont participé à l'étude. Il ne concerne nullement 93 % d'entre eux. Le chiffre du risque absolu de rechute n'est donc jamais évoqué par les auteurs de l'essai clinique. Si celui-ci avait été publié, il établirait que la prise de ce traitement, rapportée aux 100 personnes qui ont participé au protocole de recherche, diminue en réalité le risque de rechute de 2 % ! Ainsi, une firme qui tente de placer un médicament sur le marché aura tout intérêt à mettre en avant les chiffres du seul risque relatif, nécessairement plus élevés. Nul ne pourra accuser le laboratoire de mentir sur ses résultats ; tout au plus remarquera-t-on qu'il sait se montrer astucieux en présentant ses travaux sous un jour favorable. Des conclusions qui afficheraient le risque absolu (2 %) n'auraient pas du tout le même impact commercial, et les délégués médicaux chargés de placer un tel médicament éprouveraient toutes les peines du

1. *Op. cit.*, p. 32.

monde à convaincre les médecins d'avoir recours à une telle molécule.

Mais, nous direz-vous, pourquoi une telle polémique ? Préserver la santé des patients, même s'il ne s'agit que de 2 % d'entre eux, reste avantageux. Certes. Mais dire la vérité a aussi ses avantages. Le rapport bénéfice/risque reste le critère qui préside à la délivrance d'un traitement. Et ce rapport n'est plus du tout le même suivant que l'on considère le risque relatif ou le risque absolu. Imaginons un instant que des effets secondaires majeurs soient liés à ce médicament : ils ne seraient pas appréhendés de la même manière par un médecin suivant que le bénéfice pour son patient s'élève à 28 % ou à 2 %.

Une autre manière de manipuler les mots consiste à modifier quantitativement les nomenclatures. C'est ce qui s'est produit avec la question, bien connue aujourd'hui, du taux de cholestérol dans le sang. De nombreux ouvrages ont dénoncé à ce sujet les manipulations de l'industrie pharmaceutique, également mises en lumière par le documentaire d'Anne Georget réalisé en 2016 : *Cholestérol, le grand bluff*. N'entrons pas ici dans le débat médical mais examinons en revanche deux éléments de manipulation des chiffres.

Tout commence avec Ancel Keys, un physiologiste américain qui publie une étude[1] en 1963, puis un ouvrage[2] en

1. Keys *et al.*, « Coronary heart disease among Minnesota business and professional men followed fifteen years », *Circulation*, vol. 28, 1963.

2. Keys, *Seven Countries: A Multivariate Analysis of Death and Coronary Heart Disease*, Harvard University Press, 1980.

1980 dans lequel il révèle que l'examen d'une dizaine de milliers de cas, issus de sept pays différents, lui a permis d'identifier un lien entre excès de cholestérol et problèmes cardiovasculaires. Jusqu'ici, ses recherches ne comportent aucune trace de manipulation… excepté le fait que certains pays en ont été exclus, dont la France, car les données recueillies indiquaient des résultats parfaitement contraires à ce que Keys défendait !

Un épisode moins souvent cité[1] dans les débats sur le cholestérol concerne la manipulation des chiffres issue du congrès organisé à Bethesda (Maryland) par les différents National Institutes of Health (NIH). La conférence, qui réunit en ce mois de décembre 1984 de nombreux experts, se penche sur le problème de la mauvaise alimentation aux États-Unis et le lien possible de celle-ci avec les problèmes cardiovasculaires croissants des Américains. La lecture du rapport[2] devient particulièrement intéressante quand il apparaît que la préoccupation centrale des chercheurs semble davantage liée à la malbouffe qu'au cholestérol. Néanmoins, ce dernier semble être un bon indicateur car il est plus facile de mesurer un taux de cholestérol que d'examiner par le détail le régime de chaque patient. En outre, un chiffre est toujours plus parlant qu'une appréciation qualitative. Pour autant, les experts reconnaissent eux-

1. On n'y trouve par exemple qu'une rapide allusion dans *Hyperlipidémies : 50 situations pratiques*, John Libbey Eurotext, 1995, p. 17-18.

2. Disponible en ligne : https://consensus.nih.gov/1984/1984cholesterol047html.htm.

mêmes que les choses ne sont pas aussi simples qu'elles en ont l'air :

> Un grand nombre de preuves de nombreux types relient les niveaux élevés de cholestérol dans le sang aux maladies coronariennes. Cependant, certains doutes subsistent quant à la solidité des preuves d'une relation de cause à effet[1].

En d'autres termes : il semble bien qu'il y ait un lien, mais rien ne prouve que baisser le cholestérol diminuera les risques cardiovasculaires. Il existe peut-être un troisième élément qui relie les deux et ce serait plutôt sur celui-ci (qui reste à découvrir) qu'il conviendrait d'agir, le cholestérol n'en étant lui-même qu'une conséquence. Malgré ces réticences, le comité conclut :

> Un examen des données disponibles suggère que des niveaux supérieurs à 200 et 230 mg/dl sont associés à un risque accru de développer une maladie coronarienne prématurée. Il est stupéfiant de réaliser que cela représente environ 50 % de la population adulte des États-Unis. Le comité a choisi de définir deux niveaux d'hypercholestérolémie, qui sont tous deux associés à un risque accru de maladie coronarienne, et qui doivent tous deux être traités[2].

---

1. National Institutes of Health, « Lowering blood cholesterol to prevent heart disease », *Consensus Development Conference Statement*, 10-12 décembre 1984 (traduction par nos soins).
2. *Ibid.*, c'est le comité lui-même qui souligne.

Ainsi, le taux de cholestérol maximal dans le sang passa soudain de 3 à 2 grammes par litre, alors même que les experts réunis à Bethesda nourrissaient des doutes sur le lien de cause à effet avec les maladies coronariennes ! Cela eut pour conséquence de classer la moitié des Américains adultes dans la catégorie « à risque », autant d'hommes et de femmes qui, suivant ce qui avait été édicté, durent être traités. Des dizaines de millions de citoyens se mirent alors à absorber des médicaments contre le cholestérol. Une extraordinaire aubaine pour les fabricants ! D'autant plus que, par la suite, ce même seuil sera abaissé à 1,6.

Mais si nous examinons d'un peu plus près le fonctionnement des NIH (l'équivalent de nos antennes du CNRS), il apparaît que leur financement reste opaque. En 2018, le Congrès américain dénonçait ainsi leur manque de transparence à propos de leurs principaux donateurs. Nous pouvons aisément imaginer que l'industrie pharmaceutique en est le grand bailleur, ce qui est certes une bonne chose pour la recherche médicale, mais pose problème lorsque ces mêmes chercheurs deviennent les marionnettes de certaines entreprises qui, pour leur survie et leur croissance, doivent absolument vendre des médicaments. En abaissant le taux de cholestérol, les chercheurs réunis à Bethesda cette année-là espéraient donc améliorer la santé de la population tout en donnant à leurs mécènes la possibilité de continuer à les financer : les bons comptes font les bons amis ! Tout le monde y gagne sauf, bien sûr, la population qui est médicamentée de façon massive puisque, du jour au lendemain, sur la base d'un rapport qui mentionnait des réserves quant à ses conclusions, des gens considérés comme sains sont devenus à risque. Après tout, suivant le mot du docteur Knock : « Les gens bien portants sont des malades qui s'ignorent[1]. »

Les vaccins de la colère

Dans de nombreux pays dits développés, il existe une réticence de plus en plus diffuse à faire vacciner ses enfants. Deux grands motifs sont évoqués : d'une part, certains vaccins ne seraient plus utiles car les grandes épidémies qu'ils combattent ont été éradiquées, d'autre part, ils seraient dangereux car leur multiplication diminuerait dangereusement les défenses immunitaires des enfants. La question reste épineuse. Il est difficile en outre de la réduire à une opposition tranchée entre le corps médical d'une part et une population mal informée d'autre part, comme l'illustre notamment la grande disparité des politiques vaccinales dans les différents pays d'Europe, preuve que le débat existe aussi parmi la communauté scientifique. Mais si la question de la dangerosité de certains vaccins reste aussi prégnante aujourd'hui, c'est que certains chercheurs ne nous rendent pas la vie (ou l'avis) facile.

1. Jules Romains, *Knock ou le Triomphe de la médecine*, Gallimard, 1924, acte I, scène I, p. 34. Dans la pièce, Knock attribue, faussement bien entendu, cette phrase à Claude Bernard.

Considérons cet article scientifique[1] signé en 1998 par le Britannique Andrew Wakefield et douze autres chercheurs dans la revue *The Lancet*[2]. Ses résultats sont éloquents : de nombreux enfants ayant reçu le vaccin rougeole-oreillons-rubéole (ROR) ont développé dans les jours suivants des troubles intestinaux et comportementaux. Wakefield conclut à une entérocolite autistique, expression qu'il forge pour désigner cette maladie inflammatoire des intestins, qui cause (ou qui est du moins directement liée à) l'autisme. En cinq pages, tableaux chiffrés et clichés à l'appui, l'article ne laisse que peu de place au doute et des voix s'élèvent aussitôt pour dénoncer les dangers des vaccins.

L'histoire semble simple, limpide. Elle relève pourtant d'un scandale pseudo-scientifique de grande envergure, dénoncé en particulier par le journaliste Brian Deer qui enquêta sur le sujet durant les années 2000. Tout d'abord, un lecteur un tant soit peu intéressé par les chiffres tiquera en découvrant que l'étude de Wakefield porte sur douze enfants seulement, un nombre particulièrement faible (pour ne pas dire insignifiant) lorsqu'il est question de pointer statistiquement une quelconque corrélation. Ensuite, comme l'a révélé Deer[3], Wakefield a recruté des enfants qui

---

1. « Ileal-lymphoid-nodular hyperplasia, non-specific colitis, and pervasive developmental disorder in children », *The Lancet*, vol. 351, 28 février 1998, p. 637-641.

2. Qui signifie « bistouri » en anglais.

3. « How the case against the MMR vaccine was fixed », *British Medical Journal*, vol. 342, 2011.

avaient souffert, ou souffraient encore, de troubles autistiques et de problèmes intestinaux. Il lui était alors facile d'identifier un lien entre problèmes intestinaux et autisme !

Il s'agit là de ce que les statisticiens nomment un biais de sélection, soit une erreur qui se produit lorsque les personnes sondées, possédant une caractéristique commune, ne sont pas représentatives de l'ensemble de la population : par exemple, si une entreprise souhaite procéder à une enquête de satisfaction auprès de sa clientèle par l'intermédiaire d'un questionnaire en ligne, il est probable que les individus qui se sentent les plus proches de la marque répondront plus massivement que les autres, faussant ainsi les résultats. Dans le cas de l'étude de Wakefield cependant, le biais de sélection n'est nullement involontaire : il était bel et bien destiné à truquer l'étude.

Lorsque Brian Deer s'est entretenu avec les familles des douze enfants qui ont participé à l'étude, il a pu constater que, là où l'article précisait que les premiers troubles autistiques n'étaient apparus que quelques jours après l'injection du vaccin, la réalité était tout autre : pour certains, les troubles sont apparus plus de six mois après, pour d'autres, ils s'étaient déclarés… avant ! Deer a notamment révélé l'existence d'un courrier d'une pédiatre signalant à Wakefield que les symptômes comportementaux de son jeune patient avaient été identifiés bien avant l'injection du vaccin.

Comment les parents ont-ils pu se prêter à une telle mascarade ? Certains s'en sont indignés auprès de Deer, en accusant Wakefield de les avoir manipulés. D'autres, la majorité, faisaient partie d'une association qui entendait prouver le lien entre vaccin et autisme : quelle meilleure cible pour Wakefield qui n'avait plus qu'à leur servir sur un plateau les conclusions qu'ils espéraient ! Deer s'est par ailleurs assuré que certains enfants, considérés comme autistes dans l'étude, ne l'étaient absolument pas. L'astuce vient du fait que, dans une famille où un enfant est autiste, les parents redoutent naturellement de voir surgir les symptômes de l'autisme chez les petits frères et sœurs de l'enfant concerné ; voilà comment, à partir d'une simple suspicion, Wakefield les a déclarés autistes pour grossir son panel.

Pourquoi donc avoir manipulé ces chiffres et ces vies ? Deer[1], toujours lui, a révélé que l'objectif de Wakefield était de lever plus de deux millions de livres sterling auprès d'investisseurs pour créer une entreprise spécialisée dans la diffusion d'un vaccin atténué et dans la détection de l'autisme par le biais de tests. Ces derniers étaient censés rapporter plus de trois millions de livres dès la troisième année d'activité, avant de multiplier ce chiffre par dix dans les années suivantes.

Wakefield a été jugé en 2010. La cour l'a présenté comme un être malhonnête, immoral et dénué de compassion[2]. Il fut radié de l'Ordre des médecins et son article fut désavoué. Il est cependant possible de le consulter en ligne, où il apparaît barré en diagonale par la mention « RETRACTED » écrite en rouge sur chacune de ses pages. Pour autant, la légende des

1. « How the vaccine crisis was meant to make money », *British Medical Journal*, vol. 342, 2011.

2. *Dishonest*, *unethical*, et *callous* pour reprendre les termes anglais utilisés lors du jugement.

troubles autistiques causés par le vaccin ROR a eu de graves conséquences : à la suite du recul massif de la vaccination, les oreillons ont refait leur apparition en 2009 à New York, et la coqueluche en Californie en 2010, provoquant la mort de plusieurs enfants. En 2014, sur les quelque 8 000 cas de coqueluche déclarés en Californie, près de 300 ont dû être hospitalisés et une cinquantaine ont nécessité des soins intensifs, le tout concernant presque exclusivement des enfants [1].

Ceci n'empêcha pas Andrew Wakefield de sortir en 2016 le film *Vaxxed : From Cover-Up to Catastrophe,* dans lequel il revient sur ses thèses de prédilection, bien qu'elles aient été infirmées par de nombreux articles, et plus récemment par une étude de grande ampleur portant sur 6 500 enfants autistes dont certains ont été vaccinés et d'autres non, et dont les résultats, publiés en 2019, démontraient l'innocuité du vaccin [2].

Tous les résultats sont-ils faux ?

Avec de tels exemples de manipulation, la tentation serait grande de rejeter la science en bloc : s'il est possible que des

1. Ces chiffres sont issus de Paul A. Offit, *Deadly Choices: How the Anti-Vaccine Movement Threatens Us All,* Basic Books, 2014 (première édition, 2010).

2. Hviid *et al.*, « Measles, mumps, rubella vaccination and autism: A Nation wide cohort study », *Annals of Internal Medicine*, vol. 170, p. 513-520, 2019.

erreurs aussi graves et/ou des mensonges aient été validés par la communauté scientifique – ne serait-ce que par les revues qui ont publié de fausses études – comment ne pas penser que *tout* est faux ? En 2005, un article abondant en partie dans ce sens est publié dans la revue *PLOS Medicine* par John Ioannidis, sous le titre provocateur « Pourquoi la plupart des résultats de recherche scientifique publiés sont faux[1] ». Après des débuts timides, l'article devient le plus téléchargé de la revue avant d'être considéré comme la première pierre d'une nouvelle discipline, la métascience, qui consiste en l'étude scientifique de la science elle-même. Cet article fut un véritable pavé lancé dans la mare de la recherche médicale. Mais arrêtons-nous un instant sur sa méthodologie.

En épidémiologie, il est capital de savoir si un test est valide ou non, c'est-à-dire s'il permet de déclarer comme positifs les individus véritablement malades, et négatifs ceux qui ne le sont pas. Le test peut se tromper en déclarant positifs des patients non porteurs d'un agent pathogène, et négatifs d'autres qui le sont effectivement : c'est ce que l'on nomme des faux positifs et des faux négatifs. John Ioannidis s'appuie précisément sur ce concept afin d'analyser la qualité des expériences scientifiques : parmi elles, certaines aboutissent à un résultat (on les considère « positives ») et d'autres ne permettent pas d'obtenir de résultat (elles sont donc « négatives »). Parmi les études positives, certains résultats peuvent

1. « Why most published research findings are false », *PLOS Medicine*, 2005.

être considérés comme faux, comme celui qui conclut à un lien de causalité exclusive entre une alimentation bio et la diminution du risque de cancer. Ioannidis se plaît alors à faire varier le nombre de faux positifs parmi les résultats pour avancer que la majorité des études scientifiques sont fausses.

En réalité, John Ioannidis ne démontre rien : il module de façon parfaitement arbitraire certains paramètres afin de pointer l'impact numérique qu'ils peuvent avoir. Rien de bien surprenant : si vous prenez n études et que vous décidez qu'elles contiennent m faux résultats, le pourcentage de faux résultats est d'autant plus grand que m est élevé. C'est la définition même de la probabilité d'avoir des faux positifs. Ioannidis établit toutefois ce résultat d'une manière un peu plus fine en utilisant le théorème de Bayes sur les probabilités conditionnelles, mais le raisonnement équivaut néanmoins à une sorte de tautologie : ce chercheur part de l'idée qu'il existe de faux résultats pour aboutir à la conclusion qu'il existe effectivement de faux résultats. Contrairement à ce que l'on pourrait attendre d'un tel article, celui-ci ne comporte aucune analyse concrète d'études scientifiques publiées dans des revues médicales, et il ne fait pas davantage le décompte des articles qui ont été réfutés après leur publication. Il s'agit simplement d'un calcul théorique qui ne fait nullement avancer le débat. Le serpent se mord donc la queue puisque le résultat de Ioannidis peut à son tour être considéré comme un faux positif !

Par ailleurs, il importe de s'arrêter sur la manière dont Ioannidis pose les termes du problème : il associe la vérité d'un résultat à une vérité factuelle (du type : il est vrai que je suis en train de lire ce livre) là où la vérité d'une recherche scientifique en cours d'élaboration est une notion qui s'avère beaucoup plus complexe. Une étude peut en effet aboutir dans un premier temps à un résultat partiellement erroné (ou partiellement exact si l'on préfère voir le verre à moitié plein) qui permettra à de nouveaux chercheurs d'affiner et de développer un résultat qui s'approchera peu à peu de la vérité. Ainsi, classer comme le fait d'autorité Ioannidis les résultats comme absolument vrais ou définitivement faux pose problème. C'est faire abstraction du fait que la science reste une quête permanente dont le processus même est fondé sur la contradiction : la science n'est nullement un palais reposant sur des fondations inébranlables et sur lesquelles s'élèvent de nouveaux résultats tout aussi solides, mais, au contraire, une modélisation qui peut – et doit – être constamment remise en question. Par exemple, pour revenir une dernière fois sur l'étude associant la consommation de produits bio à une moindre prévalence de cancers : ce n'est pas parce que ses résultats sont faux d'un point de vue de la méthodologie statistique que l'hypothèse qu'elle pose est obligatoirement erronée. Cette thèse reste seulement à prouver scientifiquement.

Pour reprendre brièvement l'analyse de Karl Popper (1902-1994), une théorie scientifique est considérée comme vraie tant que l'on n'a pas démontré qu'elle était fausse. Popper a établi cette idée[1] en observant notamment Albert Einstein et Max Planck détricoter la physique classique new-

1. Qui n'était pas tout à fait nouvelle mais à laquelle Popper donna de considérables développements.

tonienne, considérée jusqu'alors comme vraie, mais ébranlée au début du XXe siècle par la physique relativiste et la physique quantique[1]. Or, classer la mécanique newtonienne dans la catégorie des « études fausses » à la manière de Ioannidis semblerait plus qu'absurde.

Il convient également de rappeler que l'étude scientifique de la science n'a pas attendu Ioannidis ni la métascience pour voir le jour : l'épistémologie est précisément un domaine qui s'intéresse non seulement à la méthode scientifique mais aussi au bien-fondé de ses concepts ; outre l'aspect quantitatif de la métascience, l'épistémologie fait par ailleurs appel à la philosophie, qui semble faire défaut à la précédente. Pour autant, la recherche actuelle, notamment celle qui a cours dans les pays anglo-saxons, se nourrit de l'idée que la quantification, issue de résultats statistiques ou probabilistes, permet de démontrer qu'une chose est vraie ou fausse. Ces conclusions omettent l'importance de bien poser certains concepts avant de les décliner, voire de les quantifier[2].

Cette digression épistémologique nous semblait nécessaire pour rappeler qu'il est possible de mal démontrer des choses vraies, comme il est possible de faire semblant de bien démontrer des choses fausses. Mais si le raisonnement de

---

1. La physique newtonienne reste néanmoins enseignée de nos jours car elle est malgré tout une bonne approximation dans de nombreux cas, en particulier ceux de la vie courante.

2. Pour un autre exemple, cf. Antoine Houlou-Garcia, « Sagesse collective, diversité et mauvais usage des mathématiques », *Revue française de science politique*, vol. 67, 2017.

John Ioannidis manque parfois de nuance, ses doutes quant aux résultats de la plupart des études médicales n'en sont pas moins justifiés. Et si son article, tout comme l'émergence de la métascience, connaissent aujourd'hui un tel succès, c'est bien le signe que les chercheurs sont conscients des erreurs qui émaillent de nombreuses études ; c'est le cas, par exemple, quand la reproduction d'expériences identiques conduit à des résultats opposés.

Comment de telles erreurs peuvent-elles se manifester ? L'épistémologie signale justement les nombreux écueils qui menacent la vérité scientifique, comme celui qui consiste à confondre corrélation et causalité ; il y a également ceux liés au paradoxe de Simpson et qui, à cause des propriétés contre-intuitives de certaines statistiques, poussent certains chercheurs à commettre de bonne foi des erreurs d'interprétation ; enfin, la manipulation des nomenclatures peut avoir des conséquences colossales, comme dans le cas du cholestérol. Ces exemples offrent plusieurs pistes d'amélioration : des relectures rigoureuses concernant les méthodes quantitatives, leur utilisation et leur interprétation ; une transparence accrue concernant les différentes casquettes que peuvent porter certains chercheurs, ainsi que leurs liens avec le monde pharmaceutique ; une reproductibilité facilitée des expériences menées, de sorte que d'autres équipes de chercheurs puissent réexaminer, approfondir et éventuellement corriger les résultats des études précédentes ; enfin [1], il

1. Ioannidis rapporte notamment ce point dans un article plus récent : « How to make more published research true », *PLOS Medicine*, 2014.

conviendrait de repenser en profondeur le monde de la recherche : celui-ci est aujourd'hui soumis à une forte pression de réussite, mesurée notamment par l'*impact factor* et le nombre de publications. Ces dernières sont devenues une sorte de monnaie d'échange capable de conférer un poste, un grade, ou encore de relever le H-index ou d'autres indicateurs de ce type qui permettent d'établir un classement parmi les chercheurs. Cette fuite en avant à laquelle ces derniers sont soumis trouve par ailleurs sa plus belle illustration dans l'expression *publish or perish* (publier ou périr) ; déjà populaire dans le milieu académique des années 1960, cette formule n'a jamais été aussi justifiée qu'aujourd'hui, où le nombre de publications importe davantage que leur qualité. Voilà comment certains chercheurs en sont venus à morceler leurs travaux afin de multiplier le nombre d'articles scientifiques, et cela au risque d'en dénaturer le sens et la portée (une pratique connue sous le nom de *saucissonnage* ou encore de *publications salami*) ; d'autres, pendant ce temps, se contentant d'accoler leur nom à une étude alors qu'ils n'ont pas réellement participé à son élaboration.

Enfin, il importe de revenir sur le sens même des calculs qui sont appliqués à la vie réelle, et en particulier au domaine médical, en relisant les premières lignes de la *Théorie analytique des probabilités* de Laplace :

> On peut même dire, à parler en rigueur, que presque toutes nos connaissances ne sont que probables ; et dans le petit nombre des choses que nous pouvons savoir avec certitude,

dans les sciences mathématiques elles-mêmes, les moyens de parvenir à la vérité sont fondés sur les probabilités[1].

Pourtant, dans l'esprit du grand public, un résultat chiffré apparaît encore comme un argument ultime et inattaquable. Voilà le grand malentendu. Car la notion même de calcul appliqué à la réalité porte au plus profond d'elle-même le principe d'incertitude. Il nous faut l'accepter en se souvenant par exemple de la pensée de Nietzsche selon laquelle la vérité est moins affaire d'intelligence que de courage[2] ; c'est par exemple le courage d'accepter dans certains cas de ne pouvoir réduire le réel à un résultat mathématique. Mais le doute ne plaît pas à l'esprit humain. Et encore moins aux agents économiques qui devraient pourtant s'en pénétrer pour éviter d'asséner des vérités dont il apparaît peu après qu'elles reposaient sur des modèles trop faibles pour être publiées. Pour nous en persuader, examinons les prédictions des dernières décennies en matière d'épidémiologie. Les études dans ce domaine ont parfois débouché sur des résultats si incohérents qu'il aurait été plus sage d'éviter de quantifier ce qui ne pouvait l'être sérieusement.

---

1. *Op. cit.*, p. i.
2. « Chaque pas en avant dans le domaine de la connaissance a son origine dans le courage, dans la dureté à l'égard de soi-même », préface de *Ecce Homo,* traduction de Henri Albert, Mercure de France, 1908, tome 76, nº 274, p. 199.

Le virus des prédictions

Présents dès le XVIIIe siècle, les modèles mathématiques appliqués aux épidémies n'ont eu de cesse de se perfectionner. Ils s'appuient aujourd'hui sur des outils informatiques capables d'intégrer toutes sortes de données démographiques, utilisant par exemple les signaux des téléphones mobiles afin d'analyser leurs interactions au sein d'une population, une pratique médiatisée à l'occasion de l'épidémie de coronavirus mais qui était déjà utilisée bien avant cela, plus particulièrement en Afrique pour limiter la progression du virus Ebola. Grâce à ces outils, les chercheurs tentent notamment d'appréhender puis de simuler les chaînes de transmission d'une maladie, permettant ainsi aux autorités de prendre les meilleures décisions possibles en termes de santé publique. Mais si les maladies endémiques ou les virus relativement connus, comme celui de la grippe saisonnière, font l'objet de tableaux et de projections fiables, ce n'est pas le cas des maladies émergentes, pour lesquelles les modèles mathématiques sont mis à rude épreuve.

Voici comment, dès le début de la crise de la vache folle, les calculs qui permettent d'estimer l'évolution de la variante de la maladie de Creutzfeldt-Jakob (vMCJ)[1] donnent lieu à des résultats particulièrement erronés. Au début de l'année 2000, à partir d'un modèle mathématique intégrant

1. Une maladie vraisemblablement liée à l'ingestion de viande bovine infectée par l'encéphalopathie spongiforme.

notamment l'évolution de l'épidémie d'encéphalopathie spongiforme bovine, les quantités de viandes potentiellement contaminées depuis les années 80 et la durée d'incubation de la maladie, des chercheurs publient dans la revue *Nature* un article[1] qui estime que la maladie fera jusqu'à 136 000 victimes au seul Royaume-Uni. D'autres études vont suivre, ouvrant la porte à une surenchère d'annonces alarmantes, se réclamant toutes de la rigueur mathématique, qui conduisent bientôt les médias britanniques à relayer des chiffres allant jusqu'à 500 000 morts. La presse française n'est pas en reste. *La Dépêche* du 12 décembre 1999 titre alors : « La vache folle va faire des millions de morts ! », répercutant les propos de Stanley Prusiner, Prix Nobel de médecine 1997 et découvreur du prion, suivant lequel « une large partie de la population du Royaume-Uni court un risque grave ». Douze ans plus tard cependant, bien loin de l'hécatombe annoncée, la maladie n'a fait que 173 victimes au Royaume-Uni, 27 en France, 5 en Espagne, 4 en Irlande.

Cet exemple de fourvoiement d'un modèle mathématique est loin d'être isolé. À la suite de la crise de la vache folle, vient le tour du SRAS (syndrome respiratoire aigu sévère), qui apparaît en novembre 2002 dans le sud-est de la Chine. Cinq mois plus tard, l'OMS lance une alerte mondiale à propos de cette épidémie causée par un coronavirus. Aussitôt, les pouvoirs publics veulent savoir à quoi ils ont affaire : les modèles mathématiques de progression de l'épi-

1. Ghani *et al.*, « Predicted vCJD mortality in Great Britain », *Nature*, vol. 406, 2000.

démie sont sollicités. Des chercheurs de Hong Kong collaborent avec leurs homologues français et une conférence de presse est organisée à l'Institut Pasteur au tout début du mois d'avril 2003[1]. Les experts, qui estiment que la propagation de cette pneumonie dite *atypique* est similaire à celle de la grippe (avec un portage visage-mains-objets), font alors état d'une possible contamination de 30 % de la population mondiale. Soit près de 2 milliards d'individus ! Mais *quid* du nombre de victimes ?

Pour le savoir, les autorités s'appuient cette fois sur un article du *Lancet,* qui estime que la létalité[2] s'échelonnerait entre 43 et 55 % chez les plus de 60 ans et entre 7 et 13 % chez les moins de 60 ans[3]. Si ces prévisions portant sur 1 425 patients hospitalisés se révèlent exactes, la pandémie causerait la mort d'environ 190 millions de personnes. Mais, une fois encore, ces résultats n'ont fait que mettre en lumière les difficultés que rencontre la prospective en matière d'épidémie : le nombre des victimes du SRAS dans le monde ne dépassa pas les 800.

---

1. Pour le compte rendu de la conférence de presse, voir notamment l'article de Sandrine Cabut dans *Libération* du 2 avril 2003 : « Le virus pourrait être transmis par des objets ».

2. Ce taux concerne le nombre de décès rapporté à celui des personnes contaminées. Il convient de ne pas le confondre avec le taux de mortalité, qui désigne quant à lui le nombre de décès rapporté à l'ensemble de la population d'un pays.

3. Donnelly *et al.*, « Epidemiological determinants of spread of causal agent of severe acute respiratory syndrome in Hong Kong », *Lancet,* vol. 361, 2003.

À peine deux ans plus tard, soit en 2005, les premiers cas de transmission à l'homme du virus de la grippe aviaire sont identifiés. Selon certains épidémiologistes, ce virus désigné sous le nom H5N1 entraînerait cette fois la mort de 150 millions de personnes. Mais entre les projections et la réalité se creuse un nouvel abîme : quatre ans plus tard, cette maladie causera moins de morts encore que le SRAS, soit 260 victimes à travers le monde. Citons encore un nouveau virus apparu en 2009, le fameux H1N1, donc les calculs alarmants publiés en début d'épidémie font état d'un taux de létalité de 10 % (au lieu de moins de 1 % !). Vient enfin, une dizaine d'années plus tard, le Covid-19, dû à un nouveau coronavirus, dont les premières données chiffrées, souffrant notamment de biais statistiques que nous examinerons plus loin, ont été une fois encore très éloignées de la réalité de terrain.

D'où vient le manque de fiabilité des modèles mathématiques ? La première réponse à cette question renvoie aux bases mêmes du calcul des probabilités : au moment des premières contaminations, si les chiffres ne permettent pas de prédire avec certitude l'évolution d'une épidémie, c'est que le nombre de patients pris en compte est encore trop faible pour être représentatif d'une tendance. Faisant l'objet d'importantes fluctuations, ces chiffres n'ont pas de véritable sens statistique. Cette première constatation renvoie à une observation que nous avons évoquée plus haut à propos des incohérences du calcul du pouvoir d'achat. Rappelez-vous que si cet indicateur est incapable de refléter la situation exacte d'un pays, c'est que l'obtention de résultats fins et détaillés demande du temps, à un moment où la classe politique réclame des chiffres immédiats. De la même manière, face à une maladie émergente, les pouvoirs publics exigent des réponses rapides que la statistique n'est nullement en mesure de leur fournir. Les chercheurs, dans l'urgence, exploitent alors au mieux des modèles qui ne sont nullement en cause mais qui sont alimentés par des données insuffisantes… voire inexactes, comme ce fut le cas par exemple au moment de la crise de la vache folle. Les premières modélisations de l'épidémie ont fait appel à un rétro-calcul qui reliait le nombre d'individus contaminés, les dates d'infection et la durée d'incubation ; mais ces trois points étant chacun porteur de lourdes incertitudes, le calcul ne pouvait tomber juste que par miracle. Comme les modèles reposent sur des formules mathématiques, il suffit tout naturellement que celles-ci soient nourries de chiffres imprécis pour que leurs conclusions deviennent incertaines. Et lorsque les chercheurs tentent d'affiner leurs résultats, ils sont amenés à intégrer de nouvelles données dans leurs calculs, multipliant d'autant le risque d'erreur et rendant en outre leurs modèles plus difficiles à manipuler. Ce fut le cas notamment quand les calculs évoqués plus haut à propos de la maladie de Creutzfeldt-Jakob ont pris en compte la dose de tissu infectieux permettant de contaminer l'homme, ou encore l'estimation des personnes possédant le gène responsable de la synthèse de la protéine-prion, soit autant d'éléments encore sujets à caution qui ont continué à fausser la prévision du nombre de victimes.

Et en ce qui concerne les calculs erronés relatifs à

l'épidémie du SRAS, rendons hommage au professeur Antoine Danchin, biologiste et spécialiste de la génétique microbienne, qui, aussitôt après avoir annoncé les chiffres alarmants évoqués plus haut durant son intervention à l'Institut Pasteur, s'est empressé de souligner que de telles prévisions dépendaient toutefois de la fiabilité des chiffres délivrés par les autorités chinoises (chez qui la culture du secret n'est plus à démontrer), mais aussi de facteurs météorologiques comme la remontée des températures, ainsi que de la stabilité du virus dans le temps. Une fois encore, si des données sont erronées ou manquantes, ou si les paramètres sont sujets à de trop grandes marges d'incertitude – ce qui est inhérent à tout calcul dans le monde réel – un modèle mathématique n'aura que de faibles chances de délivrer un résultat cohérent. Proposant un compte rendu de l'article paru dans *The Lancet*, la *Revue des maladies respiratoires* avertissait qu'il était possible que « la mortalité ait été surestimée car, d'une part, elle ne tenait compte que des patients hospitalisés, donc a priori plus fragiles, et d'autre part, l'étude n'était le reflet que d'une courte période de l'épidémie et ne tenait donc pas compte d'une virulence variable du virus ». C'est ce que l'on appelle un biais de sélection, comme nous l'avons vu concernant les polémiques autour de la vaccination. Ces taux ne disaient rien par conséquent des risques encourus par une population dans son ensemble. Nous revoilà confrontés à la confusion *risque relatif / risque absolu*, qui altère tant de résultats.

Malheureusement, face à des situations d'urgence sanitaire, les biais statistiques comme celui-ci sont légion. L'un d'eux a été mis en évidence par l'une des questions les plus brûlantes que se posaient les autorités au début de l'année 2020, soit le taux de létalité du Covid-19. Ce calcul posait une nouvelle fois la question de l'incompatibilité qui règne entre le temps de la recherche scientifique et le temps politique. Afin de rendre compte au plus vite de la létalité du virus, les experts désignés ont alors divisé le nombre de morts du Covid-19 par le nombre de personnes contaminées, avant de multiplier le résultat par 100. Mais le chiffre obtenu, qui semble inattaquable d'un point de vue arithmétique, n'a de sens qu'à un instant *t*. Comme l'incubation peut durer plusieurs semaines et que l'hospitalisation des cas graves peut également s'étaler sur une période d'un mois, opposer le nombre de décès au nombre d'infectés n'a aucun sens dans l'absolu tant que l'on est incapable d'assurer que les contaminés ne succomberont pas à terme à la maladie. Ainsi, même si cela prend du temps, le taux exact de létalité s'obtiendra en divisant le nombre de morts par celui des contaminés *définitivement guéris*. Par ailleurs, il est évident que le nombre d'individus infectés par une maladie demeure par nature inconnu tant qu'une population dans son ensemble n'a pas été soumise à un test de dépistage systématique. Dans ces conditions, le taux de létalité annoncé n'a pas de réelle signification puisqu'il est par définition surestimé.

Ces différents cas de figure posent en réalité la question suivante : préférez-vous obtenir un résultat immédiat (probablement faux) ou bien des conclusions différées (probablement exactes) ? Tout comme les chefs de guerre ont de tous temps fait appel à des oracles pour connaître l'issue d'une bataille, il semble que les politiques ne peuvent se passer de données prospectives face à une menace. Les chiffres leur donnent probablement l'impression de maîtriser le mal ainsi que le pouvoir d'apaiser les craintes de la population face à l'inconnu. Pourtant, l'ampleur des incertitudes laisse songeur : au moment de la crise de la vache folle, les conclusions du modèle mathématique ont multiplié par 100 000 le nombre de victimes réelles, tandis que le nombre de celles qui devaient succomber à l'épidémie de H5N1 était un million de fois trop élevé ! Malgré de tels écarts, les autorités continuent de privilégier la première proposition (un résultat rapide mais probablement faux). Pour quelles raisons ? Écoutons la réponse pleine d'humilité que nous propose le professeur Antoine Flahault, docteur en biomathématiques et directeur de l'Institute of Global Health, lorsqu'il évoque les limites des prévisions en matière d'épidémie :

> Peut-être que nous ne savons pas admettre que cela puisse être imprévisible, aussi bien les populations, les chercheurs, les autorités ou même les journalistes [1].

Mais la précipitation, les données manquantes ou incertaines, les biais statistiques n'expliquent pas tout. Certaines projections approximatives liées aux maladies émergentes

1. Propos rapportés par Léa Baron dans un article en ligne de *TV5 monde*, « SRAS, grippe A H1N1, vache folle : les épidémies de la peur », 12 mars 2013.

proviennent de la culture du secret, propre à certains pays, qui fausse considérablement les informations dont disposent les statisticiens. Ce fait ne date pas d'hier. S'il est réapparu à l'occasion de l'épidémie de Covid-19, il se vérifiait déjà un siècle plus tôt à propos de l'une des plus grandes pandémies de l'Histoire. Pourquoi donc celle-ci, qui s'est développée entre 1918 et 1919 et qui a causé des dizaines de millions de morts, a-t-elle été qualifiée de *grippe espagnole* ? L'explication est édifiante : les alertes et les données épidémiologiques de cette maladie, apparue aux États-Unis, ont tout simplement été censurées par différents pays en guerre. Il s'agissait en effet de ne pas saper le moral des troupes ! Et comme l'Espagne, restée en marge du conflit, ne contrôlait pas particulièrement les journaux, sa presse nationale a été la première à se faire l'écho de la progression inquiétante de cette pandémie. Depuis ce jour, cette dernière est connue dans le monde entier sous le nom de *grippe espagnole,* un terme emblématique de la manipulation de l'information en matière de santé publique. Signalons par ailleurs que le seul pays au monde où cette pandémie n'est pas connue sous le nom de *grippe espagnole* est… l'Espagne, où, étonnamment, elle est désignée comme la maladie du *soldat napolitain* !

L'impossible équation du Coronavirus

La pandémie de Covid-19 illustre parfaitement la difficulté de donner un sens aux chiffres lorsque, au tout début du printemps 2020, des pourcentages de létalité variaient d'un pays à l'autre sur une échelle de 1 à 37 (comme ce fut le cas quand l'Italie affichait à la mi-mars un taux de 8,33 % contre à peine 0,22 % en Allemagne). À ce stade, plusieurs explications s'imposent. Nous ne parlerons pas ici des causes générales de la diffusion ni des raisons sanitaires ayant impliqué des différences entre les pays, mais seulement des éléments quantitatifs qui y affèrent.

En ce qui concerne la Chine, était-il crédible que le pays ne déplore que 3 500 morts durant l'hiver 2019-2020 alors qu'une province de la dimension d'un pays était touchée ? La seule ville de Wuhan compte déjà 9 millions d'habitants et il a fallu du temps aux médecins pour identifier la source de la surprenante augmentation de pneumonies. Si les chiffres avaient été les bons, la mortalité se serait tout au plus élevée à 0,04 %, un chiffre qui n'avait pas de quoi affoler un pays entier. Le nombre de décès dus au Covid-19 a donc été extrêmement sous-estimé, entraînant de lourdes conséquences en Occident où la menace apparaissait par conséquent relativement faible. Il est à noter par ailleurs que le « vrai » nombre de victimes n'a pas la même importance en Chine qu'en Europe pour deux grandes raisons : d'une part, les chiffres officiels y sont toujours à prendre avec des pincettes et les Chinois en sont parfaitement conscients[1] ; il importe moins dès lors d'obtenir des chiffres qui reflètent la réalité que d'agir efficacement sur la réalité sans passer par l'intermédiaire d'une quantification peu fiable. D'autre part, les Chinois ont traversé de nombreux épisodes de violence

1. Cf. l'exemple significatif de Li Keqiang dans le chapitre 7.

de masse dans leur histoire, notamment depuis l'instauration de la République populaire avec, par exemple, entre 1 et 5 millions de morts lors de la Campagne de suppression des contre-révolutionnaires (1949-1952), et entre 30 et 50 millions de morts lors du Grand Bond en avant et de la grande famine qui s'ensuivit (1958-1962), reléguant la crise du Covid-19 dans de faibles proportions où l'écart entre les 3 500 et 100 000 victimes n'a qu'une importance relative.

En Iran, où le nombre de victimes avancé par les autorités fut sensiblement similaire, d'immenses fosses communes[1] étaient visibles depuis l'espace, notamment près de la ville de Qom, alors que le premier cas d'infection venait d'y être déclaré officiellement. Diverses vidéos ont circulé également, montrant les corps s'entasser à la morgue avant d'être transportés par des individus en combinaison hermétique, alors que le gouvernement relativisait la propagation de l'épidémie. Cela invite à penser que le nombre réel de victimes fut là aussi bien supérieur à celui annoncé officiellement.

Quant à la très faible létalité du virus en Allemagne au début de l'épidémie, elle fut en partie liée au dépistage massif et précoce qui a permis de prendre rapidement en charge les patients déclarés positifs, d'autant que le nombre de lits en soins intensifs y était de beaucoup supérieur à la France et à l'Italie par exemple. Le fait de tester massivement la population accroît en effet mécaniquement le dénominateur dans le calcul du taux de létalité (nombre de personnes décédées

1. Erin Cunningham, Dalton Bennett, « Coronavirus burial pits so vast they're visible from space », *The Washington Post*, 12 mars 2020.

des suites du virus divisé par le nombre de personnes atteintes) : dès lors, le taux diminue drastiquement par ce simple effet numérique[1]. D'autant plus que l'Allemagne ne pratiquait pas de tests post-mortem, là où la France et l'Italie ont eu une approche différente : si une personne succombait à une maladie et que l'on s'apercevait qu'elle avait été infectée par le virus, on la comptabilisait dans le nombre de décès dus au Covid. Les Allemands considéraient en revanche que si la victime avait été infectée par le coronavirus, ils s'en seraient aperçus de son vivant. En réalité, dans la mesure où de nombreux cas semblaient parfaitement asymptomatiques, il y a fort à parier que si l'Allemagne avait suivi le protocole de la plupart des autres pays, elle aurait vu la létalité s'accroître sensiblement. En somme, en augmentant le dénominateur et en diminuant le numérateur, les Allemands ont nécessairement affiché une létalité plus faible. Certes, des aspects médicaux et sociologiques entrent aussi en jeu, mais le fait que les chiffres ne soient pas élaborés de la même manière biaise toute tentative de comparaison.

Enfin, à ces différentes incertitudes, il faut en ajouter une toute dernière – mais non des moindres – qui concerne le délai entre le moment où une personne succombe à la maladie et le moment où ce décès est intégré dans les bases de données avant d'être rendu public. En France, ce délai varie

1. Le taux de mortalité n'est pas sensible à ce point car il rapporte les décès à la population totale. Il est donc plus pertinent que le taux de létalité si l'on veut comparer les pays dans le cas où les méthodes de comptage sont aussi différentes.

de quelques jours à plusieurs mois. Cette singularité provient du fait qu'il existe deux circuits de transmission des certificats de décès : celui, très rapide, que permet l'application CertDc mise à la disposition des différents acteurs de santé, et l'autre, beaucoup plus lent, qu'empruntent les formulaires papier remontant des quatre coins de France vers les locaux de l'Inserm. Au moment de la crise sanitaire du Covid-19, il se trouve que la certification électronique ne couvrait qu'environ 20 % des décès sur le territoire ; ainsi, lorsque la Direction générale de la santé égrenait chaque soir les chiffres des morts dus au coronavirus, elle ne prenait en compte *que* ces derniers, transmis en ligne. Quant aux autres – soit environ 80 % des cas ! –, sachant qu'ils mettent en moyenne deux mois pour parvenir jusqu'à l'Inserm, ils sont ainsi passés sous les radars. Il semble donc que la Chine ou l'Iran n'aient pas été les seuls pays à avoir joué avec les chiffres. Les autorités françaises, obsédées par l'idée d'occuper l'espace public en annonçant chaque jour des ribambelles de chiffres, ont, par manque de recul, largement sous-estimé le nombre de morts dus à la maladie.

La gestion de la crise, entre intérêt, solidarité et cupidité

Toujours en France, les mesures de confinement ont été prises au lendemain du premier tour des élections municipales, maintenues au nom de calculs visiblement politiques : au vu des contestations au sein du pays et de la logique bien connue des élections dites intermédiaires, le parti au pouvoir avait tout intérêt en effet à maintenir le scrutin pour subir une défaite prévisible loin d'échéances plus importantes (sénatoriales puis présidentielles), défaite qui se serait très vite diluée médiatiquement dans l'urgence sanitaire à venir ; de leur côté, les leaders de l'opposition avaient eux aussi intérêt à maintenir l'élection pour l'emporter au moment où le parti gouvernemental semblait au plus bas. Malgré cela, plusieurs personnalités politiques ont jugé bon d'appeler au report pour raison sanitaire, mais c'est au final le maintien qui l'a emporté, faisant le jeu des partis au détriment des citoyens. Ces différents enjeux politiques ont eu pour effet d'accroître le nombre de cas dans les deux semaines suivantes, entraînant de nombreux décès. Le maintien du premier tour des élections municipales, avec ses 21 millions de votants auxquels il convient surtout d'ajouter les 450 000 personnes qui se sont côtoyées durant le dépouillement, s'est ainsi transformé en une dramatique offensive Nivelle qui aura coûté de nombreuses vies pour rien…

En Italie, la structure de la population a joué un rôle majeur dans la progression de l'épidémie : près d'un quart des Italiens a plus de 65 ans, âge à partir duquel la létalité devient particulièrement critique. De plus, trois semaines avant la décision du confinement, le gouvernement fermait les écoles, jugeant qu'elles étaient un lieu particulièrement propice à la contagion. Ce raisonnement probabiliste n'était pas absurde mais il ne prenait pas en compte un paramètre sociologique fondamental : en Italie, les grands-parents sont très présents dans la vie de leurs petits-enfants, allant régulièrement les chercher à la crèche et à l'école maternelle. Une fois les établissements scolaires fermés, comme les parents travaillaient encore à temps plein (aucun aménagement ne leur avait été proposé pour garder leurs enfants), ce sont naturellement les grands-parents qui ont été appelés à la rescousse par les parents ; et même si l'on considère que les enfants étaient asymptomatiques, ou que très peu d'entre eux étaient en réalité porteurs du virus, cette décision n'en a pas moins contribué à des rapprochements quotidiens entre petits-enfants, parents et grands-parents, activant d'autant la contagion. En souhaitant gagner sur le terrain de la politique des chiffres, le gouvernement italien n'a pensé qu'à diminuer la probabilité de diffusion du Covid-19, oubliant au passage que la population est davantage une affaire sociologique que de théorie de la mesure. En voulant minimiser la probabilité de circulation du virus, la probabilité que les plus âgés soient touchés a ainsi été maximisée. Preuve, s'il en fallait, du désastre qu'implique un gouvernement qui ne légifère qu'en fonction de la quantification.

Toujours en Italie, certains édiles ont spontanément renoncé à leur indemnité sous l'impulsion des petites villes de Campanie que sont Celle di Bulgheria, Caggiano, Petina ou encore Venarotta, dans les Marches. Dans certaines entreprises alimentaires, de belles initiatives ont également vu le jour : Rana, célèbre producteur de pâtes, augmenta ainsi ses salariés de 25 % durant la crise ; Mutti, important producteur de tomates, fit de même et offrit 500 000 euros à l'hôpital de Parme.

Dans certains pays, les élus refusèrent leurs augmentations, pourtant prévues par la loi de finances avant la crise sanitaire. Ainsi, aux îles Canaries, le gouvernement local a renoncé à la revalorisation des salaires de 2 % et a reversé à des organisations non gouvernementales les indemnisations des sessions annulées à cause de la crise. Au Canada, Justin Trudeau a quant à lui reversé l'augmentation de ses émoluments à des organismes de bienfaisance qui luttaient contre le virus. En Slovénie, la situation fut plus complexe : le nouveau gouvernement réindexa le revenu des ministres sur la fourchette la plus haute possible, créant de fait une augmentation de salaire en pleine crise ; mais, quelques jours plus tard, devant la réaction de plusieurs syndicats, le gouvernement a annoncé une baisse de 30 % de ces mêmes traitements.

Dans d'autres pays encore, les membres de plusieurs gouvernements décidèrent de suspendre leur salaire : ce fut le cas au Rwanda, où le revenu des ministres et hauts fonctionnaires a été affecté à des programmes sociaux en faveur des plus démunis ; il en fut de même en Bulgarie, où députés, ministres, cabinets ministériels et directeurs d'agences gouvernementales reversèrent leur salaire au système de santé publique. En France, début avril, 200 dirigeants de l'entreprise Sodexo renoncèrent à une part importante de leurs revenus, tout comme ceux de Suez et de Michelin. Outre-Atlantique, citons encore parmi de nombreuses initiatives de solidarité les décisions des patrons de Disney et de Fiat-Chrysler, qui divisèrent leur salaire par deux, tandis que les dirigeants de Boeing et d'Air Canada renoncèrent à l'intégralité de leurs salaires pour l'année 2020.

Mais tandis que les crises mettent en valeur l'humanité des uns, elles révèlent la cupidité des autres. Ainsi, si les gouvernants aiment les chiffres, ils n'oublient pas d'en manipuler certains à leur avantage, notamment ceux de leurs émoluments alors que la crise sanitaire bat son plein. Ce fut le cas notamment en République dominicaine, dans la ville de Higüey, connue notamment pour son district de Punta Cana et son aéroport international éponyme, où le conseil municipal a voté une augmentation de salaire de 70 % pour chacun de ses membres, ainsi que pour le maire de la ville, ce qui n'a pas manqué de susciter l'indignation d'une partie de la classe politique locale. Au Brésil, la petite ville de Bom Jesus do Norte en fit de même en proposant 50 % d'augmentation pour ses conseillers municipaux.

Mais le champion du monde de l'augmentation à contretemps reste néanmoins l'Italie, pourtant premier pays européen frappé par le Covid-19. Voici quelques exemples notables d'augmentations décidées entre février et mars 2020, au pire moment de l'épidémie. À Riace, en Calabre, le maire a augmenté son salaire ainsi que celui de ses conseillers (tout en coupant l'électricité à une famille incapable de payer sa facture à la suite des difficultés économiques entraînées par l'épidémie). Cette revalorisation n'est pas illégale puisque, quelques mois plus tôt, la législation italienne avait offert aux maires des petites communes la possibilité de revaloriser leur rémunération ; cette décision, cependant, prise en pleine urgence sanitaire, a soulevé une vague d'indignation.

Au même moment, le président de la région du Latium, Nicola Zingaretti, personnage politique d'envergure nationale, a augmenté deux de ses fidèles que la presse a surnommés les Zinga-boys : le secrétaire général de l'Assemblée régionale, qui a vu son revenu passer de 90 000 à 120 000 euros annuels, et le responsable des cérémonies, dont le salaire est passé de 65 000 à 75 000 euros par an. Rien d'illégal là non plus, mais l'augmentation n'était nullement motivée par un changement dans leurs attributions ni par leur charge de travail. De son côté, le président de la Province autonome de Trente a augmenté de 10 000 euros le salaire annuel du directeur du Département Santé et Politiques sociales, lui permettant d'atteindre les 130 000 euros, tandis que le personnel soignant ne recevait pas le moindre centime supplémentaire. Dernier exemple à la marge de la sphère politique : l'entreprise AMA, qui gère la récolte et le traitement des déchets à Rome, et dont le capital social est détenu intégralement par la ville, a vu trois de ses dirigeants être augmentés en pleine crise sanitaire. Ces revalorisations s'échelonnaient entre 12 000 et 17 000 euros, alors que les salariés, 7 500 au total, n'avaient pas reçu leurs primes de résultat depuis deux ans pour la simple raison que les bilans comptables n'avaient pas été clos.

Pendant que certains s'enrichissaient, les mesures d'aide à la population furent pratiquement inexistantes : la plupart des salariés, du public comme du privé, furent contraints de poser des jours de congés – quitte à épuiser les congés annuels pour couvrir la période de baisse d'activité – au lieu de se voir proposer un chômage partiel ; quant aux parents, dont les enfants furent privés d'école pendant plusieurs mois, ils durent également poser des congés afin de s'occuper de leur progéniture ; enfin, les professions libérales et les artisans ne reçurent que de maigres aides, là où de nombreux pays leur garantissaient le salaire minimum national. Ainsi, si les augmentations précitées n'ont rien de strictement illégal, elles apparurent néanmoins comme de terribles symboles de l'injustice croissante entre les élites et le peuple.

Pendant ce temps, certaines entreprises françaises saisissaient l'opportunité de mettre leurs salariés au chômage partiel en continuant, en toute illégalité, à faire travailler leurs employés. Invoquant l'idée que leurs salariés toucheraient la totalité de leur traitement – ce qui n'est pas exact puisque le chômage partiel ne couvre qu'environ 85 % des revenus – ces entreprises ont ainsi bénéficié d'aides de l'État tout en sous-payant leurs employés, quitte à les faire parfois travailler davantage, notamment dans le domaine de la livraison où la charge fut particulièrement forte en raison de la difficulté de se rendre en magasin.

Et pendant que les uns glissaient vers la précarité, d'autres s'emparaient de la manne que représentait la vente en ligne de masques et de gel hydro-alcoolique. En France, au début de l'épidémie, jusqu'à 6 000 nouveaux noms de domaine contenant des termes clés comme *coronavirus* ou *Covid* furent déposés chaque jour. Ainsi, créer un site tel que « coronavirusmasques.fr » vous permettait d'apparaître en priorité dans les recherches des internautes souhaitant se protéger du virus. En jouant sur l'anxiété de la population, ces sites ont proposé des masques hors de prix mais aussi des articles qui n'avaient qu'un lien ténu avec la pandémie, comme des huiles essentielles ou des tisanes censées renforcer les défenses immunitaires, voire des t-shirts dont les bénéfices seraient prétendument reversés à la recherche médicale.

La technique du *dropshipping*, consistant à acheter en ligne un produit à bas coût avant de le revendre à un prix élevé, n'a rien d'illégal : c'est en quelque sorte ce que fait n'importe quel intermédiaire commercial qui prend une marge pour assurer les revenus de son entreprise. Avec le *dropshipping* cependant, le vendeur ne possède pas le produit qu'il s'apprête à revendre : il l'acquiert sur internet, le plus souvent sur le site chinois Aliexpress, et le fait directement livrer à son client tout en lui facturant un prix très largement supérieur au prix d'achat. Le vendeur n'est donc rien de plus qu'un intermédiaire – il ne gère aucun stock – là où d'autres acteurs des circuits commerciaux assurent la qualité des produits qu'ils écoulent. Le *dropshipping* permet ainsi de manipuler légalement les chiffres, en prétendant vendre par exemple des masques chirurgicaux de premier choix à 5 euros pièce au lieu de 10 euros, alors que ces mêmes articles sont proposés sur Amazon à 40 centimes l'unité. Mais si vendre de faux produits miracles est interdit par la loi, nul ne trouve à redire à la vente de vrais produits à prix gonflés. Quant à la morale, c'est une autre histoire…

Du chiffre des épidémies aux épidémies de chiffres

En 1662, John Graunt (1620-1674), mercier londonien, propose les premières tables de mortalité et tente de créer un système de veille épidémiologique pour signaler aux autorités les prémices des épidémies de peste et limiter ainsi leur propagation. En 1947, Albert Camus publiait *La Peste*, un roman dans lequel il relevait très justement que les nombres, en temps d'épidémie, semblent être la seule accroche tangible que nous ayons sur le mal invisible : attendre le pic de la courbe de Gauss permet en effet de se rassurer, tout comme commenter les chiffres de nouveaux cas permet à la classe politique de se donner une contenance et d'habiller une forme de vide. Quant à la victoire sur la peste, chez Camus, elle n'est pas évoquée par des êtres mais encore par des chiffres, car, de même que tout commence par les nombres, tout finit avec eux au point que les pertes humaines s'effacent devant les statistiques :

> Ce fait nouveau était sur toutes les bouches, et, au fond des cœurs, s'agitait un grand espoir inavoué. Tout le reste passait au second plan. Les nouvelles victimes de la peste pesaient bien peu auprès de ce fait exorbitant : les statistiques avaient baissé[1].

1. *Op. cit.*, p. 271.

Sur le modèle de la médecine occidentale qui a atomisé le corps humain, préférant soigner des maladies plutôt que des patients, ou bien des organes plutôt qu'un corps, la politique, lors de la crise sanitaire de 2020, s'est justement révélée apolitique : en ne traversant cette période que par et pour le chiffre, elle a atomisé la société, faisant de chaque citoyen une ligne de compte qui ne prenait de sens qu'en s'agrégeant à des millions d'autres lignes de compte afin d'établir un bilan de la pandémie, articulé autour du nombre d'entrées ou de sorties de l'hôpital, du nombre de nouveaux cas, du nombre de décès.

Toute crise est également l'occasion de comprendre les failles du système en place. Contrairement à ce qui a souvent été avancé, le Covid-19 n'a pas tant révélé la crise de l'hôpital que la crise de la politique du chiffre, dont la crise de l'hôpital n'a été que la partie visible de l'iceberg. Dans de nombreux pays, depuis des décennies, la politique du chiffre a eu pour effet de réduire le service public, coupable de ne pas contribuer directement à la croissance de l'économie. Comme il ne rapporte pas d'argent, le service public ne génère pas une ligne quantifiée mesurant la valeur ajoutée qu'il induit. Dans cette optique, les autorités ont traité la crise de façon purement comptable. À aucun moment les aspects psychologiques et sociaux n'ont été les éléments moteurs de leurs décisions. Comme il fallait s'y attendre, les enjeux et les objectifs liés à la crise sanitaire n'ont été spécifiés qu'en termes de probabilité – traitant de la progression ou de la régression de l'épidémie – puis de reconquête d'indicateurs économiques, avec, en figure de proue, le chiffre de la croissance.

Conclusion

« Je ne vaux pas grand-chose, c'est vrai,
Disait l'Un au Zéro,
Mais toi, que vaux-tu ? Rien : rien du tout.
Que ce soit dans l'action ou dans la pensée,
Tu restes vide et inutile.
Moi, par contre, si je me place en tête
De cinq zéros identiques à toi,
Tu sais combien je deviens ? Cent mille !
C'est une question de chiffres. À peu de choses près,
C'est ce qui arrive au dictateur
Qui grandit en puissance et en valeur
À mesure que des zéros se rangent derrière lui. »

Trilussa, « Nummeri »[1].

1. *Tutte le Poesie*, *op. cit.*, p. 940 (traduction par nos soins).

Les illusions perdurent

Ainsi, là même où Voltaire reconnaissait son échec en constatant que nul philosophe n'avait jamais modifié l'opinion des gens qui logeaient dans sa rue, l'agitateur de chiffres triomphe en gagnant partout les esprits à sa cause. Qu'il additionne abusivement des pourcentages, qu'il multiplie à tort des probabilités non indépendantes, qu'il confonde corrélation et causalité, qu'il utilise d'insidieuses rétroactions pour confirmer des théories approximatives, qu'il modélise la progression d'une épidémie à partir de données erronées, qu'il confonde volontairement le taux d'un risque relatif avec celui d'un risque absolu afin de promouvoir un médicament, le peuple reste coi, convaincu par ce qui a l'apparence d'une preuve irréfutable. Une expression n'avance-t-elle pas que *les chiffrent parlent d'eux-mêmes* ? La formule n'est pas innocente : quand les chiffres paraissent, l'esprit critique n'a plus voix au chapitre.

Mais d'où vient qu'il est si facile de tromper les citoyens en brandissant des tableaux, des algorithmes, des calculs de probabilité ? Un proverbe latin, remontant sans doute à la Renaissance, dit bien : « *Vulgus vult decipi, ergo decipiatur* » : le peuple veut être trompé, alors trompons-le ! Si la locution a souvent été utilisée à propos des individus asservis par le pouvoir religieux, elle pourrait tout aussi bien concerner les citoyens qui s'avouent volontiers nuls en maths. Bien plus qu'une confession lâchée à mi-voix, cette faiblesse-là est souvent revendiquée et parfaitement assumée. Certains individus paraissent même tirer quelque fierté à ignorer si, dans le cadre d'un calcul complexe, la division détient ou non la priorité sur l'addition. Mais, ce faisant, ils tendent le bâton pour se faire battre. Car c'est sans doute parce qu'ils sont si nombreux, ces fameux *Moi-j'suis-nul-en-maths*, que les politiques usent et abusent de chiffres auxquels eux-mêmes n'entendent souvent pas grand-chose. Présidents, sénateurs et députés savent d'instinct que peu de leurs électeurs iront fourrer leur nez dans les calculs alambiqués dont ils brandissent les résultats.

Pour cette raison, les mathématiques restent une science à part. Alors que tout le monde, et à toute heure du jour, est prêt à débattre à bâtons rompus d'épineuses questions géopolitiques, climatiques, bioéthiques, judiciaires, médicales ou économiques, très peu réagissent à une question d'algèbre ou de géométrie. Tentons l'expérience : demandons à notre entourage qui a un avis sur les causes du réchauffement climatique, sur la question de la gestation pour autrui, sur l'innocuité des vaccins, des ondes électromagnétiques ou des pesticides, sur les accords commerciaux transatlantiques ou sur l'énergie nucléaire ; puis demandons qui, parmi eux, est prêt à polémiquer à propos de la pertinence de la proposition de Ptolémée pour démontrer le cinquième postulat d'Euclide… Ou, plus simplement, combien sauraient calculer spontanément la racine carrée de 121 ? Pourtant, ces deux questions mathématiques relèvent de raisonnements plus simples que ceux concernant les questions précédentes. Alors, comme les controverses s'arrêtent souvent là où les mathématiques apparaissent, pourquoi les gouvernants, les banquiers, les assureurs, les laboratoires pharmaceutiques se priveraient-ils de chiffrer à l'envi leurs rapports afin d'en dissimuler certaines vérités ? Pourquoi un ministre annoncerait-il clairement la hausse d'une contribution sociale de 40 % alors qu'il est si simple de dire la même chose en évoquant une augmentation de 2 points de pourcentage ?

Suffirait-il donc que les citoyens s'intéressent aux mathématiques pour déjouer les pièges tendus par le pouvoir politique, économique et judiciaire ? Assurément. La connaissance de certaines règles agira comme le meilleur détecteur de mensonges qui soit. Mais attention, la manipulation des nombres n'est que l'arbre qui cache la forêt. Les problèmes que posent les politiques du chiffre ne se réduisent pas à de faux calculs que l'on tente de faire passer pour justes. Nous l'avons vu, les mathématiques se révèlent délétères lorsqu'on leur accorde une confiance aveugle et qu'elles finissent par occuper la totalité du champ politique. À l'image du docteur Frankenstein, le chiffre a fini par accoucher d'une créature qui lui a échappé, pour devenir non un monstre mais une divinité. Les théorèmes, les formules, les règles font aujourd'hui l'objet d'un culte. De science, la mathématique politique est devenue un dogme. Poids, nombre et mesure : voici la sainte trinité célébrée par les grands prêtres modernes que sont les statisticiens et les économistes qui gravitent autour du pouvoir.

Heidegger nous avait pourtant mis en garde :

Il y a ainsi deux sortes de pensée, dont chacune est à la fois légitime et nécessaire : la pensée qui calcule et la pensée qui médite[1].

Puisque les deux pensées sont essentielles, il conviendrait de ne pas laisser le raisonnement calculant phagocyter l'esprit méditant. Quand donc la pensée instinctive, complexe et poétique retrouvera-t-elle son rang ? Cette question était d'actualité dès la naissance de la statistique lorsque Gottfried Achenwall (1719-1772), qui aurait inventé le terme « statistique » et que certains considèrent comme le père de cette discipline, écrivait en forçant quelque peu le trait : « La science d'État est de l'histoire immobile, de même que celle-ci [la statistique] est une science d'État en marche[2]. »

Si tel est le cas, jusqu'où accepterons-nous d'être réduits à une suite de chiffres ? Serions-nous prêts à tomber amoureux de données biométriques en lieu et place d'un être humain ? En chiffrant systématiquement les problématiques sociétales, les États ont créé un double de la réalité. Tout comme ces ombres que voyaient défiler sur les murs de leur caverne les prisonniers dont parle Platon, les nombres dessinent une image de la réalité. Ils ne sont pas la réalité. Non,

1. Martin Heidegger, « Sérénité », in *Questions III*, traduction André Préau, Gallimard, « Tel », 1990, p. 163.

2. Gottfried Achenwall, *Staatsverfassung der Europäischen Reicheim Grundrisse*, 1790, p. 5 (traduction par nos soins). Cette citation se trouve souvent attribuée à August Ludwig Schlözer, successeur d'Achenwall à l'université de Göttingen, sous la forme apocryphe : « La statistique est de l'histoire immobile, l'histoire est de la statistique en marche. »

les chiffres ne mentent pas. Mais, si l'on n'y prend garde, ils deviennent au mieux des marionnettes sur la scène du théâtre de Guignol, au pire des fers à nos pieds.

Observons plutôt le monde qui nous entoure et nous nous apercevrons que le comportement des êtres humains est loin d'être quantifiable en toute circonstance. Pourquoi faudrait-il donc régler leur conduite au nom de la logique des nombres ? Enfin, au terme de ce réquisitoire contre le règne despotique de la pensée calculante, demandons-nous pourquoi il faudrait trouver à tout prix une utilité aux mathématiques. Au lieu de s'en servir pour régenter le monde, ne pourrait-on pas jeter sur l'univers des nombres un regard d'esthète ? Nous y découvririons l'une des voix les plus singulières de la Nature. Nous y rechercherions par exemple les nombres qui ne sont pas davantage abondants que déficients et que l'on nomme parfaits, nous nous amuserions à chercher l'inconnue comme on le ferait du coupable d'un roman policier, nous y jouerions avec la forme des nombres heptagonaux, nous nous laisserions guider par le pouvoir évocateur de la myriade d'Archimède ou celui de la quadrature des lunules d'Hippocrate de Chios, des expressions que l'on dirait tout droit sorties des contes des *Mille et Une Nuits* !

Voilà en tout cas l'un des messages du mathématicien britannique Bertrand Russell pour qui la « suprême beauté » mathématique est « susceptible d'une perfection sévère que seul connaît l'art le plus élevé[1] ». Loin de l'utilitarisme ou des

1. Bertrand Russell, « L'étude des mathématiques », in *Le Mysticisme et la logique*, traduction Jean de Menasce, Payot, 1922, p. 57.

politiques du chiffre, l'esthétisme doit absolument retrouver une place de choix au sein de cette science. C'est ce que nous suggère par exemple la découverte des nombres polygonaux de Nicomaque de Gérase, dont l'utilité toute relative s'efface devant la singularité des figures qu'ils dessinent.

Et puisque les grands esprits de l'Antiquité se sont souvent invités dans nos débats, rappelons une dernière fois Platon afin de boucler en sa compagnie la boucle qui nous a permis de survoler l'histoire de la face cachée des chiffres. Ouvrons le livre VII de *La République* et posons-nous cette question : au lieu de nous aliéner, les mathématiques ne pourraient-elles pas au contraire nous élever ? C'est en tout cas le souhait que formule le philosophe à propos de la géométrie, « un art dont personne n'use comme il faudrait, [...] qui élève vers les choses d'en haut les regards que nous abaissons à tort vers les choses d'ici-bas[1] ».

Les choses d'en haut, ce sont les idéaux, notamment les idéaux politiques. Les choses d'ici-bas, ce sont aujourd'hui ces taux et ces indices qui sont déconnectés de notre réalité quotidienne. Alors, pour que la vie de chacun puisse s'élever, il faut redéfinir nos idéaux plutôt que surveiller nos tableaux de bord. Le journaliste Vincent Giret s'étonnait ainsi que l'Europe vitupère davantage sur les chiffres que sur le fond de la politique :

> Mais que dit, ou plutôt que fait l'Union européenne ? Elle ergote, ratiocine, tergiverse, louvoie, au point d'accréditer

1. Platon, *La République*, VII, 527b, *op. cit.*

l'idée fâcheuse que, dans cette communauté des 27, il en coûte plus de transgresser les règles de la bonne gestion que d'enfreindre celles d'une bonne démocratie. On punit la Grèce mais on ferme les yeux sur la Hongrie [1].

Au lieu de s'absorber dans des quantifications déshumanisées, il appartient donc à la politique de redéfinir ses modèles. Le chiffre doit être un auxiliaire pour établir une stratégie étatique, et non une fin en soi qui masque l'absence de projet et la faiblesse des idéaux. Mais, pour cela, le citoyen devra dépasser son rôle de simple électeur béat participant aux grands-messes démocratiques que sont les scrutins nationaux, avant de redevenir un pion qui, le reste du temps, n'a plus son mot à dire.

En cela les Anciens nous montrent encore la voie. Dans les commentaires philosophiques qu'il fait de la Bible, Philon d'Alexandrie, un penseur juif qui a considérablement influencé la pensée chrétienne, s'intéresse notamment au personnage complexe de Joseph, fils de Jacob, en qui il voit l'homme politique idéal. Or, Joseph parvint à devenir le bras droit de Pharaon grâce à son talent d'interprétation des rêves. Pour Philon, c'est l'occasion de donner une définition très originale et peut-être utile pour notre époque :

> Moi, je dirai néanmoins, et sans nulle dissimulation, que l'homme politique est, bel et bien, un interprète de rêves. Certes, je n'entends pas le ranger parmi les charlatans, ni

---

1. Vincent Giret, éditorial « Salami », *Libération*, 4 janvier 2012.

parmi les parleurs et les sophistes à gages, ni encore parmi les gens qui font de l'interprétation des visions du sommeil un prétexte à soustraire de l'argent. C'est le rêve général et public, le grand rêve de ceux qui veillent comme de ceux qui dorment, qu'il a coutume d'analyser[1].

Et si l'homme et la femme politiques n'étaient ni des leaders ni des êtres providentiels mais simplement les représentants de nos rêves, les interprètes de nos songes ? Le chiffre ne serait plus alors une fin en soi mais un simple outil servant à l'exégèse d'une société nouvelle. Malheureusement, nous aimons les chiffres tout autant qu'ils échappent à notre entendement. Nous les respectons parce qu'ils nous effraient autant qu'ils nous fascinent. Voilà comment ils ont pris le pas sur nos aspirations. En quantifiant notre quotidien, ils ont éteint nos rêves.

Un auteur, grand rêveur et grand voyageur, a sans doute mieux que quiconque su exprimer cette idée. Au contraire du *Prince* de Machiavel, l'œuvre dans laquelle il l'évoque n'est pourtant pas considérée comme un jalon de la philosophie politique ; à tort sans doute... Il s'agit du *Petit Prince* :

Les grandes personnes aiment les chiffres. Quand vous leur parlez d'un nouvel ami, elles ne vous questionnent jamais sur l'essentiel. Elles ne vous disent jamais : « Quel est le son

1. Philon d'Alexandrie, *De Iosepho*, 125, traduction Jean Laporte, Éditions du Cerf, 1964, p. 93.

de sa voix ? Quels sont les jeux qu'il préfère ? Est-ce qu'il collectionne les papillons ? » Elles vous demandent : « Quel âge a-t-il ? Combien a-t-il de frères ? Combien pèse-t-il ? Combien gagne son père ? » Alors seulement elles croient le connaître. Si vous dites aux grandes personnes : « J'ai vu une belle maison en briques roses, avec des géraniums aux fenêtres et des colombes sur le toit… » elles ne parviennent pas à s'imaginer cette maison. Il faut leur dire : « J'ai vu une maison de cent mille francs. » Alors elles s'écrient : « Comme c'est joli ! »

Ainsi, si vous leur dites : « La preuve que le petit prince a existé c'est qu'il était ravissant, qu'il riait, et qu'il voulait un mouton. Quand on veut un mouton, c'est la preuve qu'on existe » elles hausseront les épaules et vous traiteront d'enfant ! Mais si vous leur dites : « La planète d'où il venait est l'astéroïde B 612 » alors elles seront convaincues, et elles vous laisseront tranquille avec leurs questions. Elles sont comme ça. Il ne faut pas leur en vouloir. Les enfants doivent être très indulgents envers les grandes personnes[1].

1. Antoine de Saint-Exupéry, *Le Petit Prince*, chap. IV.

Table

OUVRAGES
DE THIERRY MAUGENEST

Aux Éditions Albin Michel

LES ENQUÊTES DE GOLDONI

La Septième Nuit de Venise, 2014.
Noire Belladone, 2015.
La Cité des loges, 2016.

Romans chez d'autres éditeurs

Venise.net, Liana Levi, 2003.
La Poudre des rois, Liana Levi, 2004.
Manuscrit ms 408, Liana Levi, 2005.
Audimat Circus, Liana Levi, 2007.
Clair Obscur (collectif), Hugo & Cie, 2011.
Eroticortex, Hugo & Cie, 2012.
L'Odyssée d'Amos, TohuBohu, 2018.
La Forteresse du Téhama, TohuBohu, 2019.

Essais

Les Rillettes de Proust, Hugo & Cie, 2010.
Bâchez la queue du wagon-taxi avec les pyjamas du fakir, Bayard, 2013.
Étienne de Silhouette : le ministre banni de l'histoire de France, La Découverte, 2018.
Les Spaghettis de Baudelaire, Omnibus, 2019.

OUVRAGES
D'ANTOINE HOULOU-GARCIA

Vous aimez les maths sans le savoir, Belin, 2020.

L'Agenda scientifique 2020, Les Belles Lettres, 2019.

Mathematikos. Vies et découvertes des mathématiciens en Grèce et à Rome, Les Belles Lettres, 2019. Prix Tangente 2019.

Le Compas et la Lyre. Regards croisés sur les mathématiques et la poésie, Calvage & Mounet, 2018 (coécrit avec Joanne Brueton et Bernard Randé).

Défis de logique et de mathématiques : niveau junior 7-9 ans, Larousse, 2017.

Défis de logique et de mathématiques : niveau major 9-11 ans, Larousse, 2017.

Le monde est-il mathématique ? Les maths au prisme des sciences humaines, Honoré Champion, 2015.

Métamorphoses de la poésie, La Cheminante, 2013.

Composition : IGS-CP
Impression : CPI Bussière en août 2020
Éditions Albin Michel
22, rue Huyghens, 75014 Paris
www.albin-michel.fr

ISBN : 978-2-226-44643-5
N° d'édition : 23773/01 – N° d'impression : 2050150
Dépôt légal : septembre 2020
Imprimé en France